21세기

난중일기

21세기
난중일기

2011년 11월 3일 초판 1쇄 발행
2012년 4월 1일 개정1판 1쇄 발행

지은이 ㅣ 고광덕
펴낸이 ㅣ 이종춘
펴낸곳 ㅣ BM 성안당
주   소 ㅣ 경기도 파주시 문발로 112
전   화 ㅣ 031-955-0511
팩   스 ㅣ 031-955-0510
등   록 ㅣ 1973. 2. 1. 제13-12호
홈페이지 ㅣ www.cyber.co.kr

ISBN 978-89-315-7548-4 (03320)
정가 13,800원

이 책을 만든 사람들
기획 ㅣ 최옥현
진행 ㅣ 박경희
표지 · 본문디자인 ㅣ 나미진
교정 · 교열 ㅣ 김선영
홍보 ㅣ 정창용
제작 ㅣ 구본철

21세기
난중일기

| 고광덕 지음 |

BM 성안당

창조적 성과를 내고 싶은가?

　지금 지구촌에는 무한 경쟁이 펼쳐지고 있다. 모든 기업들이 영원히 존재하기를 희망하지만 대다수가 중간에 사라지고 마는 것이 현실이다.

　1900년도 가장 잘나가던 세계 100대 기업 중에서 36개만이 여전히 100대 기업 안에 건재한다고 하니 지속적으로 경쟁력을 유지하는 것은 쉽지 않은 일이다. 100년 이상 살아남은 기업에는 공통점이 하나 있다. 끊임없이 혁신 활동을 하고 또한 그 혁신이 기업의 문화로서 굳건히 자리 잡았다는 것이다.

　현재 잘나가는 대표적 기업인 구글과 애플의 예를 보자. 21세기 IT 대표 기업 구글은 창고에서 시작하여 창조적인 혁신을 통해 야후를 제치고 인터넷 검색 엔진의 대표 기업으로 성장했다. 역발상으로, 검색 사이트에 머무르는 시간을 최소화하는 서비스를 제공하여 네티즌들에게 폭발적인 인기를 얻었다. 이러한 창조적 혁신을 지속적으로 전개하여 21세기 대표 아이콘 기업으로 성장했다. 스티브 잡스가 이끌었던 애플은 컴퓨터에서 시작하여

MP3 플레이어인 iPod이 폭풍적 인기를 얻었고, 최근 iPhone의 파괴력까지, 스티브 잡스가 곧 창조의 이미지로 대표될 정도로 새로운 역사를 쓰고 있다. 애플에 놀란 세계가 진정 국면으로 접어들 즈음 계속적으로 혁신적인 폭탄급 제품을 내놓으면서 애플은 이미 전 세계의 벤치마킹 대상이 되고 있다. 21세기 무한 경쟁 시대인 지금은 어떤 기업도 혁신을 통한 창조적 결과물을 내놓지 못하면 결코 살아남지 못한다. 혁신이야말로 기업의 경쟁력을 높여 주는 핵심인 것이다.

그렇다면, 혁신을 하면 모두 다 경쟁력이 생기는가? 꼭 그렇지는 않다. 혁신을 기업 문화로 정착시키기 위해서는 수많은 시행착오를 거치면서 창조적인 혁신을 전개해야 한다. 2010년 자동차 리콜 사태로 위기를 맞이했던 과거 혁신의 대명사인 토요타 자동차도 TPS를 구축하기 위해 30년 이상이 걸렸다니 혁신을 시스템과 문화로 정착시키는 데 얼마나 오랜 시일이 걸릴지 아무도 장담하지 못할 일이다. 혁신은 끊임없이 창의력을 요구하는 동시에 연속성을 가지고 꾸준히 전개해야 하는 것이다.

혁신과 창의력을 바탕으로 성장해 온 애플이나 2010년도 리콜로 어려움은 있었지만 개선혼을 기업의 대표 문화로 정착시켜 연속성을 전개해 온 토요타는 성공한 기업이라고 할 수 있다. 그런데 위의 예를 자세히 살펴보고 굳이 나누어 본다면 두 가지의 기업적 특징을 발견할 수 있다. 그것이 바로 창조력과 제조 능력이다. 구글이나 애플사와 같이 창조력을 바탕으로 하는 기업은 일종의 혁신적인 툴을 가지고 있지 않지만 시대에 맞는 창조적인 아이디어 창출이 필수적이며, 토요타와 같이 제조 능력을 바탕으로 하는 기업은 대부분 자신만의 재창조된 혁신 툴을 바탕으로 혁신을 전개하게 됨을 알 수 있다.

하이닉스반도체 또한 세계 최고의 제조 능력을 기본으로 창조적 활동들이 회사의 경영 방침과 연계되어 새로운 기업 문화를 만들고 있다는 점에서 같은 맥락이라고 할 수 있다.

그렇다면 기업이 영원한 생존과 함께 발전을 거듭할 수는 없을까? 해답은 매우 어려우면서도 간단하다. 최근 많은 전문가들은 기업이 차별화된 가치를 창출하고, 지속 성장을 하기 위한 조건으로 다음의 5가지를 거론하고 있다.

첫째, 그 기업만의 독특한 기업 문화가 있어야 한다.
둘째, 명확한 차별성 및 제품의 독창성이 있어야 한다.
셋째, 제품을 만드는 우수한 기술력을 보유하고 있어야 한다.
넷째, 제품의 시장성 및 생산 능력을 갖추어야 한다.
다섯째, 제품의 원가 경쟁력을 확보하여야 한다.

앞에서 말한 기업의 5가지 성공 조건을 모두 갖춘다는 것이 얼마나 어려운 일인가? 그중 굳이 가장 중요한 것을 꼽자면 필자는 기업 문화를 강조하고 싶다. 애플 최고경영자(CEO)였던 스티브 잡스가 애플 DNA에서는 기술만으로는 충분하지 않고 기술에 인문학을 융합해야 한다고 하였다. 스티브 잡스는 2011년 샌프란시스코에서 열린 아이패드2 발표 기자 회견에서도 '기술과 인문학의 융합'을 강조했다. 이것이 바로 애플의 기업 문화가 아닐까? 하이닉스반도체 역시 최근 구성원이 공유, 실천해야 하는 새로운 비전 및 가치 창조를 위한 혁신적 변화가 이루어지고 있다. '세계 최고의 메모리 반도체 회사, 오래가고 좋은 회사'라는 비전으로 새로운 가치를 창조하고 있는 하이닉스반도체 역시 고객에게 지금보다 더 큰 가치와 감동을 제공하겠다는 메시지로 독특한 기업 문화를 만들고 있는 것이다.

필자는 아무리 시대가 변화해도 기본이 유지되면서, 가장 시기 적절하게 창조적인 방법으로 변화하는 것이야말로 혁신이라고 생각하며, 지금까지 현장에서 혁신적 성과를 경험하였으며 이제 그 과정들을 이 책을 통해 소개하려고 한다.

이 책에서는 혁신이라는 아이콘으로 기업 문화를 가장 잘 현장에 흡수시키고, 지속적인 발전을 할 수 있다는 것을 보여 주고, 앞의 5가지 조건을 충분히 충족시킬 수 있는 방법과 방향을 제시하고 있으며, 또한 끊임없는 시대적 변화에 대해서도 대처가 가능하다는 것을 강조하고자 한다. 물론 성경이나 경전처럼 절대적인 것은 아니다. 왜냐하면 똑같은 상황에 처해 있다 하더라도 그것을 행하는 사람의 창의성과 창조적인 방법에는 차이가 있기 때문이다.

이미 시중에는 TPM에 관련된 많은 도서들과 그 밖의 TQC, TPS, 6시그마 등 많은 혁신 툴이 연구, 발전되어 왔다.

또한 각 기업의 상황에 맞는 적합한 혁신 툴을 효과적으로 도입하여 일류 회사가 된 사례도 종종 소개가 되고 있다. 즉, TPM

이든 6시그마든 자신의 기업의 환경과 문화에 적합한 창조적인 혁신 활동을 꾸준히 전개한다면 기업의 경쟁력을 높이는 데에는 커다란 도움이 될 것이다.

이 책에서는 혁신 활동을 기존의 방법과 다른 차원에서 창조적으로 접근하였으며, TPM 혁신 활동 하나만으로 시대적 변화나 환경적 변화에도 모든 것을 대처할 수 있는 창조적인 방법을 제시하고 있다. TPM 철학과 원리는 어떠한 분야에서든 미세한 것부터 아주 큰 것까지 모든 것을 망라하여 변화, 발전시켜 가는 전원 참여의 혁신 툴이다.

이 책은 IMF 이후 수조 원의 적자를 기록하며 파산의 위기까지 몰렸던 하이닉스반도체가 TPM 혁신을 도입하고 창조적인 혁신 활동을 전개하면서 외부의 도움 없이 수조 원의 이익을 창출하고 독자적으로 생존할 수 있는 경쟁력을 갖추게 되었던 수년간의 경험에 대해서 기록하였다.

필자는 TPM 혁신 활동이 바람직하고 창조적인 방법으로 전개되도록 경험에 의한 바람직한 방법을 제시하고, 부끄럽지만 꽤 많았던 시행착오의 경험을 발판 삼아 향후 혁신 활동을 추진하는 사람들이 조금의 시행착오라도 줄일 수 있도록 돕고자 이 책을 쓰게 되었다.

TPM은 단순히 눈에 보이는 기업의 이익을 올리기 위한 프로그램으로 접근하면 그르치기 쉽다. TPM은 기업뿐만 아니라, 개인의 체질을 바람직하게 변화, 발전시켜 가는 툴이다. 이 책에서는 TPM을 전개하면서 부딪히게 되는 난제를 풀어 가고 해결하는 과정을 생생하게 그리고 있다.

이 책에 기술되어 있는 모든 내용이 절대적인 것은 아니며, 각 기업의 문화나 환경에 따라서 가장 적합하고 창조적인 혁신 방법론을 연구해야 한다는 데 무게를 두고 싶다. 이 책에서도 실제 TPM 활동을 하면서 하이닉스반도체에 가장 적합한 수많은 혁신 전략과 창조적인 방법을 모색하고, 직접 경험하고, 발전시키면서 성공적인 모델을 만들어 가는 과정을 기술하고 있음을 밝힌다.

TPM을 추진하는 사무국 추진자(Staff, Facilitator)나 현장에서 TPM을 실행하는 분임조 조직 그리고 관리자들에게 많은 도움이 되기를 간절히 기원한다.

이 책을 펴내기까지 조언과 격려를 아끼지 않으신 권오철 사장님께 감사드리며, 추천사를 통해 응원해 주신 한국표준협회 곽영환 본부장님, 대한설비관리학회장 함효준 박사님, 하이텍반도체 구빈 동사장님께도 감사한 마음을 전한다.

끝으로, 사랑하는 D/BE그룹 가족들 그리고 마무리까지 마음의 여유를 찾게 해 주시고, 바른 인도로 항상 함께해 주신 하나님께 감사드린다.

著著 고광덕

추천사

창조적 혁신! 얼마나 매력적인 말인지 모르겠습니다. 21세기 무한 경쟁 시대인 지금 기업에 종사하는 사람치고, 이 말을 모르는 사람은 하나도 없으며, 누구나 한 마디씩 하는 말이 바로 이것입니다. 그리고 창조적 혁신은 실제로 기업 생존의 필수 요건이 아닐 수 없습니다.

그러나 이 말이 구체적으로 무엇이고 어떻게 산업 현장에서 실제 발휘되는가 하는 것을 우리들에게 실감나게 보여 준 책이나 보고서를 접하기는 쉽지 않습니다.

이 책은 바로 필자가 현장에서 몸으로 느끼고, 오랫동안 사업장에서 겪은 체험을 그것도 확실한 기초 위에서 창조적 혁신이 무엇인가를 보여준 것입니다.

TPM이 한국에 소개된 지도 30여 년이 되었고, 본격적으로 기업에 소개되어 하나의 중요한 혁신 활동으로 추진된 지도 20여 년이 되었습니다. 그리고 많은 기업에서 TPM에 대한 성공 스토리나 또는 수상 실적 보고서가 발표되고 있습니다. 그러나 독특한 기업 문화에 적응하면서 또한 기업 문화를 바꿔가면서 TPM

의 모든 활동을 기업에 접목시켜 기업 생존에 결정적인 역할을 기록한 것은 이 책 외에 별로 보이지 않고 있는 것이 사실입니다.

필자는 이미 잘 알려진 하이닉스(적자에 허덕이고, 주인도 잘 나타나지 않았던)의 현장에서 오랫동안 다듬어 온 TPM에 대한 확고한 철학을 창조적 혁신으로 실체화한 이야기와 더불어 창조적 혁신에 목말라 하는 많은 독자들에게 그 방법을 제시하고 있습니다.

어둠 속에서도 희망을 포기하지 않고, 진흙 속에서도 꿈을 디자인한 필자는 이 책을 통하여 제조 현장의 TPM 관계자뿐만 아니라 공정이나 품질 전문가들에게도 구체적인 혁신의 방법을 제시하고 있습니다. 특히 TPM 추진 과정에서 여러 개선 방법을 접목시키고 또한 6시그마와의 성공적인 통합 경험도 보여주고 있습니다. 이 책은 아직 사회에 진출하지 않은 학생들에게 산업현장에서의 성공적 활동 방향과 세계 제일의 기업이 되기 위한 비전을 제시하고 있어 일독을 권합니다.

– 공학박사 함효준((사)대한설비관리학회장) –

创新不是无源之水，创新也不是无法可循，存之以心，付之以行，假以时日，必有所成. 高光德先生以其对事业执著之精神点燃了海太创新的精神， 以其对TPM精髓的传授赋予了海太创新的科学方法， 更以其对TPM多年的研究和实践证明了创新对于现代企业发展的重要性.

感谢高光德先生以《21世纪乱中日记》公开了其对通过
TPM实现企业持续创新的心之感悟，灵之秘语，此非具大
智慧者而不能为.

－海太半导体 无锡 有限公司董事长 顾斌 －

　창조적 혁신이라는 것은 원천이 없는 물도 아니고 법과 규칙
이 없는 것도 아닙니다. 그것을 마음속 깊이 간직하고 꾸준히 행
동으로 옮긴다면 언젠가는 반드시 수확을 거두기 마련입니다.
고광덕 선생께서는 특유의 뚝심과 열정으로 하이텍으로 하여금
창조적 혁신 정신이 불타오르게 하였으며 TPM의 진수를 가르침
으로써 창조적 혁신의 과학적 방법을 하이텍에 전파하셨습니다.
그리고 TPM에 대한 오랜 기간 동안의 연구와 실천으로 창조적
혁신이 현대 기업한테는 얼마나 중요한지를 증명해 주셨습니다.
　고광덕 선생께서는「21세기 난중일기」를 통하여 TPM으로 기
업의 지속적인 혁신을 이루어 나아가는 과정에서 마음속 깊이
느끼게 된 깨달음과 비결들을 세상에 공개하셨습니다(心之感悟,
灵之秘语). 이는 큰 지혜를 가진 자(大智者 혹은 大智慧者)만이 할 수
있는 일입니다.

－ 구빈(顾斌, Hitech반도체(무석)유한공사 동사장) －

Contents

21세기 키워드 창조적 혁신

혁신 = Design 종합 예술 TPM

CHAPTER 06
꿈과 열정 ・202

PART 01
21세기
난중일기

하이닉스! TPM을 입다

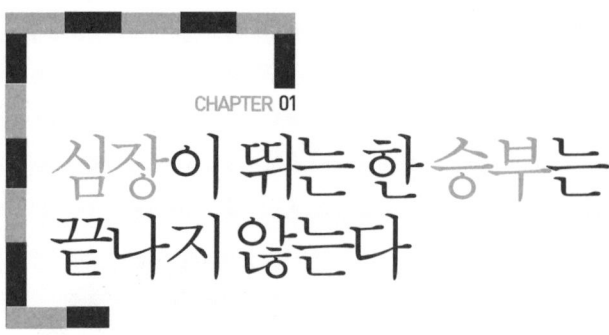

CHAPTER 01

심장이 뛰는 한 승부는 끝나지 않는다

"눈을 감으면 무엇이 보이지? 공이 굴러가는 것이 보이지?"라는 질문을 받을 때마다 타이거 우즈는 어김없이 "아빠, 홀이 뚜렷하게 보여요"라고 답했다고 한다. 아버지가 아들 타이거 우즈에게 가르친 것은 공에 주목하지 말라는 것이다. 퍼터로 공을 치기 이전에 반드시 홀의 이미지를 머릿속에 생생하게 그려 보라는 것이 아버지의 주문이었다. 이것은 어떻게 공을 쳐야 잘 들어갈 것인지를 고민하기 이전에 반드시 먼저 '마음의 눈으로 목표를 보라.'는 것을 의미한다.

_골프 황제 타이거 우즈

반도체 시장의 변화는 그 어느 분야보다도 기복이 심하고, 타격 또한 매우 크다는 것이 기정 사실화되었다.

IMF 이후 절체절명 위기에 처해 있던 하이닉스반도체는 2003년 드디어 턴어라운드에 성공하여 17분기 연속 흑자를 기록하였다. 그 중심에 바로 TPM이 있었다는 것은 누구도 부인하지 못할 것이다.

필자는 하이닉스가 가장 어려웠고 힘들었던 시기를 극복하고 다시 일어설 수 있었던 원동력인 TPM 도입과 위기 상황 그리고, 성공 사례를 통해 글을 읽는 모든 사람에게 TPM의 불씨를 전하고자 한다.

태동을 위한
자극을 받다

"자기만의 멘토를 찾아라!"
잘 알고 있겠지만 멘토란 스승이 될 만한 사람,
자기가 앞으로 되고 싶은 사람을 말해요.
저는 여기에 좀 더 다른 말을 보태고 싶어요.
꿈을 세우고, 그것을 이루기 위해서 훌륭한 사람,
성공한 사람을 만나 자극을 받아야 합니다.
하지만 나보다 못한 사람, 사회적인 약자에게서도
우리는 희망을 볼 수 있고 그들과 더불어 행복하기 위한
꿈을 설계할 수 있을 것입니다.
전 여러분이 그런 사람을 멘토, 스승으로 삼을 것을 제안합니다.
_반기문, "세계를 가슴에 품어라" 중에서

작은 불꽃이 거대한 화산이 되어

잠시 눈을 감고 시간을 거꾸로 돌려 TPM의 첫 시작점에 갖다 놓았다.

2002년 여름…….

IMF도 지나가고 매각도 반려되었지만 회사는 점점 어려워지고 있다.

채권단에서 새로운 사장님도 오셨다.

'과연 그분이 돌파구를 찾아줄 수 있을까?'

식사를 하고 오는 한 무리의 사원들이 눈에 띄었다. 서로 웃으면서 장난도 치고, 그래도 정겨운 모습이다. 하지만 자세히 보면 어깨가 처지고 뭔가 생기가 부족한 모습이다. 오랫동안 빛을 못 본 덤불 속의 잡초처럼.

지난 20년을 그들과 희로애락을 같이하면서 겪었던 무수히 많은 일들이 주마등처럼 스쳐 지나갔다.

'정말 항상 선두에 서서 최선을 다하던 사람들, 가장 힘들면서도 내색하지 않고 묵묵히 따라 주던 사람들, 그들의 마음속엔 어떤 생각이 들어 있을까?'

정말 짧지만은 않은 시절이었던 것 같다. 어느덧 고참 부장 대열에 끼고, 항상 위기의식 속에 나름대로 최선이라는 마음가짐으로 임해 왔는데 나에게도 과연 남아 있는 게 있는지 의문이 들었다. 한편으론 목표 달성을 위하여 모질게 대했던 우리팀원들에게 미안한 마음도 들기 시작했다.

지금 FAB(Fabrication; 반도체 제조 공정)에선 TPM을 한다고 난리인가 보다. 그러나 왠지 과거의 되풀이가 되지는 않을는지 의구심이 든다. 여기에서도 새로운 팀을 만들어 시도해 보려나 보다. 그들의 책상 위에는 'TPM 실무', 'TPM 발표문집' 등 무수한 교재가 쌓여 있다. 얼마 못 갈 것이라는 생각이 든다.

팀장으로 있은 지 벌써 10여 년이 다 되었다. 품질 관리팀을 거쳐 다시 제조팀으로 와 보니 예전의 나의 힘이 느껴지지 않는다. 위에서도 돌파구를 찾으려고 바쁘고, 고참 부장이 아직도 팀장이니 하는 이상한 소문도 들린다.

어느 순간인가 나의 손엔 나도 모르게 TPM 관련 서적이 들려 있다. 매일 성경을 한 구절씩 읽던지라, 책 읽는 것은 자신 있지 싶어 한번 읽어 보기로 했다. 그러나 과거에 했던 것과 별 차이가 없다. 그저 제안서 쓰고, 3S 하고, 불합리 제거하고…….

지난 세월 동안 수없이 해왔던 일 아니던가. 그래도 한 구절 인상 깊은 것은 있었다. 당시에는 '제대로'라는 말뜻을 잘 몰랐었지만 이제는 무엇을 하든 제대로 한다면 효과가 있을 것이란 의미로 와닿았다.

'그래, 이렇게 앉아 있을 순 없지. 이제 사실 회사로서도 더 이상 물러날 데가 없지 않은가? 제대로 한번 해 보자.'

우선 나의 생각과 방향을 그대로 실행해 줄 사람, 그리고 나의 오류를 거침없이 수정해 줄 사람이 필요했다. 팀장이 현장 곳곳을 돌아다니며 모든 것을 다할 순 없지 않은가?

중복소집단이라 하지 않았는가. 정확하게 내가 할 역할이 무엇인지 곰곰이 생각한 끝에 결정을 했다. 'TPM에서 만큼은 분신(?)을 만들어 보자.' 라고.

그동안 성과를 토대로 여기에 가장 적합한 인물을 임명했다. 그리고 많은 연구와 함께 강력하게 추진하길 지시했다. 물론 책임도 따른다.

일주일이 지났다. 어떤 계획이나 진척이 보이지 않는다. 그렇게 1개월이 훌쩍 지나가 버렸다. 적임자가 아니었다. 몸이 무겁고 오히려 TPM 추진보다는 파트장의 역할이 도움이 되리라.

가능성이 안 보일 땐 과감하게 바꿔라

과감한 결단이 필요할 때가 있는데 지금이 바로 그때다. 이번에는 장비 업무를 맡고 있던 선임 파트장을 시켰다. 물론 더욱 강한 주문과 함께.

결과는 처음과 마찬가지로 실패. TPM에 대한 의욕이 없었던 것이 문제였다. 그도 과거에 비슷한 활동을 무수히 많이 해 보았고 실패도 많이 해 보았으리라.

'2002년도 이제 두 달밖에 남지 않았다. 올해도 엄청난 적자와 함께 나라의 골칫거리가 되는가.'

사실 가장 큰 피해자는 사원들이다. 그들은 어떻게 해야 하는지도 모른 채 묵묵히 현장에서 열심히 일하던 사람들이 아닌가?

이대로 포기할 순 없다. 이번에는 적임자를 선정하는 데 신중에 신중을 기했다. 활동적이며, 적극적이고, 긍정적인 사람을 찾고자

했으나 좀처럼 적임자가 보이지 않았다. 아니 마음에 드는 사람이 없었다.

한 명의 적임자가 있긴 했지만, 지난 수년간 나와 업무적으로 많은 대립을 보였던 친구다. 자신의 업무에는 충실했을지 몰라도 내가 펼치려는 일에는 항상 대립적 관계에 있던 친구. 물론 그 자신만의 생각으로 그렇게 한 것은 아니겠지만.

하지만 지난 수년간의 나 자신을 곰곰이 들여다보니 대립적인 관계에 있던 사람들도 꽤 많이 있었다. 내 자신의 생각대로 일을 끌고 가기 위하여 많은 사람들을 힘들게도 했으리라. 비록 나 자신의 이익이나 욕심을 채우기 위한 것은 아닐지라도. 어차피 마지막이다. 나도 지난날 상사에게 나의 생각이 옳다고 끝없이 주장하다가 미운털까지 박혔지 않은가.

그 친구를 불렀다. 사실 그 친구는 160여 명이나 거느린 제조 파트장으로 PKG에서 가장 핵심 공정을 운영하고 있었다. 그래서 제조 파트장 업무를 완전히 놓고 TPM 추진을 하기도 힘들었다. 그 녀석을 믿어 보는 수밖에. 몇 가지 일을 지시해 보니 전에 내가 갖고 있던 생각과 차이가 있음을 느낀다. 하긴 직접 가까이서 생활해 보지 않고는 그 사람의 진면목을 안다는 것은 불가능하리라. 상대방은 자기 자신의 얼굴이라고, 데일 카네기가 말하지 않았는가. 자신이 대하는 만큼 돌아오는 것이 이치인가 보다. 하여튼 그 친구와 대면하여 추진자(Staff, Facilitator) 업무를 맡기기로 했다.

"어느 정도면 정착이 되겠는가?"

문득 또 다시 과거의 급하고 성과주의적인 말이 불쑥 나온다.

그렇게 다짐을 했건만.

"일주일 후에 대답해 드리겠습니다. 저도 분임조 활동은 이골이 난 사람인데, 지금 방법은 전혀 도움이 되지 않고 사람만 고생시키지 않습니까?"

"일주일이라? 그래 일주일 후에 다시 보세나."

일주일을 기다리기로 했다. TPM이라는 것이 하루 아침에 되는 것이 아니지 않는가. 왠지 이 친구가 전과 다르다는 생각도 들었다.

연구소 쪽에서 이상 기운이 감지되었다. TPM을 도입하여 변화의 바람이 일고 있었던 것이다. 현장 중심의 TPM 활동이 연구소에서 뿌리를 내리기 시작했다면 사실 엄청난 의미를 갖고 있는 것이다. 깊숙하고 이상적인 실용 혁신을 의미하기 때문이다.

연구소에 이어 제조본부도 꿈틀대기 시작했다. 그 친구들은 워낙 한번 꿈틀대면 세몰이식으로 하는 친구들이니까. 하지만 금방이라도 될 듯한 분위기이다. 조급하지만 기다려야 하는데 더 이상 기다릴 수가 없었다. TPM으로 다시 시작해 보자고 컨설턴트까지 초빙하여 움직이고 있는데, 이대로 가면 모두 죽는다. 모든 결과는 제조 현장에서 나오니 다른 곳은 하지 않더라도 우리 제조팀이라도 해야겠다.

'그런데 이 녀석은 도대체 어딜 갔는지?'

출근하면 사라져 버리고 퇴근 전에야 나타나서 서너 시간 동안 뭔가를 열심히 기록하고 생각한다. 일언의 보고는 없다. 내 초조한 마음을 알기는 하는 것인지.

그렇게 약속했던 1주일이 지났다. 그리고 그 친구는 말 없이 내 책상 옆 의자에 조용히 앉았다. 손에는 몇 장의 종이 꾸러미를 들고서.

"그래 생각을 해 보았나?"

"예, 지난 일주일을 정말 소중하게 보냈습니다."

"얼마나 걸릴 것 같은가?"

"부장님 하시기에 달려 있습니다."

사실 무슨 말인지는 짐작이 가능했지만 약간은 뚱딴지 같은 말로도 들렸다. '이 친구 바른말을 여과 없이 하는 기질이 또 발동하는구나.' 하는 생각도 들었다. 그러나 지난 몇 개월을 함께 생활해 보니 생각 없이 말을 툭툭 해 버리는 그런 친구는 아니었다.

"그게 무슨 말인가?"

"지난 1주일 동안 연구소와 제조본부를 벤치마킹해 보았습니다. 그리고 컨설턴트 선생의 강연도 들어 보았지요."

"그런데?"

"이번엔 다릅니다. 제대로만 한다면 될 수밖에 없습니다."

'앗!' 순간적으로 약간 공허한 상태가 되었다.

'이 친구에게도 제대로란 말을 듣게 될 줄이야.'

"먼저, 부장님께서 누구보다도 확신을 가지셔야 합니다. 그리고 누구보다도 TPM에 대해 많이 아셔야 합니다. 마지막으로 부장님과 많은 대립이 생긴다고 할지라도 이해해 주십시오."

지금까지와 뭔가 다르다는 것을 느꼈다. 그리고 내가 잘못하더라도 과감히 시정하겠다는 말 아닌가. 물론 그 정도야 생각은 하고 있었지만.

그러나 더욱 나를 당황하게 만든 것은 그 다음 말이었다.

"우리 팀은 정확히 내년 3월 첫 주에 킥오프(Kick-Off) 합니다. 단 그때까지 부장님과 준비 사항을 매일 공유하도록 하겠습니다."

내년 3월이면 지금부터 4개월 후다. 나에게 그때까지 견디란 말인가? 한편으론 그 '제대로'란 말이 계속 맴돌았다. 4개월이라, 사실 짧은 기간이 결코 아니다. 회사의 적자는 눈덩이처럼 불어 가고 있지 않은가.

아마도 나뿐 아니라 상당히 많은 사람들이 다급하리라.

"그러나 4개월 동안 그냥 보내는 것은 결코 아닙니다. 4개월 동안 모든 준비 과정을 완벽히 마치고, 결코 뒤돌아가지 않는 TPM을 하겠다는 의미입니다. 다른 곳보다 몇 개월 늦게 시작하지만, 1년 안에 오히려 앞서 있을 것이라고 확신합니다."

솔직히 이 친구는 나만큼이나 비장하다. 이곳저곳을 다니면서 확신을 갖게 됐으리라. 섣불리 시작했다가 오히려 뒤처지느니 오히려 그 게 나을 수도 있지 싶었다. 나도 TPM에 대해 새롭게 개념 정리를 하면서 그렇게 우리는 준비 작업을 시작했다.

며칠 후 책 몇 권을 구입했다. 컨설턴트 선생이 직접 쓴 책이다. 그분이 최고라고 하는 경쟁사에서 수십 년을 직접 활동하고 추진하며 체험으로 만든 책이라고 한다. 그런데 TPM이 철학이란다. 하여튼 내가 한 권을 갖고, 추진하는 친구 한 권, 각 파트장들에게 한 권씩 직접 친필 사인을 하여 나누어 주었다. 그리고 TPM 관련 서적 몇 권을 더 구입하여 TPM에 대한 정확한 이해를 해 나가기 시작하였다. 특히 컨설턴트가 쓴 책은 기존의 TPM에 대한 생각을 송두리째 바꾸어 놓았다.

'회사의 일뿐만 아니라 내가 살아가는 인생의 발전을 위하여, 후회하지 않을 인생을 만들기 위하여 TPM은 필연적이다.' 라는 생각을 갖게 되었으며, TPM이라고 명명하지 않고도 반드시 해야만 하는 것이라고 생각하게 되었다.

2

현장의 작은 변화는
자발적 TPM의 신호탄

무슨 일이든 '해야 해'가 아니라 자진해서 '하는', 즐기면서 '하는 것'으로
바뀌면 매일매일을 활기차게 생활할 수 있습니다.
그렇게 되면 해야 한다는 의무감만으로 억지로 했었던
과거로는 두 번 다시 돌아가고 싶지 않겠죠.
인생은 일만 하려고 존재하는 것이 아닙니다.
인생은 수많은 즐거운 체험을 하기 위해 존재하는 것입니다.
그리고 그 즐거운 체험은 사고방식을 조금만 전환해도 가능합니다.
_호사이 아리나, "좀더 마음 편하게 사는 법" 중에서

새로운 변화가 시작되고

2003년 하반기부터 패키지 그룹 벌떼군단이 서서히 알려지기 시작했다.

TPM 활동으로 의식의 변화가 일어나기 시작하고, 팀원들의 적극적인 활동으로 매월 생산 목표를 별 문제 없이 달성하게 되었으며 차츰 활동의 성과를 높여 가고 있었다.

활동의 성과 중 가장 가치 있었던 것은 비교적 TPM 활동을 다른 팀보다 늦게 시작했음에도 불구하고 개발생산본부에서 자주보전, 계획보전 모두 최초로 '제로 스텝'을 패스했다는 것이다. 스텝 패스는 모두의 인정을 뜻하는 것이다. 그것도 가장 먼저 패스한 것이다. 그동안의 급한 마음을 참고 "제대로"를 외치며, 서서히 쌓아온 결과이기에 더욱 의미가 있다. 예전처럼 급한 마음에 무조건 뛰어들었다면, 오히려 짓고 부수고를 반복하여 여기까지 오지 못했을지도 모른다.

기초를 튼튼히 하는 것, 이것은 무엇보다 중요하며 새로운 변화의 시작이다. 3년이 지난 그 당시에도 기초가 튼튼하지 못한 많은 동아리들이 제로 스텝으로 회귀하고 있었으니 기초가 얼마나 중요한가를 곱씹게 만드는 대목이다.

하지만 계획보전 제로 스텝을 패스하고 나니 정말 엄청난 숙제들이 현실로 다가왔다. 제로 스텝은 미션(Mission), 골(Goal) 설정을 기본으로 하여 3S(정리, 정돈, 청소)가 모두 충실히 이루어져야 한다. 전체 장비의 현재 고장 건수의 벤치마킹(Benchmarking) 값을 선정하여야 한다. 전 장비의 BM(벤치마킹) 값 선정을 위하여 고장 카운터기를 설치하고, 프로그램을 개선하여 월별 데이터를 취합한 결과, 장비 700여 대에 순간정지를 포함한 고장이 무려 1백 10만 건 이상으로 집계되었다. 실로 어마어마한 수치였다. 이것이 바로 패키지 벌떼군단 현장의 현실이었다. 이렇게 고장이 많았는데도 어떻게 정상적으로 생산을 해 왔는지 의심이 들 정도이다.

'만약 이러한 고장이 모두 사라진다면 생산성이 얼마나 향상될까?'

걱정도 되었지만 그보다도 반드시 고장을 모두 '제로'로 해야 한다는 의무감과 강한 책임감이 오히려 앞섰다.

그런데 또 하나의 문제점이 있었다. 동일한 공정인데 장비 모델이 너무나 많다는 점이다. '이것이 그동안 장비 엔지니어들을 얼마나 괴롭혔을까?' 하는 생각이 들었다. 사실 장비의 모델이 한 종류이면 동일한 문제가 발생했을 때 한 장비에서 조치했던 내용을 동일하게 전체 장비에 횡 전개 하면 큰 효과를 볼 수 있다. 그러나 패키지 그룹 백엔드(Back-end) 공정의 경우에는 동일 공정임에도 불구하고 무려 14종이나 되는 장비 모델을 가지고 있었다. 모델별로 각각 원인을 찾아 14번을 개선해야 하는 것이다.

이것은 나의 책임이기도 하고 과거의 임원들이 장비 발주 시 생각 없이 투자하고 구매한 결과이기도 하다.

지금도 그것을 생각해 보면 장비 엔지니어들에게 너무나 미안한 마음이 든다. 이 문제는 이후에 장비 투자 시에도 최고의 장비를 한두 개의 모델만 선정해 투자할 수 있도록 추진하는 계기가 되었다.

"TPM 활동을 하나하나 전개해 보면서 왜 하이닉스가 경쟁력이 떨어지는지 알 수 있을 것 같습니다."

"그러게 말일세. 나도 책임이 크다고 생각하네. 장비만 사 주면 모두 다 잘될 줄 알았는데."

"하지만 어차피 벌어진 일입니다. 어려운 일이긴 하지만 모든 고장을 제거해야지요."

"그래야겠지."

이제 본격적으로 현장의 불합리를 적출하고 고장 감소 활동에 돌입하였다. 고장은 처음부터 각 모드별로 '제로'를 목표로 추진하였다. 고장 '제로' 달성은 재발하지 않는 것을 의미하며, 재발하지 않는다는 것은 발생원을 완전히 제거했음을 의미한다.

발생원을 완전히 찾아내는 것이 장비 엔지니어의 실력이라고 생각했다. 몇 개월 동안 컨설팅을 받으면서 너무나도 많이 들어왔던 말이다.

결과가 어떻게 될까를 생각하지 말고 현상 파악에 80%를 집중하라. 그리고 정확한 현상 파악을 토대로 모든 추정 요인을 점검하여 참원인에 대해 집중적으로 분석해서 대책을 세워라.

너무도 당연한 이야기처럼 들렸지만, 사람의 습성이라는 것이 그렇지 않았다. 우선 고장이 발생했을 때 현상 파악을 하여야 한다. 현상 파악 시에는 파악된 내용을 기록하고 원인에 원인을 물고 늘어져야 하는데 우선 장비 엔지니어들의 습관이 문제였다. 고장이 많았으니 즉시 조치하고 다른 장비로 달려가 조치하기를 반복하였다. 대충 조치된 고장은 얼마 안 가 재발되곤 하여 시간적 여유를 가질 수가 없었다.

또한 모두 현상 파악의 정도가 다르니 대책도 서로 중구난방이었다. 의욕적으로 고장을 감소시켜 보자고 하였지만 효과를 볼 수 없었다.

"이렇게 해서는 효과가 없습니다."

"아직까지 고장을 줄이려는 확고한 의지가 없는 것이 문제가 아닐까?"

"현재의 시스템에서는 당연한 일일지도 모릅니다.

첫째, 아직도 처음 시도할 때의 귀찮은 마음이 자리 잡고 있으며,

둘째, 본인들이 주인이라는 생각이 부족한 것 같습니다."

"그럼, 가장 좋은 방법은?"

"우선 주인의식을 심어 주고 책임감을 부여해 주어야 합니다."

"역할 분담을 하자는 말이군. 지난번 3S를 시작할 때도 개인별로 역할을 분담하니 훨씬 잘되더군."

"바로 그것입니다. 'My Machine 제도'를 시행해야겠습니다."

"아니 그건, 예전에도 시도해 보았지만 실패를 했었고, 말만 무수히 많던 방법이 아닌가?"

"저도 처음에 그렇게 생각했습니다만, 자세히 연구해 보니 충

분히 가능한 것으로 분석되었지요."

"자세히 설명해 보게."

"우선 지금 직면해 있는 가장 큰 문제부터 말씀 드리겠습니다. 지금은 장비 엔지니어들이 고장이 많이 발생 시에는 너도나도 바쁘게 일을 하지만 한가할 때도 종종 있고, 그 시간에는 일부 엔지니어만 일하고 나머지는 휴식을 취하곤 합니다. 고장이 발생되어야만 일을 한다는 의미이죠."

"그렇게 해서는 고장이 줄어들 수 없지."

"장비 엔지니어들의 여유 시간을 활용해야 합니다. 그렇게 하기 위해서는 각 장비별로 어떠한 고장이 많이 나는지 분석을 해야 하고, 가장 많이 발생하는 고장부터 차례로 없애야 합니다. 일정 기간만 제대로 하면 시간은 더욱 남게 되겠지요."

"그럼 바로 구체적인 방법을 만들어 보도록 하지."

나와 추진자는 팀 실행위 시 'My Machine 제도'를 시행하겠다고 선언했다. 처음에는 역시 예상된 불평, 불만 및 우려의 목소리가 컸다.

모두가 정확한 내용을 이해하지 못했기 때문에 파트장부터 개별적으로 면담하여 풀어 나가기로 하였다.

"부장님 My Machine 제도는 분위기만 더욱 안 좋게 할 뿐입니다."

"왜 그렇게 생각하는가?"

"서로 자신의 장비가 아니라고, 등한시하는 경우가 발생합니다. 모든 사람이 24시간 일하는 것은 아니니까요. 그리고 긴급한 일이 발생되면, 자신의 장비보다는 다른 장비를 먼저 조치해야

되는 것이 현실입니다. 재고를 하심이 좋을 듯합니다."

"음, 틀린 말은 아니네. 하지만 처음부터 My Machine 제도를 한다고 무조건 자신의 장비만 조치하는 것은 아니네. 일정 기간 동안은 틈틈이 시간적 여유가 될 때만 자신의 장비를 집중적으로 조치하는 것이지. 당분간은 협업을 해야 할 거야."

"지금 인원 가지고는 힘들 것 같습니다."

"좋은 지적이네. 하지만 잘 들어 보게. 지금처럼 10명이 장비 100대를 담당하는 것이나, 1명이 10대씩 담당하는 것이나 가만히 생각해 보면 다를 게 없다고 생각하는데?"

"그래도 뭔가 좀……."

이러한 식으로 우선 파트장들을 설득하고 각 분임조의 리더들을 설득하였다. 사람들은 환경의 변화에 민감하며, 자신이 하는 일에 조금만 변화를 주어도 거부감을 갖기 마련이다. 그들과 대화를 하면서 그들이 뚜렷한 근거 없이 단지 변화에 대한 두려움을 가지고 있다는 것을 느낄 수 있었다.

TPM 활동이 무엇인가? 바로 변화와 혁신을 통하여 바람직한 모습을 찾아 가고 더욱 나은 방법으로 개선하는 것이 아닌가. 오히려 그들의 변화를 위해서라도 더욱 강력히 추진해야겠다고 다짐했으며, 추진자를 통하여 각 분임조별 담당자들의 My Machine별 고장 트렌드를 조사하도록 하였다. 이렇게 조사된 트렌드는 반드시 팀 실행위 시에 공유되었다.

그러나 당분간 몇 주간은 공유만 하고 아무런 언급도 하지 않았다. 공유 내용을 보고 스스로 판단하고 인정하라는 의미였다. 이러한 활동 중에 적극적이고 자발적인 사람들이 하나둘 나타나게 되었고, My Machine에 대한 담당자들이 주별로 고장건수를 파악하고, 고장 트렌드(Trend)를 관리하며 고장 감소 활동을 하였다. 이들을 통하여 고장이 점차 감소하기 시작하였다. 당연히 그에 따른 칭찬과 포상도 함께 주어졌고, 이러한 분위기가 지속적으로 이루어지면서 점차 팀원 전체로 확산되었다. 물론 예전에 비하여 일하기가 힘든 것은 결코 아니었다. 이것은 새로운 변화가 시작됨을 알리는 것이었고, TPM 활동은 반드시 명확한 책임하에 실행해야만 성장할 수 있으며 생존할 수 있다는 인식으로 빠르게 확산되어 갔다.

세심한 리더의 역할로

TPM 활동을 시작한 후 6개월 정도가 지나면서, 벌떼군단의 모든 업무는 TPM 중심으로 완전히 자리 잡기 시작하였다. 제조 업무도 TPM 활동을 중심으로 전개하였으며, 각종 품질, 수율, TAT도 TPM 활동을 중심으로 전개하도록 하였다. 의도적으로 모든 회의 때마다 꼭 한 마디씩 TPM 활동의 중요성을 강조하였다.

현장의 각종 생산을 저해하는 요소는 제안을 통하여 개선되었으며, 사람에 의한 품질 사고는 사고자에게 직접 '작업 미스 보고서'를 작성하게 하여 스스로 무엇이 문제인지를 인식하도록 하였다. 사실 작업 사고는 대부분 반복적으로 발생하는 것이 다반사였다. 그러나 그동안은 직접 사고를 유발한 사람은 등한시한 채 일부 직·반장이나 파트장이 대책을 세워 보고하기에 급급하던 실정이었다. 아무리 훌륭한 시스템을 만들고 수립하여도 직접 작업하는 사람의 의식이 변하지 않으면 아무 소용이 없는 일이었다. 즉, 사람의 체질과 작업 환경의 체질이 동시에 변화해야 효과가 있는 것이다.

그런데 예기치 않은 부작용이 발생하였다. 일부 분임조에서 사고를 유발한 여사원이 며칠간 회사에 출근을 하지 않은 것이다. 추진자를 통하여 직접 여사원을 찾아 방문한 결과 여사원이 사고를 냈을 때 작업 미스 보고서를 작성하게 하였는데, 작성하는 방법에서 작업 미스 보고서가 아닌 사유서 형식으로 전달되었던 것이다. 물론 작업자의 잘못이 크다고 할지라도 이는 직·반장의 TPM 활동에 대한 이해가 부족해서 일어난 일이었다. 과거와 같이 잘못하면 혼내 주는 형식으로는 발전을 기대할 수 없다. 아직 직·반장들에게 TPM을 올바르게 인식하도록 하는 작업이 필요하였다.

"○○반장, 작업자가 실수를 하면 어떻게 하고 있나?"

"작업 미스 보고서를 작성하게 하고 있습니다."

"그래 효과가 있던가?"

"글쎄요. 그게 효과가 있는 것인지 판단이 안 갑니다. 강요하는 것 같기도 하고……."

"내가 지켜보니, 작업 실수를 할 때 불러다 세워 놓고 사유서 쓰듯이 작업 미스 보고서를 작성하게 하는 것 같은데."

"부장님, 요즘 친구들은 혼을 내거나 강력하게 말하지 않으면 개선되지 않습니다."

"혼을 내도 효과가 없다고 했나? 내가 보기에는 그러한 방법은 스스로 느끼도록 만들지 못할 듯한데. 자신이 스스로 변하지 않으면 사고가 줄어들지 않거든."

"그렇긴 한데 어떡해야 할지 솔직히 모르겠습니다."

"이렇게 해 보지. 작업자가 실수를 하면 우선 주위 동료들의 작업 방법과 자신의 작업 방법을 비교하여 무엇이 문제인지 스스로 찾아보고 기록하도록 하지. 그리고 스스로 부족한 부분이 무엇인지 깨닫게 하는 거야. 물론 그 사람과 많은 대화를 나누며 이 기회에 면담도 해 보고 더욱 가까운 관계로 만드는 거야."

이러한 방법으로 우선 직·반장에게 교육을 시켰다. 그리고 현장에서 직접 그렇게 하는지를 점검했다. 작업 실수를 한 작업자는 아무도 모르게 따로 불러서 경과에 대한 이야기를 하였으며, 책을 한 권씩 선물하기도 하였다. 이러한 결과 눈에 띄게 사고가 줄어들었으며, 힘들게 생각했던 현장 생활이 점차 활력을 되찾을 수 있게 되었다.

일정한 지위를 얻게 되면 리더들은 대부분 지시형으로 점차 변모하게 된다. 그것이 잘못되었다는 것은 아니다. 올바른 지시를 내리는 것도 매우 중요한 리더의 역할임에는 분명하다. 그러나 그것은 어디까지나 정확히 상황을 판단하고 있을 때의 일이다.

거만하게 자리에만 앉아서 보고만 받고 부족한 면을 질타하며 대책을 요구하는 방법은 이제 더 이상 도움이 되질 않는다.

최근에도 그러한 사람을 볼 때면 안타깝기 그지없지만, 그러한 사람들을 볼 때마다 나 자신을 돌아보고 보고를 받기보다는 직접 보면서 질문을 하고 방법을 제시하려 애쓰고 있다. 즉, 현장에서 직접 눈으로 보고 현상을 파악해야 서로 신뢰를 쌓고 일을 쉽게 풀어 나갈 수 있다. 어느 정도의 눈썰미가 있는 사람이라면 현장을 보면 어떠한 일이 벌어지고 있는지 쉽게 알 수 있기 때문이다. 남들은 나이도 어느 정도 된 사람이 현장을 자주 출입한다고 말할지 모르지만 그럴수록 좀더 세심하게 현장을 관리하려고 노력하곤 한다.

원리 원칙을 지켜라

가장 우수한 리더는 원리 원칙을 세우고 그대로 실천하는 사람이라고 생각한다. TPM 활동에 있어서는 더욱 그렇다. 원리 원칙은 각각에 기준을 정하는 것이다.

3S를 하더라도 기준을 정하여 실시해야 한다. 기준은 구심점이며, 법이다. 국가의 법을 지키듯이 현장에서도 한번 작성된 기준은 반드시 지키도록 만들어야 한다. 기준이 잘못되었다면 법을 바꾸듯이 기준을 더 바람직한 방법으로 수정하면 되는 것이다.

팀 실행위에서 설정한 포상 기준도 마찬가지이다. 활동이 본격화되면서 각 분임조별로 격차가 생기기 시작했다. 미세한 차이라도 포상을 받는 곳이 계속 받게 되었던 것이다. 팀 예산의 절반 이상을 포상으로 할애하였기 때문에 많이 받는 분임조의 경우는 월별 수십만 원을 받는 경우도 생겼다. 당연히 포상을 받지 못하는 경우 더욱 분발을 했지만 좀처럼 넘어서지 못하여 볼멘소리를 하곤 했다.

마음이야 모두 주고 싶었지만 그런 이유로 원칙을 바꿀 수는 없었다. 이러한 원칙을 지키기 위하여 추진자와 서로 다짐하는 것도 쉽지만은 않았다. 약간 늦어지거나 부족한 분임조는 어떻게 하든 따라 오게 만드는 것이 중요했는데 원칙을 세워 계속 유지한 결과 전체가 균등하게 발전할 수 있었다. 물론 원칙은 더욱 발전된 방법으로 변경하여 사전에 공지한 후 적용하도록 하였다.

이러한 결과 개발생산본부 전체에서 개선 제안은 물론 TPM 활동의 모든 과정지표에서 두각을 나타내었고 타의 추종을 불허하게 되었다. 상금도 독점하게 되어 팀 자체적으로도 포상을 더욱 확대하여 적용할 수 있게 되었다. 그야말로 빈익빈 부익부였다.

제안의 경우에는 전체 분임조가 매월 100%의 참여를 보였는데, 주로 장비 엔지니어나 제조작업자에게서 기발한 제안이 많이 나와서 큰 성과를 올릴 수 있었다. 가장 큰 효과는 제안을 당연히 제출하여야 하는 것으로 인식하게 되었고 제안이 업무의 한 부분으로 정착되었다는 것이다.

생각을 해 보라. TPM은 바람직한 모습으로 변화, 개선하는 것이다. 즉 개선은 더 나은 방법을 끊임없이 찾아서 발전을 시키는 것이다. 그러나 모든 제안이 모두 엄청난 돈을 벌어 주는 것은 아니다. 제안의 질이 조금 떨어진다고 하여, 제안 자체를 우습게 생각하는 것은 안 된다. 조그만 나사 하나가 사람의 생명을 위협할 수도 있지 않은가? 눈에 보이는 성과로 제안을 판단해서는 안 된다. 항상 모든 사람들이 제안 의식을 갖고 무엇이든지 발전시키려는 의식, 이것이 중요한 경쟁력인 것이다.

필자는 솔직히 제안 이야기만 나오면 흥분이 된다. 제안 활동이 죽어 있으면서 TPM 활동을 잘한다는 것은 있을 수 없다고 굳게 믿는다. 일부 조직은 구성원의 50%조차 제안을 제출하지 않는데도 불구하고 TPM을 효과적으로 잘한다고 자랑한다. 정말 그들이 TPM에 대하여 정확히 이해를 하고 있는 것일까?

제안은 불합리 적출로부터 시작된다. 적출된 불합리의 해결을 위해 현상을 파악하고, 원인을 분석하며, 해결하다 보면 저절로 제안이 되는 것이다. 물론 다 그렇다는 것은 아니다. 현장작업자가 출원하는 제안은 모두가 중요한 불합리이다. 비록 떨어진 종이 한 장을 치우자는 제안 활동이라 하여도 초기에는 그것 자체가 교육이기에 인정하고 시작해야 한다. 이러한 활동이 죽어서는 안 된다. 잘못된 것을 잘못된 것으로 바르게 인식하는 활동, 바로 이러한 것이 중요하며 의식의 변화를 유도하는 모태이다.

제안을 인정하는 원칙이 이미 세워져 있는데, 원칙을 무시하고 제안의 질이 낮다고 탈락시키는 것은 분명 문제가 있다.

포상의 정도를 얼마든지 효과적으로 개선하여 제안 활동을 성공적으로 이끌 수 있다.

어느 회사는 제조작업자에 의하여 연간 수천억 원의 원가 절감을 한다고 하지 않는가? 또한 COPQ(Cost of Poor Quality; 품질실패비용+기회비용)를 절감해야 기업의 경쟁력이 높아진다고 목청 높여 외치고 있지 않은가? 기본 의식 부족으로 작업 실수를 내어 엄청난 손실을 가져오는 경우가 얼마나 많은가? 그래서 제안은 당장 효과가 큰 것이든, 의식을 키우는 제안이든 모두가 중요한 것이다.

우리 조직은 아직까지도 제안을 통한 참여가 잘 유지되고 있고, 그것이 발전하면서 질적으로 뛰어난 효과적인 제안이 늘고 있는 추세이며, 처음 세웠던 제안에 대한 포상 원칙을 수년이 지난 지금까지도 그대로 지키고 있다.

간판 방식을 도입하다

앞서 물품의 정리 정돈이 효과적으로 이어지며, 이제는 한 단계 높은 물품 관리가 필요하게 되었다. 이 부분은 컨설턴트의 도움이 크게 작용하였는데, 물품에 대한 재고 관리, 발주 관리, 사용 수량 관리, 보관 방법 등 사용자 입장에서 편리하고 완벽하게 유지될 수 있는 시스템이 필요하였다. 정리 정돈으로 편리성과 효과성을 경험한 분임조원들이 자연적으로 의식이 향상되어 더욱 높은 성과를 원하고 있는 것이다.

우선 모든 물품을 사용 편리성, 종류별, 사용 빈도별 등을 고려하여 재배치하였다. 스크루, 나사못 하나까지도 모두 원칙을 세워 정돈하였으며, 모든 물품은 3정(정품, 정량, 정위치) 기준에 의하여 정돈하였다. 그런데 사용 후 재고 및 발주 관리가 문제였다. 이전까지는 기록 형식도 사용해 보고 전산 프로그램을 만들어 관리하기도 하였으나, 기록하고 입력하는 문제가 제대로 지켜지지 않아 서류상의 수량과 실제 재고 간에 차이가 발생하는 일이 종종 벌어지고 있었다. 발주 담당자는 서류상의 재고가 있으니 발주 신청을 하지 않았고, 장비 엔지니어는 재고가 바닥나 정비를 하지 못하여 장비가 며칠씩 가동되지 못하는 경우가 다반사였다. 이 기간은 고스란히 생산 로스(Loss)로 이어진다. 특히 CAPA(Capacity; 생산능력)가 큰 장비의 경우에는 스페어 파트(Spare Part) 하나 때문에 발칵 뒤집히는 경우도 있었다.

"스페어 파트가 아직도 예상 사용량으로 신청이 되고 있어?"

"지금은 사용자 따로, 발주 관리자 따로 하고 있습니다."

"발주 관리를 체계적으로 할 수 있는 방법이 없을까? 재고 파악도 수시로 하고 있는데, 그 많은 물품들을 모두 확인하기가 여간 까다롭지 않거든."

"컨설턴트의 지도대로 간판 방식을 도입해 보죠. 그것도 우리 현실에 적합하게 말이죠."

"아직은 정확히 감이 오지 않는데 시도해 보세."

이렇게 하여 회사에서 최초로 모든 물품들에 대한 간판 방식을 적용하게 되었다. 간판 방식의 핵심은 따로 재고 관리를 하지 않아도 자동적으로 재고와 발주 관리가 이루어진다는 것이다. 무분별한 물품 구매를 없애고, 간판 방식이 장기간 안정이 되면, 물품 재고 비용 또한 최소한으로 관리된다는 장점도 가지고 있다. 이러한 간판 방식 도입도 한번에 물 흐르듯 도입된 것은 아니다. 아직 변화를 거부하고 겁내는 사람들이 남아 있었기 때문이다. 추진자는 간판 방식을 정확히 이해하고 있었고 각 분임조 리더와 발주 관리자들에 대한 교육을 우선 실시하였으며, 그들과 충분한 토론을 통하여 간판 방식을 도입하는 데 문제가 없도록 하였다. 왜냐하면 발주 관리자들이 사실상 스페어 파트의 관리 책임자이기 때문에 이들의 이해도에 따라 완전 적용 기간이 차이가 나기 때문이다.

"간판 방식을 도입하여도 사람들이 지키지 않으면 소용없는 일 아닌가요?"

"어떠한 것이든 지키지 않으면 소용이 없을 것입니다. 그러나 간판 방식은 사용자가 기록이나 전산 기입이 필요 없이 안전재고에 도달했을 때 발주카드만 제출하면 되므로, 그만큼 귀찮지도 않고 지키기 쉽습니다."

"그럼 발주 관리자만 힘들겠네요."

"전혀 그렇지 않아요. 이제부터는 자주 실시하던 수천 개의 재고 수량을 파악할 필요가 없어요. 분기에 한 번 정도만 파악하면 될 겁니다. 그리고 사용자가 발주함에 놓은 발주카드대로 구입만 하면 되서 발주도 아주 쉬워요. 이것만 해도 여러분의 일이 3

분의 2가량 줄어드는 겁니다."

"모든 물품에 안전재고를 적용한다고 했는데, 그러면 스페어 파트 사용 금액이 너무 많지 않을까요? 왜냐하면 너무 비싸서 보유하지 않은 물품도 꽤 있는데."

"좋은 이야기입니다. 그러한 물품들을 당장 구입하여 보관할 필요는 없습니다. 그러한 것은 우선 업체들과 연락하여 필요 시 즉시 구매가 가능하도록 업체 창고 관리를 해야 합니다."

"그럼 안전재고와 발주 수량은 어떻게 파악하지요?"

"우선 일정 기간 동안 사용한 근거를 가지고 수량을 관리하고 점차 보완하도록 하면 됩니다."

이렇게 간판 방식을 적용하고 추진자에게 간판 방식이 제대로 적용되고 있는지, 원칙대로 준수되고 있는지 주기적인 확인을 지시했는데 처음에는 일부 인원이 준수하지 않았으나 점차 보완하여 반드시 준수할 수 있는 시스템으로 보완하였다.

나도 현장에 들어가면, 가장 준수에 소홀한 물품 위주로, 가령 스크루 등 크게 준수하지 않아도 문제가 안 된 품목 위주로 수십 개를 하나하나 세며 확인하였다. 이렇게 하니 각 분임조원들이 준수하지 않을 수 없었다.

물론 사용자들이 정확히 시스템을 이해하지 못하여 지켜지지 않는 경우가 있었으나 계속되는 점검 활동과 눈에 보이는 관리를 통하여 지킬 수밖에 없도록 만들었다.

이렇게 완벽하게 구축된 간판 방식은 회사 전체로 급속도로 횡 전개하였는데, 각 공장의 분임조들이 벤치마킹을 위하여 방문하였으며, 지금은 하이닉스 전체 분임조가 벌떼군단이 만든 방법으로 간판 방식을 적용하여 사용하고 있다.

　이러한 활동으로 팀 전체로는 주기적으로 시행되던 발주 회의가 필요 없게 되었으며, 실제로 발주 관리자의 생활이 바뀔 정도였다. 컨설턴트의 말을 빌면, 처음 발주 관리자의 인상을 보았을 때 항상 찡그리고 표정이 없었는데 간판 방식 적용 후 밝은 모습에 자신감 있는 표정으로 변모하였다고 한다.

조직을 살리려면
새로운 패러다임으로……

스스로 알을 깨면 한 마리 병아리가 되지만
남이 깨 주면 계란 프라이가 된다.

_J. 허슬러

필요하다면 과감하게 새로운 조직으로 바꿔라

2004년이 시작되었다. 우리 벌떼군단은 새로운 전략을 세우고 더욱 적극적으로 TPM 활동을 전개해 나갔다. 조직도 제조본부로 변경되었다. 그리고 반도체 환경도 많이 바뀌었지만 회사 전체의 업무 접근 방식에도 많은 변화가 시작되었다.

다음은 장비 투자사의 과거와는 차별화된 회의 결정권자의 모습이다.

"패키지는 장비 투자 시에 누가 결정을 하나요?"

"엔지니어의 보고서가 나오면 부장과 그룹장이 결정을 합니다."

"현장 장비 파트장의 결정권은 얼마나 되나요?"

"반영이 되는 편이지만 바뀔 염려도 있습니다. 투자라는 것이 가격과 성능, 대응 모두 중요한 문제라서."

"내가 생각하기에는 장비는 철저히 현장의 결정을 따라 주어야 합니다. 장비의 성능을 가장 잘 아는 사람은 장비 파트장입니다. 그래서 장비 파트장의 의견을 절대 수렴하고, 위에서는 타당성에 결함이 있을 때만 가부를 결정하여야 합니다. 또한 이러한 원칙은 철저히 지켜져야 투명한 장비 투자가 될 수 있으며, 현장이 좋아지고 생산성이 향상될 수 있습니다. 명심하도록 하세요."

맞는 말이었다. 장비를 선정하는 것은 현장의 관리자가 해야 한다. 그동안 이 원칙이 무시되어 사원들이 얼마나 고생했는가. 앞에서도 말했듯이 제조 현장의 라인닥터 분임조의 장비 모델은 무려 14종이나 되었다. 56대 보유한 장비에 14종이라. 그것도 점점 성능이 좋은 장비로 바뀐 것도 아니다. 어떠한 장비는 장비 엔지니어들이 극구 반대했음에도 불구하고 들어온 장비도 있고, 성능이 검증이 되지 않은 장비도 있었다. 오히려 성능이 미흡한 장비도 더러 있었다. 옳은 투자 방법이 아니었던 것이다. 장비의 종류가 많아지면 우선 인력적으로 손실이다. 서로 다른 장비이다 보니 몇 배의 노력이 필요한 것이다. 그리고 유지 비용이 늘어난다. 부품이 호환되지 않으니 그만큼 비용이 많이 들며, 대비하기가 힘들어진다. 물론 이것은 같은 일을 하는 장비에 한해서이다.

이렇게 최상위 경영자는 현장에서 좀더 효과적으로 일할 수 있도록 최대한 지원을 하려 하였으며, 목표를 반드시 제시하고 당위성과 필요성을 강조하였다.

때로는 목표 달성을 하지 못한 리더를 과감히 교체하는 강함도 보여 주었다. 이러한 관리 방법은 대단한 효과를 보였는데, 우선 각 조직의 리더들이 좀더 선명한 목표를 세우고 목표 달성을 위하여 스스로 노력을 하였으며, 지금보다 더욱 효과적으로 일을 하려고 하였다. 물론 회사에 남아 있는 시간도 점점 늘어갔던 것은 사실이다. 그러나 아무도 반론이나 거부감을 나타내는 사람은 없었다. 당연히 해야 할 일을 하는 것이며, 그렇게 해야만 회사가 생존할 수 있다는 의식이 점차적으로 머릿속에 각인되었기 때문이다. 이 과정에서 어떠한 관리자는 과로로 쓰러지기도 하였고, 매일 늦은 귀가에 부인이 안쓰러워 눈물을 흘리기도 하였다. 그러나 이러한 노력들이 결코 허사가 아니었다.

드디어 반기별 흑자가 발표되었다. 2분기 연속 흑자와 함께, 2003년 하반기 흑자가 난 것이었다. 얼마나 기다리던 순간이었던가. 이것은 Top에서부터 일선의 경영자까지 전략적 목표 경영과 TPM의 효과로 인하여 만들어진 결과였다. 여기에서 필자는 전략을 발전시키고, TPM 활동을 더욱 강화해야겠다고 굳게 마음을 다졌다.

첫 번째를 장식하다

제조본부에서는 TPM 활동을 체계적으로 추진하기 시작하였다. 우리 벌떼군단이 처음 TPM을 시작할 때 팀 실행위를 필요충분조건으로 알고 시작했듯이 제조본부 전체의 추진위를 월별로 반드시 시행한다고 하였다. 전체의 활동 사항을 조직의 장이 정확히 확인하는 것이야말로 리더가 가져야 할 너무도 중요한 역량이다. 이 당시만 해도 추진위나 팀 실행위를 하는 곳이 거의 없었다. 한다고 하여도 생산 목표 달성을 확인한다든지, 품질을 확인한다든지 하는 왜곡된 회의 수준이었다. 즉, 현장의 분임조에게는 회합을 해야 한다고 강요하면서 자신들은 하지 않는 것이나 다름없었다.

그러나 다행스럽게도 본부에서는 추진위를 매월 실시하여 진행 사항을 점검하고, Best Practice를 발굴하여 횡 전개하도록 하고, 목표를 설정하며, 어떠한 전략으로 할 것인지가 공유된다.

가장 인상적인 것은 경영 상태가 명확하고 빠르게 파악되며, 일반 팀장, 파트장에까지도 경영 상태가 알려진다는 것이었다. 예를 들어 이번 달에는 얼마가 흑자였으며, 무엇 때문에 이렇게 되었다는 등 실제 우리가 얼마나 잘하고 있는지, 부족한 것이 무엇인지, 어떠한 부분을 보완해야 하는지 정확하게 느끼고 깨닫게 만드는 것이었다.

전에는 정말로 상상할 수 없는 일이었다. 그저 대중매체에서 발표되면 그런가 보다 했었다. 이것은 완전한 투명 경영을 말하며, 회사원으로서 알아야 할 권리를 찾은 것이며, 다음 목표가 명확히 제시되는 것이었다.

본부 혁신팀에서 연락이 왔다. 우리 팀에서 해오고 있는 실행위가 매우 우수하다고 인정되어 본부 추진위에서 첫 번째로 발표될 Best Practice로 선정되었다는 것이다. 여기에서 부장의 역할과 실행위의 효과에 대하여 발표할 것을 주문하였다.

첫 번째 본부 추진위였다. 그런데 여기에서 제1호 'Best Practice'로 선정된 것이다. 제조본부로 조직이 변경된 지 보름도 채 안 되었다. 기존의 제조본부 산하 각 FAB(Fabrication; 반도체 제조 공정) 활동에 우선하여 우리 벌떼군단의 TPM 활동이 선정되었다. 더군다나 리더의 역할에 대하여 발표하게 된 것이다. 과연 내가 잘하고 있었던 것일까? 솔직히 부담스러웠다. 다른 리더들도 모두 하는 활동일 텐데…….

아무튼 처음 실행위를 시작했던 동기와 필요성부터 실시한 세부 결과까지 자료를 정리하여 발표하였다. 걱정과는 달리 반응은 매우 뜨거웠다. 그리고 모든 팀들이 차후부터는 실행위를 할 것을 본부장으로부터 지시 받았다.

이것은 그로부터 약 1년 이상이 지난 뒤 본부 전체의 전략으로 발전되었다. 그러니까 우리 벌떼군단이 실행위를 중요하게 생각하여 처음 시작한 지 2년이나 지난 후에 전략화되어 실시한 것이었다. 실행위의 중요성을 뒤늦게나마 깨닫고 실행하게 된 것이다.

이렇게 제조본부 Best Practice 1호를 탄생시켰다. 그리고 이것은 각 부문의 1호를 탄생시키는 시발점이 되었다.

이때부터 우리 팀은 매월 본부 추진위에서 TPM 활동이 Best Practice로 선정되어 사례를 발표하였으며, 포상금을 거의 휩쓸다시피 하였다. 이러한 것은 팀 내의 TPM 활동을 가속화하는 계기가 되었으며, 확실하게 동기부여를 해 주었다.

우리 벌떼군단이 획득한 각 1호를 살펴보면, 최초 제로 스텝 패스를 시작으로, 앞서 설명한 Best Practice 1호를 비롯하여, 계획보전 스타 1호, 계획보전 고장 제로 1호, 제조본부 최초 명소 획득 등 전체 부문에서 1호로 선정되었으며, 각 부문별 수상 횟수 또한 압도적으로 많았다.

이렇듯 2004년 시작과 함께 제조본부로 새로 편입함과 동시에 최고의 활동 실적을 보임으로써 패키지의 위상을 높일 수 있었으며, 이후 매월 큰 무리 없이 생산 목표를 달성하였고, 하이닉스도 본격적인 흑자 행진을 시작하게 되었다.

핑곗거리를 찾는 데 익숙한 어떤 관리자는 생산 실적을 무리 없이 달성하면, 그 팀을 보고 CAPA가 여유가 있다는 둥, 쉽다는 둥, 사람이 많다는 둥 이렇게 말을 하곤 한다. 정말 아이러니한 생각임에 틀림없다. 자신이 여유 있게 목표를 달성할 때도 그러한 말을 할 것인가. 현장의 3S 활동도 마찬가지이다. 3S 활동이 잘되는 곳일수록 물품이 거의 안 보인다. 필요 없는 물품을 모두 다 없앴기 때문이다. 그리고 필요품은 항상 제자리에 기준대로 놓인다. 또한 주위는 항상 청결을 유지한다. 이것은 충분한 경험에서 나온 것인데, 우리도 처음에는 이것저것 물품들이 여기저기에 흩어져 있었고 엄청난 물품을 보유하고 있었다. 그러나 성공적으로 3S 체계를 끝내고 나니 현장에는 물품이 3분의 1 정도로 줄어들었다. 그렇다고 사용해야 할 것을 없앤 것도 아닌데 말이다. 이것이 바로 TPM 활동의 묘미다.

마찬가지로 어느 현장이나 생산 물량을 맞추기 위하여 마치 전쟁터와 같이 일을 할 것이다. 그러나 조금이라도 노력과 힘을 발휘하여 반드시 목표를 달성해 가는 곳은 이러한 것이 점차 조직의 힘으로 문화로 정착되어 또 다른 어려움이 가중된다 하여도 반드시 목표를 달성하게 된다. 이와 반대로 미세하지만 조금씩이라도 목표를 달성하지 못하면, 이러한 곳은 결코 자신만의 문화나 조직의 힘이 자리 잡지 못한다.

어떠한 난관에 부딪히더라도 이겨낼 수 있는 조직을 만드는 것, 이것이 바로 준비이며, TPM 활동의 조직적 문화 체계이다. 우리 벌떼군단이 이러한 준비와 함께 조직적 문화를 갖추었기 때문에 모든 활동에서 두각을 나타낼 수 있었다고 감히 자부한다.

하이닉스 최초 TPM 명소로 인증 받다

3S는 앞에서도 여러 번 강조했지만 다시 한 번 거론 해야겠다. 우리는 엄청난 노력을 기울여 제일 먼저 3S를 정착시켰는데 간판 방식을 도입하고 유지하여 완벽한 시스템을 구축한 결과 하이닉스 전체의 횡 전개 대상이 되었다. 특히, 라인닥터 분임조의 경우에는 벤치마킹을 오는 사람들 때문에 수개월 동안 업무를 제대로 못할 지경이었다. 그때 당시를 회상하면, 처음엔 벤치마킹을 위해 방문하는 사람들이 별로 인정을 안 하는 상태였다. 왜냐하면 라인닥터 분임조의 경우 각종 셀프(Shelf), 선반, 보관대 등 어느 것 하나 새로 구입한 것이 없었다. 오히려 다른 그룹이나 팀에서 폐기하려는 것들 중에서 쓸 만한 것들을 가져와 깨끗하게 닦아서 재활용한 것들이었다. 그러니 외관은 약간 낡아 보이고, 지저분해 보였을 수도 있다. 그러나 자세히 뜯어보면 어느 것 하나 흠잡을 곳이 없었다. 단지 보관대만 낡아 있을 뿐이다.

3S를 정확히 이해하지 못하는 사람들은 무조건 깨끗하게 보이는 것에 초점을 맞춘다. 그래서 이러한 사람들은 보관할 셀프나 선반부터 깨끗한 것으로 구입하여 갖추고 나서 3S를 하려 한다.

즉, 시작부터 엄청난 비용을 들이는 것이다. 물론 깨끗한 것은 권장할 만한 사항이다. 그러나 이렇게 사들인 셀프 등을 제대로 사용하는 것을 보지 못했다. 왜냐하면 수많은 물품은 몇 번의 시행착오를 거쳐야만 제대로 보관이 가능하기 때문이다. 무게 때문에도 위치를 바꾸어야 하며, 사용 빈도, 수량의 변화 등 여러 가지 면에서 시행착오를 겪는다. 즉 이러한 시행착오를 충분히 겪어야 비로소 올바른 셀프의 규격, 모양 크기가 나온다는 말이다. 우리 벌떼군단에서도 각 분임조별로 이러한 활동의 차이가 벌어졌다. 앞에서 말했듯이 엄청난 낭비를 겪고 나서야 비로소 정착을 하는 곳이 있었다는 이야기다. 라인닥터 분임조의 가치는 이러한 것에서 비롯된다. 비록 낡은 듯 보이고, 허술해 보이는 셀프를 이용하여 완벽하게 3S를 정착시켰다는 것이다. 후에 내가 하도 안쓰러워 새것을 구입하라고 했을 정도이다. 이러한 활동이 본부 추진자들에게 높이 평가 받고, 3S의 완벽한 유지까지 가능하자 명소로 인증이 되었다는 통보를 받았다. 우리가 TPM 활동을 전개해 가면서 가장 뜻깊고 기뻤던 순간이었다. 명소는 인증이다. 인증이란 것은 모든 사람들이 인정했다는 말과 같다.

하이닉스 최초 TPM 명소를 인증 받는 순간이었다.

라인닥터 분임조는 이러한 명소뿐만 아니라, 고장 제로, Best Practice 등 모든 부문에서 혁혁한 성과를 올려 제조본부 전체의 페이스 메이커(Pace maker)로 발돋움하게 되었다. 고장 감소 활동에서도 혁신적인 방법들이 발굴되면서 FAB를 포함하여 전체 횡 전개 교육을 하였으며, 순간정지를 포함한 고장이 급속도로 감소하여, 계속되는 생산성 향상 기록을 만들어 냈다.

남들보다 반년 이상이나 늦게 시작하였음에도 불가 1년 만에 이룩한 대단한 성과가 아닐 수 없었다.

조직을 한방향화하려면
비전을 세우고 공유하라

클린턴 대통령 부부가 차를 타고 가다가
기름이 떨어져서 주유소에 들르게 되었다.
그런데 우연히도 주유소 사장이 힐러리의
옛 남자친구였다. 돌아오는 길에 클린턴이 물었다.
"만일 저 남자와 결혼했으면 지금쯤 당신은
주유소 사장 부인이 돼 있겠지?"
힐러리가 되받았다.
"아니, 저 남자가 미국 대통령이 되어 있을 거야."

_이지성, "여자라면 힐러리처럼" 중에서

조직을 한방향화하다

그동안 우리 구성원은 조금씩 목표에 눈을 뜨기 시작했고, 필자는 더욱 큰 책임감을 느낀다. 패키지 그룹의 모든 구성원들에게 가슴 뛰게 하는 열정을 심어 주어야 했다. 사람을 움직이는 힘! 그것이 무엇일까? 그것을 실행하는 열쇠는 당연히 TPM 활동이다. 모든 목표를 달성하기 위해서는 TPM 활동이 뿌리 깊게 정착되어야 한다. 그래야만 일시적인 성과가 아닌 지속적인 성장이 가능한 것이다. 2005년 필자는 그룹장의 보직을 받았다. 이제는 그 어느 때보다도 더 열심히 활동을 할 수 있도록 책임감이 무거워졌다. 우선 패키지 그룹 내의 모든 팀들의 활동을 한방향으로 만들어야 한다. 그리고 이러한 것은 TPM을 축으로 하여 만들어갈 것이다. 나는 이러한 것을 추진자들과 함께 하나하나 준비하고 착수해 갔다. 혁신 추진자를 대상으로 한 혁신실행위를 시작한 것도 바로 이 시기이다.

매주 혁신 추진자 자주보전(TPM 활동 중에서 제조 부문에서 하는 활동) · 계획보전(설비의 예방보전이나 개량보전과 같이 미리 계획을 세워 행하는 보전) · 품질보전(공정과 설비에서 품질 분량을 예방하는 활동) 담당자와 함께 월요일 한 주를 시작하는 그리고 새로운 시작을 이들과 함께 열고 혁신의 방향을 토론하고 결정하기 시작했다.

초기 Set-up을 함께했던 파트장과 자주보전 · 계획보전 추진자들의 열정 또한 지금 성과의 가장 큰 밑천이 되었다.

"이제 청주와 이천 공장, 그리고 제조팀과 공정기술팀의 모든 활동을 한방향화해야 하는데 어떻게 하면 좋겠나?"

"우선 상무님께서 팀장들이 TPM을 정확하게 이해하고 실행하도록 확인하시고, 추진자들의 활동이 제대로 되고 있는지 확인하셔야 합니다."

"좋아, 그럼 우선 여러분이 세심하게 관찰한 후 결과를 놓고 다시 논하도록 하세."

"그렇게 하겠습니다."

추진자가 하나하나 확인한 결과 공정기술팀이나 청주 제조팀의 TPM 활동 내용이 내가 추구하던 TPM과는 약간의 차이가 있음을 알았으며, 시급히 개선해야 할 문제도 있었다.

우선 조직적으로 변화를 주었다. 모두가 장점을 가지고 있었고, 또한 단점도 가지고 있었다. 이것은 팀장의 스타일에서 기인하기도 하고, 오랫동안 문화로 정착되어 온 데서 비롯되기도 했다.

팀장의 스타일에 관한 문제는 팀장의 역할을 서로 바꾸면 모두에게 장점이 될 수 있는 문제이기 때문에 팀장을 서로 바꾸었다. 그리고 문화적인 문제의 해결은 TPM 활동을 축으로 강력한 추진자가 필요함을 느꼈다. 이전에는 팀장들이 겉으로는 TPM적으로 모든 활동을 하는 것처럼 이야기했지만 조사 결과는 좀 다른 것으로 판명되었다.

어떤 팀장은 지식은 있지만 눈에 보이는 것에만 치중하여 상승과 실패를 거듭해 오고 있었는데, 이것은 실제로는 가장 기본적인 TPM 원리가 깊숙이 자리 잡지 못하여 발생된 문제였다. 다시 말하면, 성과적인 면을 너무 부각시킨 나머지 문제를 해결하는 즉, 발생원을 제거하는 데 소홀하게 된 것이 문제였다. 또한 어떤 팀장은 모든 것을 추진자에게만 맡기고 자신은 결과에만 치중하는 사람도 있었다.

또 다른 문제로, 추진자가 팀장의 목소리에 겁을 먹거나 추진에 한계를 느끼는 곳도 있었다. 즉, 가장 우선적으로 해야 할 것을 망각하여 진정한 발전이 이루어지지 않고 있음을 알 수 있었다.

현상이 파악되면 해결은 그리 어렵지 않다. 우선 팀장이 결과만 중시하지 않고, 정확하게 TPM을 이해하고 실행하도록 하였다. 처음에는 쉽지 않았지만 점차적으로 그렇게 될 것이다. 다음은 추진자들의 회의체를 만들어 매주 나와 함께 추진 진행 사항을 점검하고, 문제점에 대하여 의논하였다. 중요한 것은 추진자가 팀장의 눈치를 보지 않고 문제를 모두 말하게 하는 것이다. 그리고 방법이 옳다면 모든 것을 자기가 의도하는 대로 추진하게 해주는 것이 필요하다.

전에도 말했듯이 추진자는 팀장이 바람직한 방법으로 TPM 활동을 전개하도록 해야 할 책임이 있다. 단기간에 성과가 나타나지 않으면 TPM을 잘못한 것으로 여기는 생각부터 바꾸어 주었다. 진정으로 TPM 활동을 하여 성과를 최대한으로 만들 수 있도록 하였다.

성과가 좋고 나쁠 때 반드시 TPM 활동에 대한 지표를 함께 확인하였다. 어느 곳은 TPM 과정은 좋아 보이는데 성과가 좋지 않은 경우도 있었으며, 어떠한 곳은 성과는 좋은데 TPM 과정이 시원찮은 경우도 있었다. 두 경우 모두 TPM 활동을 잘못 전개한 까닭이다. 전자는 자료에만 충실했거나 실력이 부족해서 오는 문제였으며, 후자는 곧 한계에 부딪힐 것이다. 왜냐하면 TPM 활동이 아니기 때문이다.

이러한 문제를 해결하기 위하여 과정과 성과가 모두 우수하게 나타날 때 좋게 평가를 했으며, 성과를 유지하면서 과정이 흐트러지지 않도록 하였다.

좋은 과정에서 좋은 결과가 나온다

이렇게 양쪽으로 전개해 나간 결과 수개월 후에는 점차 과정에 의한 성과가 나오기 시작했으며, 팀장과 추진자 간의 한방향화가 점차적으로 이루어지게 되었다.

TPM을 시작하는 시점에서는 추진자의 역량이 매우 중요하며 특히 공장 경영자와 추진 방향의 일치는 필수적이다. TPM의 초기 성패가 바로 추진자에게 달렸다고 해도 과언이 아니다. 간혹 추진자를 선정하는 과정에서 그 중요성을 깨닫지 못하고 능력과 경력을 무시하고 임명하고는 "본부 혁신팀의 지시에 따라 욕 안 먹을 정도만 해줘라."라는 식의 공장 경영자를 본 적이 있다.

그리고 결국 그 조직의 실패를 보게 되었다. 다른 어떤 혁신 활동도 마찬가지겠지만 하려면 제대로 본질을 알고 시작해야 한다.

전원이 공감하는 비전을 제시하라

필자는 제조팀장 시절부터 빠지지 않고 현장의 관리감독자는 물론 모든 현장사원들까지 공감할 수 있는 비전(Vision)에 대한 강의를 진행하여 왔다. '비전 강의'라고 표현을 하였지만 사실은 강의라기보다는 대화였다. 그 시간 만큼 현장의 마음을 읽고 팀의 리더로서 생각하는 미래의 모습을 허심탄회하게 말한 적도 없을 것이다. 당시 패키지 그룹의 경영자로서 청주, 이천 공장의 모든 패키지 사람들을 한마음으로 만들고 힘을 한방향으로 모아 한목표를 지향할 수 있는 지속 가능한 미래의 비전을 제시해야 한다는 강한 필요성을 느꼈다. 2005년 7월에 첫 강의를 시작하여 현재까지 매 분기 청주, 패키지 그룹 전체 사원들과 소중한 시간을 나누고 있다. 2개 사업장의 4개 조씩 총 8회에 걸쳐 진행하는 강의를 모두 마치고 나면 체력의 한계를 느낄 만큼 힘이 든다. 하지만 이 시간은 어느 무엇과도 비교할 수 없는 소중한 시간이며, 패키지 그룹의 탄탄한 조직력을 만드는 원천이라고 생각하기 때문에 가끔 중역회의도 불참하고 김밥 한 줄로 끼니를 때우면서까지 강행군을 하는 이유가 거기에 있다. 반도체 시장은 1개월이 멀다하고 급격하게 변화하고 신제품에 대한 정보가 수없이 많이 발생한다. 또한 경쟁사 동향에 대하여 관리자와 경영층만 알고 있을 것이 아니라 현장사원까지 공유함으로써 주인 의식을 높일 수 있으며, 조직의 목표를 알려 줌으로써 각자 개인의 역할을 좀더 명확히 할 수 있다.

필자는 강의를 통해서 현장사원들에게 강조하는 몇 가지가 있다. 그 첫 번째가 바로 '한마음, 한방향, 한목표'라는 패키지 그룹의 사상이다. 팀원들의 마음이 없으면 진정한 혁신은 이뤄지기 힘들고, 모두가 공유하고 동감하는 나아갈 방향(Vision)이 없으면 힘의 집결이 안 되며, 명확한 목표가 있어야 현재의 위치를 알 수 있고 달성해야 할 명확한 지점도 알게 되는 것이다. 두 번째는 혁신의 중요성이다. 앞에서도 말했듯이 반도체 회사는 사이클의 폭이 타 업종에 비해 상당히 크며, 그 주기 또한 점점 더 빨라지고 있다. 이런 환경에서 살아남을 수 있는 기업은 혁신의 체질화가 되어 있는 기업일 것이다. 최고경영자에서 업($業$)의 접점에 있는 현장사원들에 이르기까지 모두를 체질화하기 위한 것이 바로 TPM인 것이다. 조직이 강한 체질로 변화하는 데 방해가 되는 최대의 적을 세 가지로 꼽을 수 있는데 첫째가 '배부름'이고, 두 번째가 '무계획'이며, 세 번째가 '자만($自慢$)'이라고 말할 수 있다. 이 세 가지의 공통된 특징은 바로 위기 불감증에서 생기는 현상들이다. 잘나갈 때일수록 위기의식을 갖고 미래를 준비해야 한다는 경영 방침은 이제 빛의 속도로 변화하고 있는 현재의 세계 경제하에서 기업의 지속 경영을 위한 상식처럼 통하게 되었다.

미국의 교육자 헬렌켈러(Helen A. Keller)는 다음과 같이 말했다.

"누가 나에게 맹인이 된 것보다 더 불행한 것이 무엇이냐고 물어본다면 '시력은 있어도 비전이 없는 것이 더욱 불행한 것이다.' 라고 대답할 것이다."

비전과 신념은 그만큼 중요하고 강력한 것이다. 같은 일을 하더라도 앞으로의 성공한 모습을 항상 머릿속에 그리는 사람과 그렇지 않은 사람과는 목표에 도달하는 시점과 주도적인 면에서 많은 차이를 보일 것이다. 훌륭한 리더란 바로 구성원들에게 비전을 심어 주고 모든 사람들이 한방향으로 힘을 모아 목표를 향해 전진할 수 있도록 끊임없는 동기부여와 열정을 불어넣어 주는 사람이라고 할 수 있다.

TPM 활동의 묘미

2005년은 또 다른 불합리를 하나하나 해결하면서 TPM 활동은 확실한 성장기에 접어들었으며, 최고의 성과가 하나둘 나타났다.

계획보전의 경우에는 이천과 청주 공장 모두에서 고장이 90% 감소하는 분임조들이 나타났으며, 스텝도 본부에서 가장 선두에 나섰다.

또한 내가 처음 TPM을 시작하면서 단 한 번의 중단도 없었던 팀 실행위가 명소로 선정되었다. 즉 우리 패키지가 세 번째 명소를 획득한 것이다.

여기서 중요한 것은 모든 분야에서 최초라는 수식어이다. 명소는 동시에 5개 팀이나 선정되었는데 나머지 팀들의 경우, 우리가 2년 이상 지속해 온 팀 실행위를 직접 와서 보고 배우며 자신들의 실정에 맞도록 적용하여 선정된 사례였다. 즉 명소 자체의 의미보다는 제조본부 전체의 페이스메이커(Pacemaker)로서의 역할과 벤치마킹 대상이라는 역할이 더욱 가치 있는 것이다.

자주보전의 경우에도 최초로 모든 작업 표준이 완료되어 현장의 작업자들이 스스로 학습이 가능하고, 정확한 기준에 의하여 모두의 작업 방법이 표준화되었다. 또한 현장은 관리가 필요 없을 정도로 완벽한 체제가 구축되었다.

TPM 활동이 활성화되면서 이제 본격적인 성과가 나타났는데, 가장 두드러진 것은 분임원들의 사물을 보는 눈이 향상된 것이며, 조그마한 불편이라도 간과하지 않는다는 점이다. 이러한 것이야말로 실력의 향상을 의미하며, 나중에 엄청난 생산성 향상으로 나타나게 될 것이다.

그중 한 가지를 소개해 보면, 계획보전의 경우 꾸준히 고장 제로 활동을 전개하면서 자세히 보니 장비 제작 업체에서 제작 단계부터 발생된 문제가 생각보다 많았다. 즉 장비 제작 업체에서는 TPM 활동을 하지 않으니 제작 시의 작은 오류가 입고되어서는 해결도 잘 안 되면서 우리를 매우 힘들게 했던 것이다. 우리는 업체별로 장비에 대한 불합리를 모두 리스트로 만들어 장비 제작 시 설계 단계에서부터 적용하였다. 장비가 발주되면 우리가 정한 정확한 원칙에 따라 장비 검증(Buy-Off)을 수차례 실시하였으며, 우리가 제시한 MP(Maintenance Prevention) 정보가 반영되지 않으면 절대 입고시키지 않는 시스템으로 전환하였다. 그리고 이미 입고된 장비도 문제점이 발견되면 곧바로 업체에서 해결이 되도록 시스템을 구축하였다. 그런데 이러한 시스템을 적용한 결과 우리도 엄청난 효과를 보았지만 장비 제작 업체도 기술적으로 눈부신 발전을 보여, 오히려 감사의 메시지를 받은 경우도 있다. 또한 독과점 업체로 비협조적이었던 업체도 우리의 MP 정보의 수준과 아이디어로 새로운 파트너십이 생긴 사례도 종종 있었다. 이래서 TPM은 안에서든 밖에서든 모두에게 유리한(Win-Win) 게임인 것이다.

이렇게 외부 업체와 협력한 결과 일부 장비는 기존의 장비보다 무려 6배 이상의 생산성 향상을 가져와 누구도 넘보지 못하는 세계 최고의 장비를 구현한 결과를 얻기도 하였으며, 근본적인 문제를 해결하여 해당 고장이 완벽하게 제로가 되는 사례가 속출하였다. 이러한 장비의 개선 기술은 패키지 그룹 내의 장비 개발 조직의 탄생을 촉진하였고 2005년 드디어 하이닉스반도체 패키지 그룹만의 독자적인 장비 개발을 위한 조직이 만들어졌다. 초기에는 현장에서 요구하는 단순 개선과 점검 수준에 그쳤지만 그동안 현장에서 전문가 수준까지 올라온 엔지니어들로 구성된 이들의 도전정신은 막을 수 없었다. 파트장이었던 OOO 차장은 현장의 개선력과 MP 정보를 바탕으로 한 와이어본드 자동 검사장비인 AVI-WB1000이라는 하이닉스반도체의 첫 독자모델의 개발에 들어갔다. 2여 년간의 연구, 개발 끝에 드디어 2007년

12월 첫 시제품을 제작하여 하이닉스와 협력 업체의 양산라인에 투입하게 되었다. 또한 본 장비는 국내 순수 기술로 만들어진 세계 최초의 와이어본드 검사장비라는 측면에서 높게 평가되어 2008년에 대한민국 신기술로 인정받아 'IR52 장영실상'을 수상하게 되었다. 리더십의 대가 워런 베니스(Warren G. Bennis)는 "리더는 조직으로 하여금 자기의 비전을 갖게 하고 자기의 능력을 모두 쏟아 그 비전을 달성하게 하는 것"이라고 했다. TPM의 묘미가 바로 이런 것이 아닐까. 틀을 갖추고 조직을 한방향화하고 의식을 갖게 해주는 것까지는 힘들지 몰라도 일단 어느 정도의 궤도에 올라서면 마치 제트기류를 타 듯이 거침없는 성장을 해나가는 것이다.

최근 세상의 거의 대부분의 기업들에게서 지속 성장의 화두로 등장하는 것이 바로 '창조 경영'이라는 말일 것이다. TPM이라는 혁신 활동이 자칫 구식의 현장 혁신 방법이라서 이런 창조적 활동과는 거리가 멀고 짜여진 틀에서 움직이며 스텝 활동이라는 규정과 평가로 이루어지는 딱딱한 하드웨어적인 것이라는 편견을 가지기 쉽다. 필자는 '창조'에 대해서 이렇게 정의하고 싶다.

"궁(窮)함에서 만들어진 열정과 축적된 지식이 만들어 낸 결정체다."

그래서 TPM이 조직을 창조적 체질로 바꾸어 주는 유일한 혁신 활동이라고 필자는 생각하는 것이다. 그 시작이 바로 의식의 전환이다. 초기에는 발생된 문제에 대해 '단순 조치' 수준에서 고장분석보고서와 왜-왜분석을 통해 참원인(발생원)을 찾아 '개선'

하려는 습관이 형성된다. 사실 이 시점이 현장에 가장 많은 변화와 가시적인 성과가 나타나는 시기이다. 그 후에 한 스텝씩 수준이 올라가면서 해당 부품의 기능과 성능, 사용 조건을 공부하고 분석하면서 전문 지식이 쌓이게 된다. 이렇게 축적된 지식으로 말미암아 설비나 현장에서 뚜렷한 현상이 보이는 문제를 '발견'하게 되며 문제가 발생하기 전에 선(先)조치하는 '혁신적 스킬(Skill)'이 나타나면서 '고장 제로의 달성'을 체험하기 시작한다. 이렇게 한 번 성공 체험을 해 본 사람은 더 높은 목표와 새로운 변화를 향해 움직이려고 하며 이때 필요한 것이 바로 상상력과 고정관념을 파괴하려는 제2의 의식의 변화이다. 이것이 바로 '창조'의 단계이다. 이러한 스텝과 훈련의 과정 없이 하루아침에 개인과 조직이 창조적 체질로 바뀔 수 있을까? 의식의 전환도 이루어지지 않은 사람에게 창조를 요구한다는 것은 구구단도 떼지 않은 초등학생에게 미적분 문제를 풀라고 하는 것과 무엇이 다르겠는가.

사람이 재산이다!
PKG 아카데미의 설립

가장 탁월한 인물은 자기연마와 공부를 멈추지 않았던 사람,
지금도 멈추지 않는 사람을 말한다.
노력 없이는 아무것도 얻을 수 없다.
인생은 영원한 공부다.

_샤를 페기

인재 육성의 요람 PKG 아카데미를 개교하다

TPM은 기업의 체질을 바꾸고자 하는 것이다. 그렇다면 성패는 결국 사람(인재)이다. 조직이 건강하려면 뿌리가 튼튼해야 한다. 그러기 위해서 필요한 것이 결국은 사람의 성장이며 각 역할에 맞는 지식(영양소)이라는 것으로 결론을 내렸다. 이제는 그것을 어떻게 공급해 줄 것인가? 하이닉스의 전사적인 교육 프로그램의 종류는 많았지만 정작 제조 현장에 꼭 필요한 교육은 그리 눈에 띄지 않았다. 우리에게 맞는 맞춤형 교육 시스템이 절실하다는 것이 그동안 제조팀장 시절과 지금 패키지 그룹장으로서 TPM을 구축하면서 느꼈던 점이다. 제조 현장의 실력과 수준을 꾸준히 상승시키고 자주 학습의 문화를 만들기 위해서는 무엇보다 체계적이면서 시스템화되어 있는 패키지 공장만의 인재 육성 전략과 학교가 필요하였다. 추진자들과 몇 번의 워크숍과 전략 회의를 거친 끝에 패키지 그룹만의 새로운 교육 추진 시스템과 운용 방안을 수립한 후 본부장에게 보고하였다. 지금까지 하이닉스의 어떤 그룹에서도 추진하지 못했던 것을 추진하려고 하니 심적인 부담이 있긴 하였지만 꼭 성공해야만 하는 길이기에 의지는 더욱 뜨거웠다. 패키지 그룹의 새로운 인재 육성 시스템을 확정하고 'PKG 아카데미' 라는 명칭도 확정하였다. 약 3개월간의 준비를 마치고 드디어 2006년 7월 7일 패키지 그룹의 팀장, 파트장, 직장, 반장이 모인 가운데 PKG 아카데미 개교식을 갖고 관리자와 함께 성공을 다짐하며 무박2일로 지리산을 종주하였다. PKG 아카데미의 교육 방침과 슬로건을 공표하고 아카데미의 성공적 운영을 기원하였다.

　PKG 아카데미 개교는 PKG 인재 육성의 요람으로 첫발을 내딛는 매우 중요한 사건이라고 생각한다. 내실 있고 조직적으로 움직이기 위해 PKG 아카데미의 운영진 선정에도 적잖은 고민을 해야만 했다. 교장과 감사 그리고 강사진 모두 패키지 그룹 내에서 최고의 실력과 경험을 갖춘 사람으로 선발하였다. 그러나 이제 막 시작한 교육 시스템이 완전히 정착되고 지속 발전하기 위해서는 더 많은 고민과 맞춤형 교육 프로그램의 개발이 시급했다. 아직도 마음은 바쁘기만 했다. 과연 모두들 잘 따라와 줄 수 있을지도 한편으론 많이 걱정되었다.

| PKG 인재 육성 |

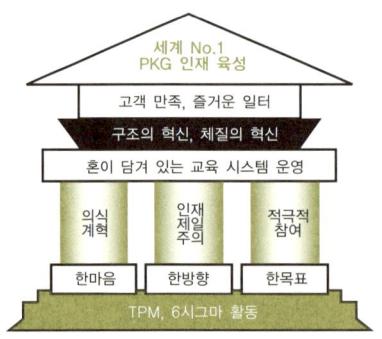

| PKG 교육 이념 |

| PKG 아카데미 슬로건 |

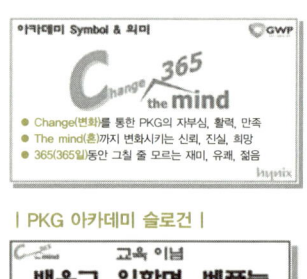

　PKG 아카데미에서 최우선적으로 진행한 프로그램은 리더 양성 과정이다. 현장의 직장, 반장 및 분임조장들의 정예화 교육이었다. 필자가 책의 서두에서 언급했다시피 현장 중심의 자발적

인 TPM 활동이 성공하려면 가장 중요한 것이 바로 현장리더의 역할이다. 바로 조직의 미들 그룹(Middle Group)인 것이다. 이들이 현장 전체의 TPM 활동과 분위기(모랄)를 만들어 가는 장본인들이라고 해도 과언이 아닐 것이다. 사람 인체에서 몸 전체를 지탱해 주고 두뇌와 각 말단의 근육과 신경계통까지 연결해 주는 것이 바로 '허리'이듯이 현장리더 계층이 바로 조직의 '허리' 역할을 해 주고 있는 것이다. 최고 경영자의 올바른 의사 결정을 현장사원들에게 전달하여 기업 전체가 한방향이 되도록 만들어 주고 현장의 창의성 있는 제안을 최고경영자에게 신속, 정확하게 전달해 주는 역할을 정확히 해 줄 때 그 조직이 건강하게 성장해 나갈 수 있는 것이다. 이외에도 PKG 아카데미에서는 패키지 그룹에 입사하는 신입사원의 교육을 체계화하였고, 이에 필요한 전문 강사들을 프로 강사로 육성시켰으며 공정 기술, 전문요소 기술, 학습연구회, 6시그마 트리즈(TRIZ) 세미나 등 각 본주(자주보전, 계획보전, 품질보전, 교육훈련)별, 직책별 맞춤형 교육 커리큘럼을 만들어 운영해 오고 있다. 최근에는 우수한 현장사원을 선발하여 현장 교육 추진자로 임명하고 패키지 교육 훈련 7스텝을 진행하고 있다. TPM의 시작이 틀을 만들고 3S를 완성하는 것이었다면 TPM의 끝은 바로 '현장의 자주 학습 체제'의 완성이라고 할 수 있다. 일본 마쓰시다 전기의 창시자 마쓰시다 고노스케(1894~1989)는 일본 내 기업 CEO로부터 가장 존경 받는 이상적인 경영자로 알려져 있다. 그는 어려운 가정환경과 허약함, 그리고 많이 배우지 못한 자신의 상황이 지금의 성공을 이끈 원천이라며 이렇게 말한다. "타고난 약점은 약점이 아니다. 나의 가난함은 부지런함을 낳았고, 나의 허약한 체질은 나에게 건강의 중요성을 깨닫게 해 주었으며 못 배웠다는 사실 때문에 나는 늘 누구로부터 배우려고 노력했다." TPM의 시작이 사람의 마음(의식)을 일깨우는 것이었다면 그 끝은 사람의 육성이라고 할 수 있다. 특히 제조기술력은 현장을 구성하고 있는 사람의 힘이라고 해도 과언이 아니다. 아무리 좋은 시스템과 치밀하고 섬세하게 만들어진 표준이 있더라도 그것을 정확하게 사용하고 준수하는 것은 사람이다. 엄밀히 말해서 사람의 의식이며 습관이라고 할 수 있다. 이러한 체질은 지속적인 교육과 훈련이 밑바탕 되어야 만들어질 수 있다.

필자가 어느 책에서 읽었던 구절 중에 "조직이 직원에게 줄 수 있는 최상의 복지는 '지독한 훈련'이다."라는 말이 있다. 나도 마찬가지이겠지만 사람은 평온한 것을 좋아한다. 되도록이면 변화가 없고 현재처럼 앞으로도 익숙한 현장에서 예전에 하던 대로 신경 쓰지 않고 그냥 유지하길 원한다. 그러나 세상이 그렇지 않다. 엄청나게 빠른 속도로 변화하고 있고 기업의 흥망성쇠는 미래에 대해 얼마나 정확하게 예측하고 사전에 준비하느냐에 달려 있다.

이젠 변화를 피하고 조용한 곳을 찾아 안주하려는 조직이나 사람은 퇴보할 수밖에 없는 것이다. 이때 가장 필요한 것이 바로 '교육'이다.

변화의 중심에서 혁신을 외치다

내 자신이 혁신을 시작했을 당시에는 오로지 이 길만이 조직을 어두운 터널에서 생존의 빛으로 안내해 주리라는 믿음과 확신이 있었다. 만약 그러한 마음이 조금이라도 흔들렸다면 몇 번이고 무너지고 쓰러졌을 것이다. 현재의 모습을 갖추는 동안 수없이 많은 충돌과 시행착오가 있었다. 혁신을 킥오프(Kick-Off) 하고 첫 3년이 그러했다. 지금 돌아보면 그때가 바로 '혁신의 임계점' 이었다고 생각한다. 정말 숨이 턱밑까지 차올랐고 '모든 것을 다 포기하고 그냥 남들처럼 평범한 현장으로 돌아갈까?' 하는 마음이 굴뚝처럼 솟아올랐던 시기다. 그 임계점을 넘을 수 있게 도와준 것은 바로 나의 혁신 동반자였던 추진자들이다. 늘 그들의 눈에는 혁신의 열정과 꿈틀대는 도전정신이 느껴졌다. 내가 무언가를 시켜서가 아닌 스스로 전략을 짜내어 제조 현장 속을 발로 뛰어다니며 여기 저기서 창조적인 혁신의 작품을 만들어 내고 있었던 것이다. 그런 임계점이 지나면 생각지도 못한 폭발적인 시너지가 창출되기 시작한다. 그 이유는 바로 추진자들과 제조 현장의 분임조 사이의 상호 이해를 통한 긍정적 에너지가 상승하고, 현장사원의 전원 참여와 주도적 자발성이 살아나면서 분임조 스스로 불합리를 개선해 나가면서 역할을 분담하여 살아 있는 회합이 만들어지는 수직적 상승이 이루어지기 때문이다. 결국 크든 작든 하나의 조직 속에 혁신의 문화가 뿌리 내리기 위해서는 첫 임계점을 거쳐야 한다는 것이며, 이러한 임계점을 통과하면 주도적인 혁신 동력원이 만들어진다는 것이다. 그러나 일본 토요타의 혁신 문화 수준에 도달하기 위해서는 몇 번의 임계점을 거쳐야 하는지는 그 누구도 장담을 못한다. 정작 지금 이 순간에 세계 혁신의 완성 모델이라 자처하는 토요타에서도 새로운 임계점에 부딪혀 새로운 돌파구를 찾고 있을지도 모른다. 이렇게 패키지 그룹이 하이닉스의 격변의 중심에서 혁신을 외쳤고 지금 하이닉스 혁신의 메카로 인정받고 있지만 혁신의 제트기류를 타기 위해 아직도 몇 번의 임계점을 넘어야 할지는 아무도 모른다. 나는 가끔 추진자들과 소주잔을 기울이고 격 없는 대화를 하면서 내 마음속 비전을 들춰내 보이곤 한다.

"추진자들아! 나는 항상 이런 꿈을 꾼다. 삼성과 토요타자동차를 포함한 세계 최고의 기업들이 우리의 혁신 DNA를 벤치마킹 하려고 순번을 기다리며 H-PPS 혁신 벤치마킹 프로그램에 등록하고 있는 모습을 말이다!"

* 패키지 그룹에서 2010년 DBE 그룹으로 조직 명칭이 변경됨.
  DRAM Backend 그룹 : 패키지 공장＋테스트 공장＋DRAM 파생 제품 개발

혁신의 4대 지주를 융화하다

TPM의 궁극적인 목적은 결국 사람의 바람직한 모습으로의 체질화이다. 어떠한 환경에도 살아남을 수 있는 강한 체질을 만들기 위해 각 본주(자주보전, 계획보전, 품질보전, 교육훈련)별 끊임없는

스텝 활동을 이어나가는 것이다. 이러한 스텝 활동은 결국 사람의 실력을 성장시키기 위한 인풋(Input) 과정이라 할 수 있으며, 회사 측면의 돈 버는 TPM 혁신 활동으로 이어지기 위해서는 아웃풋(Output)지표인 '생산성'의 향상을 간과해서는 안 된다. 생산성이라는 성과지표는 생산, 품질, 원가, 납기, 안전, 의욕, 환경(P, Q, C, D, S, M, E)을 모두 포함하는 회사의 경쟁력 그 자체라고 봐야 할 것이다. 패키지 공장에서는 TPM의 전체 활동을 재정립하여 4대 지주로 구분하고 이를 하나로 융화시켜 'H-PPS(Hynix Package Production System)'을 만들어 패키지 공장 혁신 DNA로 완성시켰다. 이러한 혁신 DNA는 톱다운(Top Down) 방식으로 만들어진 것이 아니고, 업(業)의 접점에서 작업하고 설비를 유지, 개선하는 현장에서 발원되고, 다듬어지고 정립되어 결국 하나의 유기적 시스템으로 만들어졌다고 볼 수 있다.

H-PPS를 구성하는 4대 혁신 지주는 '시스템, 인재, 체질, 인프라'로 구성되어 있고 각각의 지주 안에는 각각의 세부 기능을 담당하는 단위 시스템과 제도가 운영되고 있다. 이 모든 활동은 마치 인간의 신체와 유사하여 상호 유기적인 네트워크를 구성하고 영향을 끼치며 작동하게 되어 있다. 이러한 혁신 DNA의 네트워크는 패키지 공장뿐만 아니라 외주 업체 및 원자재 업체와의 기술 협력과 동반 성장을 위한 상생 협력 체계를 구축하게 되어 있다. 이러한 패키지 공장만의 H-PPS(Hynix-Package Productive System) 혁신 문화가 만들어진다는 것은 장기간 현장사원들의 자발적이며

창의적인 TPM 활동 참여가 있었기에 가능하다는 것을 강조하고 싶다.

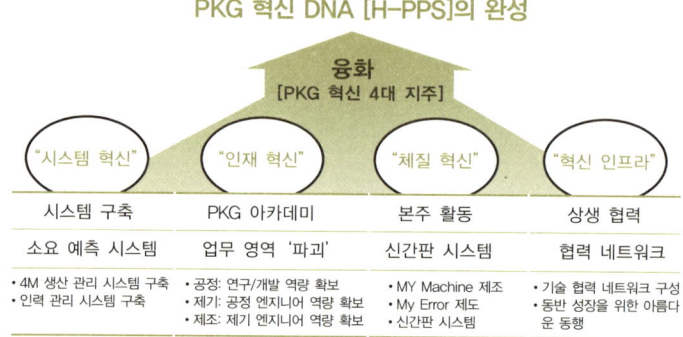

PKG 혁신 DNA [H-PPS]의 완성

융화
[PKG 혁신 4대 지주]

| "시스템 혁신" | "인재 혁신" | "체질 혁신" | "혁신 인프라" |

시스템 구축	PKG 아카데미	본주 활동	상생 협력
소요 예측 시스템	업무 영역 '파괴'	신간판 시스템	협력 네트워크
• 4M 생산 관리 시스템 구축 • 인력 관리 시스템 구축	• 공정: 연구/개발 역량 확보 • 제가: 공정 엔지니어 역량 확보 • 제조: 제기 엔지니어 역량 확보	• MY Machine 제조 • My Error 제도 • 신간판 시스템	• 기술 협력 네트워크 구성 • 동반 성장을 위한 아름다운 동행

일 잘하는 방법의 혁신을 넘어 '조직의 문화로 융화'

자주 학습 체계 문화로 진화하다

2006년에 개교한 PKG 아카데미는 지속적으로 발전을 거듭하여 조직원들의 학습 문화의 중심으로 자리 잡았다. 2010년 하반기부터 하이닉스 경영혁신팀에서 오래가고 좋은 회사를 만들기 위한 팀 학습 체계 문화 구축을 위한 캠페인을 시작하였다. DBE(DRAM Backend) 그룹(2010년 패키지 그룹에서 명칭 변경)은 이미 4년 전부터 인재 육성을 위한 아카데미 학습 체계를 운영하였으니 한발 앞서 미래를 준비한 결과가 되었다. 다른 산업도 마찬가지지만 특히 반도체 산업은 모든 기술이 사람에게 나오기 때문에 인재 육성을 소홀히 해서는 세계 최고의 기업이 될 수 없다. 그러나 인재 육성은 교육만으로 이루어질 수 없다. 본인 스스로 현재 수준을 확인하고 더 높은 역량을 쌓기 위해 노력해야 훌륭한 인재로 성장할 수 있다.

그룹의 체계적인 학습 문화를 만들기 위해서 필자는 추진자들과 많은 토의와 연구를 통해 학습 시스템을 만들어 갔다. 먼저 엔지니어들이 근무 시간에 학습할 수 있도록 쓸데없는 일 버리기 활동을 통해 불필요한 업무와 회의를 없애고 학습할 수 있는 여유 시간을 확보하였으며, 매주 목요일 오후는 회의를 없애고 학습의 날로 규정하여 아카데미 강의와 개인들이 필요로 하는 능력을 갖추기 위해 학습할 수 있도록 만들어 주었다.

그룹 학습 체계도 조직원들이 쉽고 간편하게 본인의 필요 역량을 학습할 수 있는 시스템으로 만들어 나갔다. 먼저 본인이 하고 있는 핵심 업무에 대해 정의하고 역량 수준을 레벨로 정의하였다. 그리고 반기별로 본인의 핵심 업무에 대한 현재 역량 수준을 평가하고 직속 상사와 평가한 것에 대해 합의를 하면서 향후 필요한 핵심 업무에 대한 역량 수준의 목표를 잡고 개인 역량 개발 계획서를 작성하여 월별로 실행 여부를 점검하고 반기 말에 평가할 수 있도록 시스템을 만들어 관리하고 있다. 실행은 자주 학습이나 연구회 활동으로 할 것인지 사내 또는 사외 교육을 받을 것인지를 본인이 결정하여 계획을 세우면 된다.

자주 학습과 연구회 활동은 결과를 DBE 아카데미에서 세미나를 실시하도록 하여 아카데미를 활성화시키고 있다.

아카데미 활동 초기에는 엔지니어들의 출석률 저조 등의 많은 애로사항으로 인해 운영이 제대로 안 될 때도 있었지만 필자는 확신을 가지고 아카데미 강사들의 수준을 높이기 위해 많은 시간을 투자하였으며, 솔선수범하여 혁신 강의를 개설하였고 장비, 공정, 기술, 공법 과목을 개설하여 현장의 엔지니어들이 흥미를 느낄 수 있도록 지속적으로 개편하였다. 또한 6시그마 학습 연구회를 조직하고 6시그마 프로젝트를 운영하여 엔지니어들이 6시그마를 통하여 문제 해결을 할 수 있도록 추진하였다. 지금은 그린 벨트(Green Belt) 17명, 블랙 벨트(Black Belt) 7명 등 하이닉스에서 인증이 많은 그룹으로 인정받고 있고, 6시그마 교육이 전사 교육으로 확대되면서 블랙 벨트 인증자들이 강의료를 받고 6시그마 사내 강의를 진행하면서 자부심이 높아져 갔다. 또한 2009년부터는 DBE 그룹의 업무가 DRAM 파생 제품 개발 업무로 영역이 확장되어 개발 역량을 높이고자 창의적인 문제 해결 기법인 트리즈(TRIZ) 연구회를 조직하여 개발 시 발생한 문제들을 트리즈로 해결할 수 있도록 프로젝트를 진행하였다. 활동을 시작한 지 2년이 채 지나지 않았지만 트리즈 레벨3의 인증을 받은 사람이 3명이나 되는 등 많이 활성화되어 가고 있다. 엔지니어들의 문제 해결 능력도 매우 높아지고 있으며 선순환의 자주 학습 체계로 운영되면서 그룹의 학습 문화로 자리 잡고 있다.

처음에는 혁신 활동을 잘하기 위한 혁신 강의 위주로 개설되었으나 지금은 공정 엔지니어, 제조 기술 엔지니어의 역량 향상을 위한 필수 기술 교육 등으로 확대되었고, 프로젝트 진행과 기술 연구회 활동을 통한 기술 세미나 발표의 경연장이 될 정도로 활성화되었으며, 매년 공장 자체 학점 관리를 통해 인재 육성의 요람으로 자리 잡아 한층 더 업그레이드된 교육 커리큘럼을 개발하고 실행해 나가고 있다. 또한 "배우고 익힌 뒤 가르친다."라는 슬로건대로 조직원들의 역량을 키워 주는 자주 학습 문화로 발전되었다.

| DBE 그룹 아카데미 자주 학습 체계 |

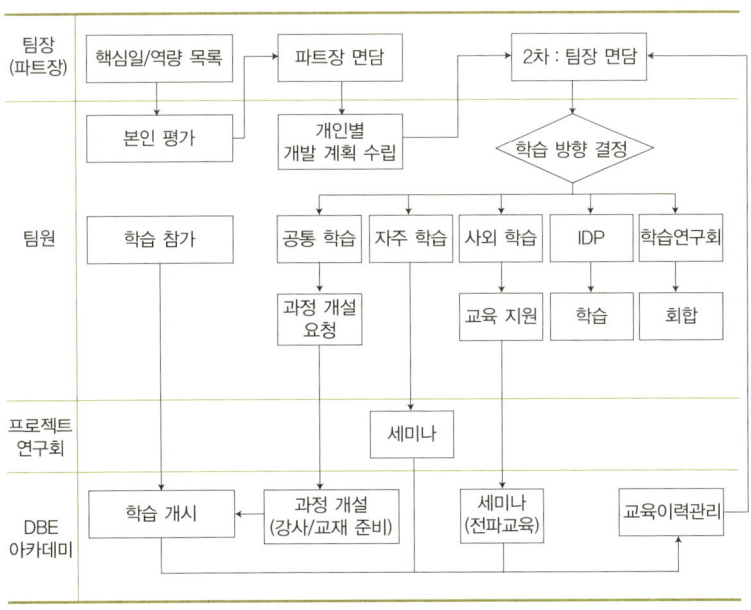

아직 갈 길은 멀다. 그러나……

TPM 활동이 정상 궤도에 접어들었음을 느낀다. 성과적으로 나타난다고 해서 그렇게 느끼는 것이 아니다. 현장 깊숙이 뿌리내려 활동을 하고 있으며, 항상 기본에 충실하고, 정해진 룰(rule)을 지키며 꾸준히 실행한다면 엄청난 효과로 나타날 것이다.

그리고 이러한 활동을 기반으로 하여 6시그마 활동을 접목하고, COPQ(Cost of Poor Quality; 품질실패비용+기회비용) 활동을 전개한다면 회사의 경쟁력은 크게 향상될 것임을 믿는다.

아직도 우리는 가야 할 길이 멀며, 해야 할 일이 너무나도 많이 있다. 이제 겨우 기본 다지기에 성공했음을 정확히 인식해야 한다. 스스로 우월감에 빠져 기본을 게을리하고, 현실에 안주하여 발전을 게을리한다면 한순간에 예전의 어려울 때로 회귀할 수도 있음을 간과하지 말아야 한다.

잘된다고 느낄 때 더욱 자신에게 채찍질을 가해야 한다. 그리고 진정한 최고에 도달할 때까지 처음 시작하는 마음으로 도전의식을 버리지 말아야 하며, 최고의 목표를 세워서 달성할 때까지 매진에 또 매진을 해야 한다.

TPM 활동은 우리에게 많은 것을 안겨 주었다. 그러나 더욱 충실한 활동을 한다면 더 많은 것을 안겨 줄 것이다.

2007년 하반기에 다시 한 번 반도체 업계에 불황이 찾아왔다. 하이닉스 역시 세계 반도체 대공황의 칼날 앞에서 어려움을 겪었지만 2001년 유동성 위기 때와는 분명히 달랐다. 혁신을 바탕으로 구축한 탁월한 원가 경쟁력은 세계 유수의 반도체 기업이 쓰러지고 최고의 위기를 맞는 순간에도 무너지지 않는 원가 경쟁력을 가지고 있었다. 치킨게임(어느 한쪽이 양보하지 않을 경우 양쪽이 모두 파국으로 치닫게 되는 극단적인 게임) 앞에서 당당할 수 있었으며 모든 임직원이 과거와는 다른 자신감으로 가득 차 있었다.

그러한 문화는 쉽게 어려움을 극복할 수 있는 원동력이 되어 2010년 하이닉스는 사상 최대의 흑자를 달성하였다. TPM 혁신으로 무장한 정신과 수많은 성공 체험을 바탕으로 쌓은 기술력으로 반도체 호황기에 최대의 이익을 거둘 수 있는 현재의 하이닉스는 더욱 큰 성공 공동체 발전을 통하여 최고의 반도체 기업으로 우뚝 설 것임을 믿는다. 또한 반드시 그렇게 만들어 가야 한다.

필자가 가장 중요시하는 것은 첫 시작이다. 가슴 뛰는 열정은 쉽게 만들어지지 않는다. 개인이나 조직이 성공하는 원동력을 이끌어 내고, 성공에 이르기 위해서는 조직이 움직이는 흐름을 발견하고, 그것을 어떻게 가장 이상적인 방법으로 이끌어 갈 수 있을지를 깨닫게 해 주어야 한다. 그것을 가능케 하는 첫 걸음이 아주 중요하며 이는 지금까지 보여 준 사례를 통해 알 수 있을 것이다.

가장 먼저 조직과 개인이 왜 존재하고 있는지, 즉 존재의 이유, 비전이나 목표가 존재해야 실행에 대한 의지가 생긴다는 것을 강조하고 싶다.

무엇인가에 몰입하고 끈질긴 노력을 위해서는 명확한 비전이 필요하며 열정적인 노력이 필요하다. 결국 조직의 성패는 얼마나 명확하고 선명한 비전을 가졌느냐에 따라 열정의 크기, 몰입도의 크기가 좌우되며 승패가 좌우될 것이다.

하이닉스 앞길에는 아직도 많은 장애물이 있다. 아직 최고 기업으로 갈 길도 멀다. 하지만 우리에게는 미래를 준비하는 하이닉스만의 기업 문화와 열정이 있기에 미래가 지금보다 더욱 좋을 것이라는 희망이 있다.

| DBE 그룹 아카데미 운영 후 달라진 업무 역량 |

과거 [2006년]

| PKG 개발 | 공정 기술(엔지니어) | 장비 기술(전임직) | 제조(전임직) |

현재 [2011년]

| | 3단계 | 2단계 | 1단계 |

| PKG 개발 | 공정 기술 | 장비 기술 | 제조 | 시스템 |

구분	공정 기술(품질보전)	제조 기술(계획보전)	제조(자주보전)
직군	• 기술 사무직	• 전임직	• 전임직
과거	• 신제품/양산 품질 향상 • 비용 절감(신소재 개발) • 공정 품질 개선	• 장비 성능 개선(생산성/TAT) • 장비 고장 개선 • 비용 절감(Spare Parts)	• 제품 생산 • 사람 기인 품질 사고 예방
현재	• 신제품 개발(응용제품PM) • 신제품 양산 마진 확보 • 비용 절감(신소재 개발)	• 공정 품질 개선 • 비용 절감(신소재/국산화) • 실비 종합 효율 향상	• 장비 고장 개선 • 품질 사고 예방 • 신제품 모니터링 기능

21세기 난중일기

PART 02
21세기
키워드

창조적 혁신

CHAPTER 02

진흙 속에서
꿈을 디자인하다

'마음'과 '목숨'과 '힘'을 다해 무언가를 사랑하는 것이 습관화되면 어느 분야에서도 최선의 결과를 이끌어 낼 수 있다. 이것이 우리를 성공한 사람들과 행복한 사람들로 만들어 주는 마지막 2%이다. 우리의 라이벌은 자기 자신이다. 하루하루 조금이라도 앞으로 나아가야 한다.

_하는 일마다 잘되리라, "무지개 원리" 중에서

성공이라는 단어에는 항상 그것을 가능하게 하는 수많은 수식어와 노력이 수반된다. 또한 혁신은 지속성을 통하여 끊임없는 변화와 노력이 요구된다.

지구상에는 수많은 리더들이 혁신을 외치고 있으며 그에 버금가는 많은 책들이 성공을 위한 방법을 제시하고 있다. 하지만 그 많은 정보를 가지고도 혁신에 성공한 기업은 많지 않다.

이유는 무엇일까? 바로 창의성과 열정, 그리고 연속성의 문제를 해결하지 못한 까닭이다.

1 첫 단추를 제대로 꿰라

　사람들은 누구나 죽음에 직면하지 못하면 살아 있다는 소중함을 알아차리지 못한다. 기업도 파산의 위기에 직면하지 못하면 그 소중함을 간과하는 경우가 있다. 생존하는 방법, 더 나아가 최고의 일류 회사가 되는 방법은 도대체 무엇일까? 한때 최고의 부실 기업으로 통하던 하이닉스를 위기에서 구해 냈던 유일한 돌파구는 혁신(革新)이었다. 하지만 혁신이라는 단어 앞에는 위기(危機)라는 수식어가 붙어 다닌다. 다른 어느 기업보다 반도체회사는 더욱 위기의 연속이지 않을까?

　어떻게 해야 하는지 방법을 제대로 알지도 못한 채, 강력하게 혁신을 추진하여 성공하는 기업들이 하나둘 나타나자 부랴부랴 겉으로 보이는 모습만 본뜨고, 일본의 선진 기업들의 성공 사례를 그대로 본떠서 적용한다면 별 소득 없는 소모적인 혁신 활동에 불과할 것이다.

　필자의 조직 역시 과거에는 정해진 틀을 가지고 강제로 끼워 맞추어 수치적 성과를 보이는 데 집착하였고, 거기에 부응하여 현장 엔지니어들은 이미 우수한 결과가 예상되는 항목을 새로이 창조한 것처럼 꾸며 발표하곤 하였다. 즉, 냉정히 말해서 데이터 조작과 같은 사기나 마찬가지였다. 혁신을 해야 회사가 생존한다고 입버릇처럼 말하면서도 실제 혁신을 추진하고 관장하는 사람들은 각 조직 내에서 무능하거나 적극적이지 못한 사람들로

채워졌다.

즉, 혁신의 본질을 정확히 이해하지 못하고 남을 모방하는 것에 지나지 않은 것이다. 필자가 혁신을 제대로 이해하고 제일 먼저 타파한 것은 이러한 형식적인 것이었다. 지금의 하이닉스가 재기하여 세계 2위의 메모리 강국으로 귀환한 것은 명백히 혁신의 힘이다.

그 시작은 바로 제대로 된 혁신을 이해하고 완전히 형식적인 업무를 타파한 결과였고, IMF 이후 흑자 행진을 시작으로, 2007년 하반기부터 또 다시 세계 반도체 업계에 불어닥친 반도체 업체 간의 물고 물리는 치킨게임은 하이닉스가 왜 강한지 그리고 무엇이 바로 제대로 된 혁신 추진의 결과인지를 명백하게 보여 주었다.

창조적인 혁신은 더욱 바람직한 과정과 방법을 끊임없이 창조하는 것이다. 여기에는 예외가 없다. 현장에서 직접 제조를 하고 있는 오퍼레이터부터 최고 경영자까지 자신이 맡은 모든 일을 계속해서 더욱 바람직한 모습으로 창조하고 발전시켜야 한다.

그런데 바람직함에는 그 한계가 없다. 현재보다 더욱 발전된 모습이 바람직한 모습이기 때문에 획기적인 창조물이 나와서 엄청난 성과를 냈다고 하더라도 반드시 그것보다 더 나은 것이 존재하기 때문에 끊임없이 바람직한 모습을 창조해 가는 것이 바로 혁신이다. 혁신의 대명사로 일컬어지는 토요타자동차의 후시노 회장이 "지금이 최악이다."라고 역설하는 것 또한 위에서 말한 것과 같은 맥락이다.

CEO에서 현장사원까지 전원이 위와 같은 창조적인 혁신을 전개할 때 폭발적인 시너지를 일으키며 최고의 경쟁력을 갖추게 되는 것이다. 혁신을 전개하는 초기에는 사실 엄청난 고통과 뼈를 깎는 노력을 감수해야만 한다. 이러한 과정 없이 훌륭한 결과를 기대한다는 것은 사실 어불성설이 아닌가? 전원이 혁신을 제대로 이해하고 자발적으로 전개할 때 비로소 효과가 나타나기 시작하여, 후에는 조금만 공을 들여도 획기적인 결과를 만들어 내게 되는 것이다. 필자는 창조적인 혁신 활동을 전개하면서 소위 우물에서 숭능을 찾는 사람도 많이 보았으며, 뼈를 깎는 과정 없이 결과에 집착하고 결과가 만족스럽지 못할 경우 다른 사람에게 책임을 전가하는 사람도 무수히 많이 보아 왔다. 그러나 명백하게 말하고 싶은 것은 혁신은 과정을 바람직하게 창조해 가는 것이다.

"좋은 과정에서 좋은 결과가 나온다."라는 말을 필자는 너무나 신봉한다.

대부분 과정을 간과하고 결과만을 가지고 잘되었는지 안 되었는지를 판단하는 경향이 있지만 결과가 성과에 미치지 못했다는 것은 좀 더 나은 과정이 남아 있다는 것을 의미하며, 더욱 바람직한 과정을 창조하도록 유도해야만 성공할 수 있을 것이다.

필자는 그동안 조직을 운영함에 있어서 위와 같은 원칙하에 초기 전사적으로 TPM을 도입하여 시작한 시기보다 6개월~1년 정도 늦게 시작했음에도 불구하고 채 1년이 안 되어 오히려 훨씬 높은 성과를 올릴 수 있었으며, 무수한 우수 사례를 창조하였다.

혁신의 진정한 성과는 초기 시작을 거창하게 하여 당장의 결과를 이끌어 내는 데 있는 것이 아니라 불황이나 위기 때 그 성과가 누가 보더라도 선명하게 나타나게 된다.

이것이 바로 필자가 무수한 시행착오를 거치면서 결론에 도달한 창조적인 혁신의 기초이며 이는 어느 누구에게나 모든 방면에서 통용된다고 자신한다.

2 어둠 속에서 찾은 희망

살아남는 자가 강한 자이다

"매각을 결사 반대한다. 우리에게 생존권을 달라."

2002년 초 하이닉스의 이천 본사는 해외 매각에 반대하는 붉은 옷을 입고 깃발을 든 직원들의 울부짖음과 절규의 외침으로 가득하였다.

2001년 말 유동성 위기에 빠지고, 반도체 판매가격 급락이 이어지면서 급속도로 추락하여 그동안의 부실이 한꺼번에 터져버리자, 독자 회생이 도저히 불가능하다고 판단하여 국가에서조차 해외 매각이 바람직하다는 결론을 내렸으며, 메모리 반도체 업계의 경쟁 상대였던 미국 M사에 매각하는 방안이 추진되었다. 당시를 회상해 보면 가슴부터 끓어오르는 분노와 안타까움이 아직도 생생하다. 안주하려는 느슨한 마음이 생길 때면 당시를 생각하며 다시금 채찍질을 하여 마음을 가다듬고 혁신에 매진한다.

하이닉스가 어떤 회사인가? 구현대전자 시절인 1983년도에 설립되어 90년대 초 중반까지만 해도 수천 억 원의 흑자를 내던 황금알을 낳는 거위로 일컬어지며 국내의 S, L사와 함께 메모리 반도체 업계 부동의 위치를 차지하고 있었으며, 1997년 세계 최초로 1GB 싱크 DRAM 메모리 개발에 성공하며 초일류 회사로 발돋움할 것 같은 기세였다.

그러나 1999년 LG반도체 인수 합병에 따른 부채 증가, DRAM 가격 폭락, 기타 여러 악재가 동시에 터지자 그동안의 부실이 눈덩이처럼 확산되어 도저히 회생 불가능한 상태로, 수많은 자구 노력에도 불구하고 파산과 매각의 기로에 서게 되었던 것이다.

결국 모든 임직원의 확고한 의지와 학계 지식인들, 소신 있는 경제 전문가들의 경제 논리와 우리나라 주력 산업 보호라는 의견이 맞물리며 독자 생존을 모색하게 되었다. 그러나 채권단 관리 속에서 회생은 말처럼 쉽지 않았으며, 그에 따른 뼈를 깎는 고통이 기다리고 있었다. 무엇보다도 어려웠던 것은 제한된 투자와 연간 수조 원에 달하는 적자의 연속이었다.

만약 당시의 여러 악재들이 없었다면 과연 하이닉스가 지금까지 계속 승승장구할 수 있었을까? 필자는 단연코 '아니다' 라고 말할 수 있다. 악재가 없었더라도 비슷한 위기를 겪거나 상당히 어려운 지경에 빠져 있을 것이라고 판단된다. 즉, 혁신적인 개혁과 뼈를 깎는 고통을 감수해 내지 못했다면 결과는 뻔하다는 이야기이다.

앞서 언급했듯이 최근에 들어와서 잭 웰치의 경영 전략이 재평가 받고 있다. 1869년 유명한 발명가 토마스 에디슨이 설립한 GE(General Electrics)의 CEO가 된 잭 웰치의 경영 전략을 3가지로 요약하면 첫째 몸집 키우기, 둘째 일등주의, 셋째 6시그마 도입으로 볼 수 있다.

잭 웰치는 1981년 GE의 CEO가 된 후 엄청난 카리스마를 바탕으로 GE의 계열사 중 1, 2위의 경쟁력을 가지고 있지 않은 부문은 과감히 매각 및 구조 조정을 단행하였으며, 성과를 내지 못하는 직원을 매년 10%씩 정리 해고하여 약 10만 명을 감원시켰다.

첫째 '몸집 키우기'의 경영 이념이 GE가 단숨에 세계 최고 대열의 회사로 발돋움하는 데 큰 역할을 한 것은 엄연한 사실이다. 그러나 이면을 들여다보면, 계열사의 성장과 발전에 의한 몸집 키우기가 아니라 매각 등의 여유 자본을 이용하여 경쟁력 있는 회사를 매입하여 불리기를 한 것에 의문을 두지 않을 수 없다.

잭 웰치는 21년간의 재임 기간 중 위기의 GE가 5배나 매출을 증대시키는 혁혁한 성과를 내는 큰 업적을 세웠다. 1등 기업을 매입하여 매출 신장을 이루었지만, 기존 사업의 경우 채 10%의 성장도 기록하지 못하는 이면을 우리는 눈여겨보지 않을 수 없을 것이다.

둘째 '일등주의'는 기업과 직원 모두에게 해당되었는데 기업은 앞의 매각과 매입에서 설명했고, 직원의 경우는 미국이라는 정서에 적합할지 몰라도 우리나라와 같이 해고가 부자연스러운 환경에서는 통용될 수 없다. 사회가 서로 다른 계층의 사람들이 조화를 이루면서 상생과 발전을 거듭하듯이, 기업도 경쟁력을 갖춘 사람이 할 일이 있고 그렇지 못한 사람들이 할 일이 엄연히 존재한다. 경쟁력 있는 사람들은 고급스러운 일만 하려는 경향이 있다. 그렇다면 허드렛일이나 막노동 같은 일은 도대체 누가 할 것인가.

잭 웰치 회장이 탁월한 경영인임에는 분명하지만 지금에 와서 재평가 받는 것은 내면의 힘을 키워서 최고의 기업을 이룩한 것이 아니라, 외형적인 성장과 최고의 인재 등용, 숫자에 의한 성장 일로였다는 것이다. 성공 여부는 훗날 다시 재평가될 것이다.

필자가 굳이 잭 웰치 회장을 언급한 것은 하이닉스가 이미 그러한 경험이 있으며, 하이닉스가 생존을 넘어 최정상에 오르려면 외형적 성장이 아닌 내면의 경쟁력을 확고히 하여 내적, 외적 성장을 하는 회사로 거듭나야 한다. 이것이 우리에게 가장 알맞은 혁신이라는 데 있다.

가장 커다란 회사가 아니라 꾸준한 발전과 이익을 가장 많이 창출하는 기업, 가장 경쟁력 있는 기업이 바로 최고의 기업이며, 필자는 지난날의 위기를 몸소 체험하며 눈물을 흘리면서 반드시 최고의 기업을 만들 것을 마음 속으로 다짐하기를 수없이 반복했다.

황산벌에서 최후의 전투를 앞둔 장수들에게 계백 장군은 말하지 않았는가. "강한 자가 살아남는 것이 아니라, 살아남는 자가 강한 자다."라고 말이다. 참으로 공감하는 말이다. 지금 세계의 모든 기업들은 매 순간이 백척간두(百尺竿頭)의 상황에 놓여 있다고 해도 과언이 아니다. 하이닉스는 2001년 생존의 기로에서 혹독한 시련과 어려움을 극복하고 살아남았다. 이젠 그 경험과 의지가 하이닉스를 더욱 강자로 만드는 밑바탕이 되고 있는 것이다.

3 산이 높을수록 선두에 서라

성공의 지름길, 주도적인 도전

성공하는 사람들의 7가지 습관으로 너무나도 유명한 스티븐 코비 박사는 성공의 첫째 조건으로 "주도적이 되라."라고 하였다.

공동체 사회에서는 그것이 좋든 싫든 해야만 하는 경우가 있으며, 어떠한 순간이든지 주도적인 그룹과 피동적인 그룹으로 나뉜다.

주도적인 그룹이 우수한 성과를 올리는 것은 자명한 일이다.

하이닉스에서는 2002년 말 본격적으로 TPM이라는 혁신 툴을 도입하였는데, 초기에는 저마다 남들 얼굴만 쳐다볼 뿐 앞서나가는 공장이 없었다. 패키지 그룹은 타 그룹보다 늦은 2003년 초에나 시작하였는데 필자의 경우, 혁신의 중요성을 인식하고 많은 공부와 연구를 하면서 준비한 결과 혁신의 본질을 누구보다도 정확하게 알 수 있었으며, 가장 늦게 시작했음에도 불구하고 처음부터 커다란 성과를 낼 수 있었다.

본질을 깨달으니 처음부터 적극적이고 창조적인 혁신을 전개할 수 있었고 전체의 혁신을 주도할 수 있었다. 주도하는 사람에게는 많은 기회와 함께 인정이 뒤따르게 마련이다. 주도한다는 의미는 자발적인 마인드를 가지고 적극적으로 한다는 의미이다. 항상 남들보다 앞에 서 있기 때문에 오히려 뒤돌아볼 수 있는 여유가 있으며, 남들보다 시행착오는 많을지라도 풍부한 경험을 쌓을 수 있고, 어려움을 헤쳐 나갈 수 있는 기회가 훨씬 많이 주어진다.

우리는 흔히 뒤에서 따라가는 것이 오히려 편할 것이라는 생각을 하지만 그것은 엄청난 오판이다. 따라가는 것은 아무리 잘해도 2등이 한계이다. 경쟁 사회에서 2등은 무의미하며 자칫 뼈아픈 실패로 직결될 수 있다. 패키지 그룹은 이러한 주도성으로 수년간 혁신의 최선봉에서 밀려나지 않고 있으며, 앞으로도 그럴 것이라고 확신한다.

예를 몇 가지 들자면, 메모리 반도체 업계만 하더라도 창조적인 신제품을 가장 먼저 개발하여 양산하는 업체가 가장 많은 이익을 낸다. 타 기업에서 하지 못하는 것을 무수한 실패를 거듭하면서도 결국 성공에 이르러 시장을 주도하게 되면 결국 그동안의 실패를 수십 배의 성과로 보상 받으며, 더욱 시장을 주도하게 된다.

군대를 예로 들어보자. 보병 출신이라면 군 시절 많은 행군을 하였을 것이다. 보통 수백 명이 일렬로 행군을 하게 되는데 수십 킬로미터를 행군하다 보면 저마다 피로와 고통을 느끼게 마련이다. 이때 가장 피로도가 적은 사람이 누구일까. 누구나 알다시피 맨 선두에서 행군하는 사람이다.

맨 선두에 있는 사람은 계속 자신의 페이스만 유지하면 되지만 뒤따라오는 인원은 간격을 유지하는 데 많은 체력을 소모하게 된다. 어쩔 수 없이 모든 인원이 완주해야 하기 때문에 뒤로 가면 갈수록 피로도는 더욱 쌓일 수밖에 없고 결국 낙오자도 후미에서 나오며, 훈련 후에 좋은 소릴 들을 리 만무하다.

혁신 활동도 마찬가지이다. 회사 최고 경영자가 혁신을 외치면 어쩔 수 없이 모두 따라야만 한다. 선두에 서서 주도적으로 창조적인 혁신을 이끄는 조직과 억지로 따라오는 조직의 차이는 군인의 행군과 다를 것이 없다. 더욱 주도적으로 창조적인 혁신을 전개하여 성과를 내면 그만큼 칭찬과 포상이 뒤따르고, 더욱 잘하려고 할 것이다. 반면 억지로 따라오는 조직은 피로도는 오히려 배로 쌓이고 늘 질책의 대상이 된다.

필자는 조직원들의 정신 무장을 다지기 위하여 종종 십여 시간이 걸리는 야간 산행을 자주 하는 편인데, 산행에서는 행군보다도 더욱 자명하게 증명된다. 산을 조금 아는 사람은 선두에서 산행하기를 즐긴다. 필자의 예를 들면 늘 선두에 서기 때문에 다른 사람들이 체력이 좋고 산을 잘 탄다고 생각하지만 솔직히 말해 절대 아니다. 그만큼 편하고 쉽게 올라갈 수 있기 때문에 그렇게 하는 것이다. 조금만 고통을 참고 선두에 서면 뒤쳐지는 사람과의 거리가 점점 벌어지고 결국에는 충분한 휴식이 보장된다. 뒤쳐져 있는 사람들이 거리를 좁혀 올 때까지 여유 있게 휴식을 취하다가 거리가 좁혀오면 다시 비축된 힘으로 등정하는 기쁨이 있다. 그러나 뒤에서 따라오는 사람들은 어떠한가? 거리를 좁히려고 안간힘을 쏟으며 배로 지치게 되고 결국 점점 더 거리가 벌어지고, 그만큼 휴식 시간은 점점 짧아진다.

최선두에서 가장 먼저 정상에 올랐을 때의 그 쾌감이 어떤 것인지는 경험해 본 사람은 모두 공감할 것이다.

사람들은 누구나 일등을 원한다. 그러나 남들보다 주도적이지는 않으면서 별 노력 없이 일등하기만을 바란다. 세상은 정직하다. 주도하는 사람만이 큰 성과를 얻을 수 있으며, 창조적인 혁신을 주도하는 사람만이 기업을 살리는 주역이 될 수 있고 개인의 성공도 보장받을 수 있다.

4 혁신의 시작은 20%에서 결정된다

20%를 선정하고, 디자인하라

흔히들 공부에는 왕도가 없다고 한다. 하지만 성공을 위한 최선의 길은 분명 존재한다. 분명한 목표와 좋은 과정, 그리고 끈질긴 노력일 것이다. 혁신의 성공에는 지름길이 없다. 하지만 혁신을 성공으로 이끌 수 있는 가장 유리한 힘이 무엇이냐고 묻는다면, 그것은 조직원들의 의식이다. 처음에 시작할 때 조직원들의 의식부터 바꾸지 못하면 혁신은 절대로 성공하지 못한다는 것이다.

먼저 혁신 활동의 성공을 이루려면 열정을 가진 직원을 뽑아 혁신 조직을 만들고, 몰입할 수 있는 책임과 권한을 주어야 성과가 나타날 수 있다.

혁신 조직이 만들어지면 먼저 조직의 미션을 만들고, 미션에 합당한 비전을 만들어서 임직원들에게 동기부여가 될 수 있도록 해야 한다.

그 다음 혁신 신바람몰이 활동을 통해 혁신 활동이 단기간에 활성화되도록 만들어 주어야 한다. 혁신 성공의 가장 중요한 요소는 열정과 열망이 있는 조직원들이다.

여러분들은 2080의 법칙을 알고 있는가? 2080법칙은 이탈리아 경제학자 파레토가 말한 것으로 "전체 결과의 80%는 전체 원인 중 20%에서 비롯됐다."는 법칙이다. 즉 부, 노력, 투입량, 원인의 작은 부분이 대부분의 부, 성과, 산출량, 결과를 이루어 낸다는 것이다.

20%의 소비자가 전체 매출의 80%를 차지하는 경향, 국민의 20%가 전체 부(富)의 80%를 차지하는 경향, 직장에서 20%의 근로자가 80%의 일을 하는 경향 등이 그것이다. 여기서 필자가 파레토의 법칙을 인용한 것은 이 문구 때문이다. 직장에서 올리는 성과의 80%는 직장 구성원 중 20%가 만드는 것이고, 80%의 구성원이 20%의 성과밖에 못 올린다는 내용이다. 필자는 처음 혁신을 도입 시 20%의 직원들에게 혁신 활동을 가속화하기 위한 열정을 불어넣기 위해 많은 노력을 하였다. 대부분 리더급의 직원들로 구성하였으며, 혁신 교육 과정을 개설하여 교육을 시키고, 리더십 교육도 병행하면서 20%의 직원들에게 몰입할 수 있는 업무 환경을 구축하였다. 조직의 20% 직원들이 열정을 가지고 몰입하도록 환경을 만들어 주면 반드시 혁신 활동이 성공하리라고 자신한다. 조직원 모두가 열정을 가지고 몰입하면 더 좋은 성과가 나타나겠지만, 사람은 제각각 생각이 달라 모든 조직원을 한마음, 한방향, 한목표로 추진하기에는 여러 면으로 힘이 들고 너무 무거워 추진이 늦어지기도 한다. 이럴 때는 과감하게 20%의 리더들만 강력하게 따라올 수 있도록 하는 전략을 만들고 실행한다면 보다 빠른 혁신 성과가 나온다. 궁극적으로는 20%의 리더들이 제각각 조직을 이끌어 가면서 전체 조직원이 바람직한 모습으로 발전되어 가는 모습을 볼 수 있을 것이다.

필자는 2080의 법칙을 혁신 활동에 적용하여 수많은 인재를 육성하고 많은 성과를 볼 수 있었다.

최고주의 문화

하이닉스를 초일류 기업으로 만들어 가고 있는 확실한 문화가 있다. 바로 최고주의 문화이다. 모든 임직원들이 각각의 업무 영역에서 세계 최고의 실적을 내기 위해 최고주의 항목을 투명하게 선정하고 그 목표를 달성하기 위해 정진하는 것이다. 과거에 어려웠던 하이닉스를 오늘날 초일류의 반도체 전문 기업으로 만든 일등 공신이기도 하다. 최고란 일등하고는 다르다. 일등은 최고가 아니기 때문에 자주 바뀔 수 있지만 최고는 더 이상 올라갈 데가 없기 때문에 한 개의 기업만이 달성할 수 있는 것이다. 예를 들면 컴퓨터의 강자 인텔과 컴퓨터 소프트웨어의 강자 마이크로소프트를 일등 기업이라 하지 않고 최고 기업이라고 부르는 것과 같은 의미이다. 수십 년간 두 회사는 각각의 분야에서 최고의 위치에 올라 더 이상 올라 갈 데가 없기 때문이다.

최고라는 말은 그래서 단 한 개의 기업에만 붙을 수 있는 수식어다. 우리 조직은 현재도 계속 최고를 달성하기 위해 조직원 모두가 최고주의를 충실히 실천하고 있다. 세계 최고의 패키지 원가 달성, 패키지 공정 DRAM TAT(Turnaroud time) 세계 최고 달성, QDP 제품 수율 세계 최고 달성 등 여러 가지 부문에서 세계 최고를 달성하고 있다. 최고주의 문화가 이제는 하이닉스 전체의 문화로 자리 잡아 임직원들에게 동기를 부여하고 세계 최고의 기업으로 나아가는 역할을 하고 있다. 하이닉스 제조본부에서는 최고를 달성하기 위해 항상 5 Habit을 준수해야 한다. 또한 5 Habit은 하이닉스에서 철저한 업무 룰이 되었다.

5 Habit이란?

첫째, 목표/납기는 무조건 달성한다.

둘째, 모든 보고/발표는 숫자로 말한다.

셋째, 고객이 누구인지 항상 생각하고, 고객 만족을 실천한다.

넷째, 항상 나의 위치가 어디인지 벤치마킹한다.

다섯째, 패러다임의 대전환(Paradigm Shift)의 리더가 된다.

5 Habit은 처음에 임원부터 시작하였으나 직원 개개인에 이르기까지 개인 최고주의를 달성하기 위해 노력하게 되었다. 최고주의는 우리 하이닉스인의 자존심을 우리 스스로 갖춰 가기 위한 문화로 정착되었다. 자신의 자존심을 대변할 수 있는 항목으로는 '이것은 내가 세계 최고다.'라고 마음속에 간직할 수 있는 항목, 이것이 하이닉스의 최고주의인 것이다. 하이닉스를 대표하는 최고주의 거리가 있다. 경영진 이하 모든 임직원들의 최고주의 달성 항목이 깃발로 제작되어 복도 양쪽에 길게 전시되어 있고, 우리 조직에서도 최고주의 거리를 만들어 구성원이 달성한 최고주의 항목을 전시하여 자부심을 높여 주고 있다. 제조본부 최고주

의 문화는 2007년 하이닉스 CEO로 부임하신 김종갑 사장께서 제2의 창업을 선포하시면서 하이닉스 최고주의 문화로 확산시켰으며, 2010년 새로 부임하신 하이닉스 CEO 권오철 사장께서도 취임식에서 '세계 최고의 메모리 반도체 회사, 오래가고 좋은 회사'로 비전을 제시하고 이루어 가자고 강조하셨다. 2017년 하이닉스를 세계 최고의 메모리 반도체 회사로 만들어 주는 데 초석이 될 것이라고 필자는 굳게 믿고 있다.

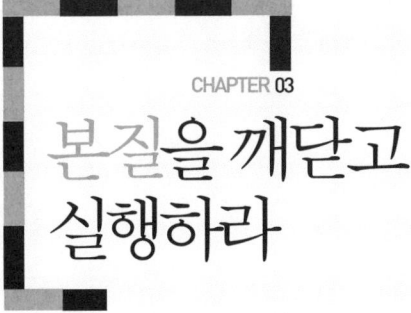

CHAPTER 03

본질을 깨닫고 실행하라

다른 사람들로부터 인정을 받기 위해서는 부단한 연습 이외에 다른 방법이 없습니다. 타고난 재능이란 인간이 만들어낸 허구에 불과합니다. 나는 슬럼프에 빠지면 더 많은 연습을 통해 정상을 되찾곤 합니다.

_골프 황제 타이거우즈

어떠한 일이든 본질을 정확하게 이해하고 실행하는 것이 중요하다. 본질은 성공과 지속의 바탕이 되므로 다소 어렵게 느낄지라도 절대 본질을 저버려서는 훌륭한 성과를 보장 받을 수 없다. TPM 혁신도 마찬가지로 정확한 본질을 이해하고 시행하여야 하며, 필자는 1년이라는 긴 세월을 여기에 쏟아 부은 경험으로 누구보다 빠르게 고지를 정복할 수 있었다.

일을 목적에 충실하게 바람직한 모습으로 바꿔 나가는 것이 TPM이다. 그런데 TPM의 본질을 깨닫지 못하고 추진한다는 것은 모순이다.

1 중요한 것은 혁신의 본질

혁신은 지속적 리빌딩의 과정이다

TPM은 'Total Productive Maintenance'의 약자로, 기본 의미를 보면 '전원이 참여하여 생산성을 높이기 위하여 가꾸고 유지하는 것'으로 풀이될 수 있다. 사실 TPM은 미국의 PM이 일본으로 건너와 발전된 혁신 활동으로 볼 수 있다.

그러나 이제부터 언급될 TPM은 단순한 혁신 활동이 아닌, 인간 공학적 철학으로서 다루어진다. 하이닉스반도체, 특히 패키지 공장에서는 처음 TPM 도입 시 단순히 혁신의 툴(Tool)로만 적용하지 않았다.

TPM의 정의를 내리자면 '일을 바람직한 모습으로 창조하여 발전시키는 것'으로 풀이될 수 있다. 먼저 '일'이란 기업 활동에서의 업무뿐만이 아니라 그 사람이 처해 있는 모든 상황을 말한다. 회사에서의 모든 업무, 가족과의 생활, 걷기, 뛰기, 밥 먹기 등 자기 자신의 생활 중 단 하나도 빠짐없이 모든 것이 다 일인 것이다.

'바람직한 모습'이란 현재보다 더 나은 모습, 창조적으로 발전된 모습을 말하는데 여기에는 여러 가지 조건이 수반된다. 반드시 도덕성과 성실성, 정직성을 바탕으로 발전하여야 한다. 부도덕한 방법으로 설령 많은 효과를 얻는다고 하더라도 과연 얼마나 지속될까? 도대체 얼마만큼의 성취감을 느낄 수 있을까? 아마도 결국에는 큰 후회와 좌절을 맛보아야 할 것이다. 그러한 것은 TPM에서는 철저히 배제한다. TPM은 오로지 옳은 방법으로 지속적인 개선을 통하여 실행하는 것이다. 즉 모든 플러스적 사고를 바탕으로 전개해 개선을 통하여 실행하는 것이며 결과를 통하여 보다 큰 성취감을 체험하고, 더 높은 목표를 지향하도록 발전시켜 나가는 것이다.

그리고 마지막으로 창조적, 도전적으로 추진하는 것이다. 창조적인 활동이 곧 엄청난 성과로 나타나며 TPM 활동의 기본 바탕이라 할 수 있다. 여기서 말하는 창조적이란 자발성을 바탕으로 자주성과 창의성이 살아나야 하며, 일단 추진이 시작되면 도전적으로 목표를 잡고 실행해야 한다. 즉 자발성, 자주성, 창의성, 도전성이 하나의 기본 마인드로 자리 잡아 실행되어야 하는 것이다.

다음은 '변화, 발전'의 의미인데, 현재를 유지하며 더욱 효과적인 방법을 모색하고 행동하는 것을 말한다. 이것은 앞의 창의성과도 연결된다. 여기에서는 '하나만 더', '조금만 더'의 식으로 즉, '플러스적 사고'의 접근이 매우 중요하다. 우리 주변에는 항상 1등을 하는 사람과 2등을 하는 사람이 있다.

두 사람은 모두 평소에 우수한 실력과 남다른 노력을 할 것이다. 그러나 항상 2등을 하는 사람은 자신이 정해 놓은 규칙을 완수하여 지키는 선에서 머무르는 반면, 항상 1등을 하는 사람은 정해 놓은 규칙을 완료한 후 조금만 더, 하나만 더라는 마음으로 플러스적 사고를 가지고 노력할 것이다. 이것이 바로 늘 1등을 차지하는 비결이며, TPM에서의 적극적인 사고인 것이다. 또한 여기에서 1등이라는 의미는 더 이상 올라갈 수 없는, 무한한 능력을 의미하며, 2등이란 아직도 넘어야 할 것이 남아 있다는 의미이다. 바로 적극적인 자세, 플러스적 사고에서 이러한 차이가 발생한다고 할 수 있다. TPM은 재해, 불량, 고장의 '0(zero)' 지향적 활동이다. 제로라는 의미는 더 이상 문제가 발생할 소지가 없다는 말로, 플러스적 사고로 인한 발생원을 완벽하게 제거함으로써 가능하다. 구체적인 얘기는 뒤에 다시 언급하기로 하겠다.

이제까지 TPM 즉, '자기 일을 바람직한 모습으로 변화, 발전시키는 것'의 의미를 알 수 있었을 것이다. 이러한 의미에서 시작하여 앞으로 TPM의 모든 것을 이해하면 많은 도움이 되리라 생각한다.

2 실행하기 전에 철학과 원리를 이해하라

모르면 시작하지 마라

우리는 정확한 의미를 모른 채 혁신 툴을 도입하여 효과도 보지 못하고, 오히려 조직이 헝클어지고, 조직 간의 신뢰나 기업 내 혼돈을 초래하는 경우를 무수히 보아 왔다. 물론 하이닉스도 과거 현대전자 시절 여러 번 경험한 바 있으며, 이것은 오히려 안 하니만 못한 결과를 가져왔다. 앞에서 예시했던 TPM을 포함한 모든 혁신 툴은 사실 제대로만 하면, 효과의 차이는 있을지언정 모두 유용한 것이다. 단, 제대로 정확한 원리와 철학을 이해하고 실행했을 때라는 전제가 붙긴 하지만 말이다.

하이닉스도 처음 TPM이라는 말을 사용하여 활동을 한 것은 2000년 초이다. 그러나 현재와 같은 철학과 원리를 바탕으로 한 것은 2002년 10월 이후였다.

하지만 여기에는 중요한 사실이 하나 있는데, 처음 시작 후 약 2년 반 동안의 TPM 활동은 결코 도움이 되지 않았다는 사실이다. 그 당시에는 정확한 철학과 원리를 모른 채 오직 분임조를 만들고, 적당히 회합이라는 정해진 형식과 제안의 건수 채우기 식의 활동이었음을 부인할 수 없으며 이러한 형식적인 활동이 결국 회사의 경영상의 손실 확대로 이어졌고, 하이닉스 직원들의 사기만 떨어뜨리는 결과를 낳게 되었다.

그러나 TPM의 철학과 원리를 정확하게 배우며, 이해하기 시작한 2002년 10월 이후부터는 새로운(사실 이때부터가 진정한 TPM 활동이었지만) 개념으로의 TPM이 시작되었는데, 반도체 시장이 좋아지면서 회사의 경영 개선에 진전을 보이기 시작했다. 그것은 훌륭한 컨설턴트를 만나 정확한 철학과 원리를 배우고 실행하면서부터다. 지금 생각하면 얼마나 다행이었는지 모른다. 마지막으로 필자가 경영한 패키지 그룹은 이보다 반년 이상 늦게 시작하였는데, 수년이 지난 현재 많은 부분에서 경쟁사보다 우위를 점하고 있다. 이러한 결과는 다른 공장의 경우 컨설턴트 도입과 함께 곧바로 시작하였지만, 패키지 그룹은 약 반년 동안 정확한 철학과 원리를 이해하고 공부하면서 처음 도입 시 부딪히는 문제점을 어느 정도 해소하면서 본격적으로 시작하였기 때문이다. 여기서도 정확히 TPM을 이해하는 것이 얼마나 중요한가를 알 수 있으리라.

2006년부터 창조적으로 시작한 PKG 아카데미에는 대졸, 전임직 신입사원 입문 과정에 TPM 철학, 원리가 필수과목으로 되어 있다. 내가 지금 하고 있는 일(업무)을 바람직한 모습으로 창조해 나가고, 전원이 함께 자발적으로 참여해 발전시켜 나가는 것이 바로 TPM 혁신이다.

CHAPTER 04
혁신에 적합한
조직을 구성하라

자신의 역할을 젊었을 때 깨닫는 사람이 있는가 하면 나이 들어 깨닫는 사람도 있다. 개중에는 죽음을 앞두고서야 '아, 내 역할은 이런 것이었구나.' 하고 깨닫는 사람도 있을 것이다. 누구나 반드시 '자기의 역할'을 갖고 있다.

_오토다게 히로타다, "오체불만족" 중에서

창의적인 혁신 활동은 전원 참여가 되어야 성공할 수 있다. 전원 참여란 각 구성원들이 역할을 분담하여 주어진 위치에서 자신의 역할을 충실히 행하는 것을 의미하며, 리더는 역할 분담 인원을 적재적소에 배치하여야 최대의 성과를 얻을 수 있다. 각 역할 담당자는 자신이 무엇을 해야 하는지 명확히 인식하고 실행해야 전체 조직이 빠르고 완벽하게 성장할 수 있다. 필자는 제조본부장의 강의 중에 '불이야' 론을 회상한다. 역할론이 제대로 정립되지 않았을 경우 문제가 발생하게 되면 모두들 입으로만 "불이야!" 라고 외친다. 그러나 정작 '불'을 끌 사람은 아무도 없는 것이다.

1 또 하나의 스태프, 추진자

추진자의 중요성

배가 항해하는 데 가장 중요한 것은 선장이다. 선장의 항로에 대한 판단과 방향 지시, 그리고 선원들을 이끄는 리더십은 단순히 항해 시간의 단축이나 더 많은 수입을 올리는 것뿐만 아니라, 선원의 목숨, 배의 생명에도 절대적인 영향을 끼칠 만큼 중요하다.

TPM 활동에서의 선장은 바로 조직의 최고 경영자이다. 도입 시기에는 여기에 추진자가 포함된다. 하지만 추진자는 최고 경영자가 임명할 수 있으므로 역시 선장은 최고 경영자라 할 수 있다. 도입 시기부터 경영자가 가장 먼저 해야 할 일은 추진자를 선정하는 것이다. 과거 TPM의 중요성을 인식하지 못하고 정확한 철학과 원리를 이해하지 못한 경영자는 TPM을 업무 외적인 것으로 간주하여 추진자를 시간적 여유가 있는 사람, 능력을 인정받지 못한 사람, 제대로 업무를 소화해 내지 못한 사람 등 평소 없어도 표가 안 나는 사람을 선정하곤 했다. 그만큼 TPM을 정확히 이해하지 못했음이 드러나는 대목이다. 추진자로 선정된 사람 또한 자신이 인정받지 못하여 외지로 나왔다고 인식할 것은 너무도 자명한 일이다. 그런 상황에서 과연 제대로 TPM을 수행할 수 있을까?

앞에서 말했듯이 최고 경영자의 역할은 매우 중요하다. 그러나 최고 경영자는 보통 각종 회의나 쌓인 업무로 직접 TPM을 추진할 시간적 여유가 없다. 이러한 역할을 대신하여야 할 사람이 바로 추진자이다. 추진자는 조직의 경영자의 입장에서 TPM을 성공적으로 수행하여야 하며, 전략을 세우고 더욱 발전시켜야 하는 것이다. 추진자의 역할이 얼마나 중요한가를 일깨워 주는 대목이다.

필자도 패키지 그룹의 경영자로서 극히 짧은 기간이었지만 이러한 경험을 하였다. 물론 처음에는 임명된 추진자가 충분히 제 역할을 해내리라 믿고 선정하였지만, 결과적으로 실패였다. 처음에는 가장 선임 파트장을 추진자로 선정하였는데, TPM에 대한 연구 및 추진력에서 문제가 되었으며, 두 번째 선임자 또한 마찬가지의 결과를 얻었다. 그 당시 이미 TPM에 대한 이해와 함께 확신을 가지고 있었던 필자는 TPM을 성공적으로 수행할 추진자가 절실하게 필요하였다. 그래서 세 번째 추진자를 선정하여 섣불리 접근하지 않고 우선 TPM에 대하여 철학과 원리를 정립한 후 혁신 방법을 합리적으로 만들어 추진하도록 하였다.

이미 다른 곳에서는 의욕적으로 TPM을 킥오프(Kick-Off) 하여 실행하고 있었지만, 섣부른 시작으로 또 다른 시행착오를 범할 순 없었기 때문이다. 그래서 약 5개월간 컨설턴트와 이미 시작된 다른 공장을 벤치마킹하여 잘되는 부분과 안 되는 부분을 정확히 추려 내고 자료를 모을 수 있었다. 이렇게 작성된 자료는 매일 함께 검토를 거쳐 서로의 방향에 대한 의견을 나누었으며, 서로 다른 이견을 한방향화하였다. 사실 5개월이란 기간이 필자로서도 짧지 않은 시간이었기 때문에 많은 걱정과 우려도 되었지만, 지금 생각해 보면 그러한 준비 과정을 거친 것이 다행이었다고 생각한다.

이렇게 TPM에 대한 철학과 원리를 어느 정도 이해했다고 판단한 후 1개월에 걸친 전략과 마스터플랜, 구체 실행 계획을 세웠다.

추진자의 역할

이미 말했듯이 추진자의 역할은 매우 중요하다. 위로는 경영자의 목표와 방향을 일치시켜야 하며, 스스로 전략을 세우고, 장기 · 단기적 마스터플랜을 가지고 있어야 한다. 또한 실제 현장의 분임조가 올바른 방향으로 TPM 활동을 하도록 방법을 이끌고 제시해야 한다.

추진자는 스태프이다. 경영자의 정확한 의도를 알고 수행하는 것도 중요하지만 경영자의 오류를 정확히 지적하여 원리를 벗어나지 않도록 하는 것이 무엇보다도 중요하다. 그러기 위해서는 우선적으로 추진자가 TPM의 철학과 원리를 제대로 이해하고 정신적으로 불변의 원칙을 가지고 있어야만 한다. 때론 경영자는 급하다. 성과에 대한 압박을 받는 경우도 있을 테고, 빨리 결과를 보고 싶어할 때도 있다. 왜냐하면 경영 성과가 부진할 경우 자리 보전을 하기 어렵기 때문이다. 또 같은 위치의 지위를 가진 사람과의 경쟁에서 뒤쳐져서는 안 되기 때문이다.

이럴 때 추진자가 중심을 잡아줘야 한다. 앞에서 말했듯이 스태프는 경영자의 요건을 충족시켜 주며, 원칙을 지키는 두 가지를 모두 수행해야 하기 때문에 매우 어려운 일이다. 경험적으로 보면, 이따금 경영자와 추진자 간의 이견으로 인하여 언성이 높아질 수도 있는데, 크게 나쁘지는 않다고 생각한다. 단, 자리에서 일어날 때는 서로 합의를 도출하여 웃으면서 마무리 짓는 것이 중요하다. 여기에서도 추진자의 원칙이 흐트러져서는 안 되며, 다만 긴급한 일을 우선적으로 하고, TPM의 원리에 어긋남이 없음을 주지시켜야만 한다. 물론 TPM 기본 사상을 정확히 숙지하고 있는 경영자의 경우에는 이러한 경우가 매우 드물게 발생할 것이다. 왜냐하면 사전에 준비를 하여 미연에 발생 소지를 방지할 것이며, 예지를 못하여 발생하더라도 충분히 방법을 인식하고 있기 때문이다.

다음은 전략적 접근이다. 기업은 각각의 차별화된 전략을 가지고 있다. 나아가서는 생존 전략으로까지 발전되어 가는데, 전략의 유무에 따라서 혹은 전략의 유효에 따라서 성패가 결정되는 경우가 많이 있다.

TPM에서도 마찬가지이다. 뒤에서 언급될 스텝(Step) 활동과는 별개로 얼마나 효과적인 방법으로 TPM을 전개해 나갈지에 대한 전략이 필요하다.

왜냐하면 철학과 원리가 완벽하고 훌륭하다고 하여 그냥 단계별로 물 흐르듯 흘러가는 것이 아니기 때문이다. TPM은 사람의 체질, 장치의 체질, 환경의 체질을 변화 발전시키는 것이다. 그러나 결국은 장치의 체질이나, 환경의 체질은 사람의 기술적 발전에 의하여 변화된다. 즉 사람의 체질을 어떻게 발전시켜야 하는가가 가장 중요하다.

그러나 한번쯤 겪어 본 사람은 누구나 느낄 수 있을 것이다. 사람의 체질을 변화시킨다는 것이 얼마나 어려운 일인지……. 이러한 난제도 추진자의 몫이다. 추진자가 가장 쉽고 효과적으로 사람, 조직 구성원의 체질을 변화시키도록 하는 전략이 필요하다. 그 밖의 장기적인 운영 전략, 마스터플랜, 조직 구성 등 추진자의 역할은 경영자의 역할만큼이나 매우 중요하며 성패의 관건으로 작용할 수 있는 것이다. 필자는 추진자의 전략을 볼 때 4가지를 유심히 지켜본다.

첫째, 3현주의에 입각하여 전략이 수립되었는가?

둘째, 맥(脈)과 보틀넥(Bottleneck)을 정확히 짚어 내고 있는가?

셋째, 목표가 명확하고 과감한가?

넷째, 과정(스텝 활동)을 충실하게 유도하고 있는가?

추진자는 경영자와 업의 접점인 현장사원들과의 중간 역할이며 또한 경영자의 스태프이다. 그만큼 양면성이 공존함과 동시에 경영자, 현장사원의 만족을 동시에 이끌어내야 하는 것이다. 그래서 추진자의 높은 능력이 요구되며 역할의 중요성이 큰 것이다.

2 혁신 조직의 운영

혁신에 예외는 없다

TPM은 전원 참여를 바탕으로 하는 혁신 활동이다. 즉 이것은 최고 경영자에서 현장사원까지 단 한 사람도 빠짐없이 활동을 해야 함을 의미한다. 그러나 모두가 똑같은 활동을 해야 한다는 의미는 아니다. 만약 전원이 모두 현장에서 장비를 개선하고, 정리, 정돈, 청소를 한다면 과연 TPM이 더욱 활성화되어 발전할 수 있을까? 답은 '아니다' 이다. 모두 똑같은 활동을 한다면 그것은 조직 활동이 아니라 과거 농업사회에서나 있을 수 있는 일이다.

2명 이상으로 구성된 조직 어디에나 각자의 역할이 있으며, 자신의 역할을 충실히 수행할 때 조직이 가속도를 내게 된다. 더군다나 수백, 수천 명으로 구성된 큰 기업으로 갈수록 각자의 역할은 그만큼 중요해진다.

경영자는 회사 경영의 역할을, 중간관리자는 중간관리자로서의 역할을, 현장의 사원(業의 접점)들은 그들이 해야 할 역할이 따로 있다.

예를 들어, 최고의 경영자는 기업 전체의 TPM 운영 방향을 세우고, 명확한 비전과 목표를 제시함으로써 하위 조직의 활동이 활성화되도록 하며, 하위 조직의 활동에 대한 성과를 확인하고 포상제도 등을 만들어 더욱 발전시키는 역할을 수행해야 할 것이다.

또한 중간 조직은 상위 조직의 방향과 하위 조직의 방향을 한 방향화하여 일치시키며, 더욱 구체적인 활동 방법을 수립하고 반드시 정해진 목표를 달성할 수 있도록 하여야 한다.

마지막으로 최하위의 현장사원들은 실제 행위로써 실행하게 되며 현장에서 활동하면서 상위 조직의 목표를 달성하게 하고, 더욱 바람직한 모습으로 현장을 변모시키는 등의 활동을 한다.

이상에서와 같이 각 조직의 구성원이 각자의 역할을 충실히 수행할 때 시너지 효과가 발생하여 조직의 힘이 기업의 힘이 되어 커질 것이다. 물론 각 분임조 단위에서도 개개인의 역할이 따로 정해져서 활동이 이루어져야 함은 자명한 사실이다.

3 미션과 목표를 명확히 하라

중복소집단을 운영하라

조직 운영 체계는 중복소집단을 의미한다. 위의 소집단에서부터 아래의 분임조까지 각자의 역할에 따라 더욱 나은 방법, 즉 바람직한 모습으로 발전시켜 나가는 일=업무=TPM을 충실히 해 나간다. 그런데 맹목적으로 현재보다 더 나은 방법을 추구하는 것이 아니라, 자신이 소속되어 있는 조직과 개개인의 명확한 미션에 부합되었을 때 최고의 성과를 낼 수 있다. 미션은 존재의 이유로서 임무 또는 사명이다. 즉, 자신이 하는 업무가 무엇이며, 자신의 존재 이유를 명확히 인식하는 것이다.

미션은 불변의 진리 또는 원칙으로서 현재 자신이 속하는 조직을 유지하는 한 시대와 상황이 변하더라도 절대 변하지 않는다. 단, 상황에 따라 미션을 충족시키는 방법만이 꾸준히 변화 발전되는 것이다.

또한 미션은 각 조직 간의 한방향화를 축으로 연결하는 기능을 가지고 있다. 예를 들어, 가장 상위의 기능을 가지고 있는 조직, 즉 회사의 미션은 어떠한 방법을 추구하든지 간에 명확히 '이익을 창출하고 회사를 존속시키는 것'일 것이다. 이것이 기업의 존재 이유이며, 사명이다.

그렇다면 그 하위 조직의 미션은 무엇일까? 상위 조직과 똑같은 사명과 임무를 가진다면 그것은 더 이상 하위 조직이라고 할 수 없을 것이다. 하위 조직은 상위 조직의 미션을 충족시키는 임무를 수행해야 한다. 기업의 미션을 충족하기 위해서는 양질의 제품을 보다 많이, 보다 저렴하게, 보다 우수하게 만들어 보다 많이 판매하여 최대의 이익을 내도록 하여야 한다.

여기에서 하위 조직은 양질의 제품을 만드는 조직, 최대 생산을 하는 조직, 원가를 최소로 만드는 조직, 제품의 기술을 높이는 조직 등으로 나눌 수 있다. 하나의 예를 들면 서로의 업무가 연결고리로 묶여 있지만 '최대의 생산을 만드는 조직' 인 제조와 장비의 조직은 각각 불량을 내지 않고, 생산 소요 시간을 단축함으로써 결국 최대의 제품 생산을 달성하는 것과 제품 생산이 원활하게 하기 위하여 장비의 고장을 제거하고, 유지 · 보전하는 것이 바로 그들의 미션일 것이다.

이처럼 미션은 상위의 미션을 충족하면서 자신의 고유 업무를 정확히 인식하여, 자신이 해야 할 업무, 즉 사명과 임무를 몸과 마음에 명확히 새겨 더욱 충실한 활동이 되도록 하는 것이다.

미션을 이해하고 정확히 인식하였다면, 자연스럽게 조직이 무엇을 해야 하는가에 대한 답을 찾을 수 있다.

다음은 목표(Goal) 설정이다. 목표는 미션을 충족시키기 위한 지렛대이자 안내자이다. 목표가 없다는 것은 행선지 없는 항해와 같다. 각 조직은 가진 모든 역량을 총동원해서 목표를 가장 효과적으로 달성해 가야 한다. 목표를 가진 것과 그렇지 않은 것의 차이는 스포츠, 마케팅, 기업 활동 등 여러 방면에서 명확히 증명되고 있다.

목표는 구체적이고 선명해야 한다. 막연히 커다란 목표를 설정해 놓고 끙끙거리는 우를 범해서는 안 된다. 과거 현대전자 시절 좌절을 맛보았던 이유가 여기에 있다고 생각한다. 막연히 글로벌 기업, 초우량 기업을 외쳤지만, 구체적이고 선명한 목표를 제시하지 못하였다.

목표가 설정되었다면 전체 조직이 목표를 달성하기 위하여 계획을 세우고 실행 방법을 구상한다. 이때 구체적이고 선명한 목표가 아니면 계획과 실행 방법도 구체적일 수 없고 수박 겉핥기식이 될 것이 자명하며, 결과는 불을 보듯 뻔하다.

목표는 최대한 높게 설정해야 한다. 여기서 높게 설정한다는 의미는 조직이 최대한 힘을 발휘했을 때 달성이 가능한 최대의 수치를 말한다. 그것을 우리는 일반적으로 스트레치 골(Stretch Goal)이라고 부른다. 목표의 크기는 성공의 척도와 같다. 그 크기에 따라 조직의 자세, 각오, 대책의 수준이 다르기 때문이다.

패키지 그룹에서는 이렇게 미션과 목표를 명확히 인식하고 설정하는 데 많은 시간을 소요하였으며, 처음부터 개념을 확실히 하고 시작하였다.

미션과 목표가 설정되었다면 이제 소집단 조직을 구성한다 (특별한 의미는 없지만 상위 조직은 추진위, 하위 조직은 분임조라 명하겠다). 추진위든 분임조든 TPM을 처음 시작할 때부터 구성되어 활동하는 것이 바람직하지만, 목적과 역할에 맞도록 구성해야 한다. 가장 좋은 방법은 동일한 업무를 하는 조직으로 분임조를 구성하고 동일한 미션으로 중무장하여 목표를 달성하도록 하는 것이며, 전체 구성원은 7~15명 정도가 가장 효과적이다. 이는 각각의 역할 분배 및 원활한 회합 진행, 활동 사항 점검 등에 가장 유리하기 때문이다.

다음의 그림에서와 같이 최상위의 추진위는 그룹장 이상 임원으로 구성된다. 리더는 당연히 최고 경영 책임자이다. 앞에서 언급하였듯이 TPM은 전원 참여의 혁신 활동이다. 아무리 높은 직위라도 예외가 될 수는 없다. 아니 오히려 더욱 중요한 역할을 가지고 있다고 할 수 있다.

최고의 리더는 확실한 혁신 의지를 보여줌으로써 기업 전체의 TPM이 지속적으로, 끊임없이 발전하도록 하며, 주기적인 활동 점검을 통하여 활성화가 되도록 한다. 그리고 기업 전체의 전략과 방향을 수립함으로써 목표의 한방향화가 가능토록 한다. 또한 기업 전체의 동기 부여를 위한 각종 격려와 포상, 성과제도를 제정하고, 주기별로 신바람몰이 대회를 개최하여 TPM 발전 속도에 더욱 박차를 가한다. 때론 현장 점검이 필요할 수도 있다.

| 추진위 구성 |

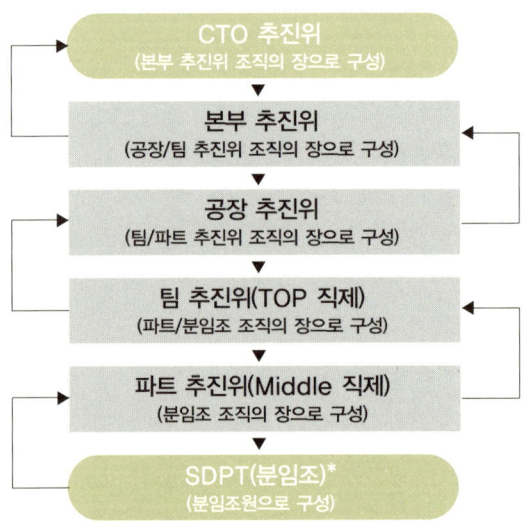

*SDPT : Self Direct Performance Team

다음 그림에서와 같이 그룹장 중심의 추진위까지는 상위 추진위와 비슷한 성격을 갖는다고 할 수 있으며, 하위 추진위로 진행될수록 현장의 추진 내용과 보다 더 가까운 활동이라고 보면 된다.

| 추진위 역할 |

● CTO 추진위(그룹장 = 임원 이상)
- 본부/그룹별 TPM 전략, 목표 공유 및 Bottleneck 해소
- 투자 절감 제안 포상(절감액 1% 개인 포상)
- 생산성 향상 특별 포상
- 하이닉스 연말 TPM 스킬 경진대회 개최 및 포상(본주별)
- 하이닉스 TPM 스타상 제정(분기 1명), 연말 제안 왕 제도

▼

● 본부 추진위(팀장 이상)
- 그룹/팀별 TPM 전략, 목표 진척 및 Bottleneck 해소
- 생산성 향상 최고 공장 포상
- 반기별 TPM 경진 대회 개최 및 포상
- 본주별 TPM 스타상 , Best Practice 발표 및 포상(본주별)
- TPM Step 인증, 명소 제도, 생산성 향상 기네스 운영

▼

● 공장 추진위(파트장 이상)
- 그룹 우수 Best Practice 발굴 및 포상
- 그룹 목표(Alignment)
- SDPT별 진척도 관리
- TPM 철학 및 리더 역량 강화
- TPM 성과 포상 및 팀 전략 공유
- 제안 우수자 관리(월별)

▼

● 팀 추진위 중점 추진 사항
- 팀 전략 및 Roadmap 설계, 실행위 진행 및 과정 유도
- 각 본주별 Pace maker 운영 및 확산 SDPT 지도 지원
- 한마음, 한방향, 한목표 조직 Vector 일치화
- Best Practice 발굴 및 홍보, 횡 전개
- SDPT 활동 Bottleneck 해소, TPM 교육 설계 및 운영

4 상하 조직의 창의적 연결고리

팀 단위 추진위를 실행하라

다음은 팀 단위의 추진위이다. 팀 추진위의 구성은 하위 분임조의 리더들로서 구성되며, 실제 현장 활동의 성패를 좌우할 만큼 매우 중요한 의미를 갖는다. 상위 추진위와 하위 추진위의 연결고리이자 축으로서 활동하는 것이 팀 추진위이다.

사실 팀 단위의 리더는 기업 활동에 있어서 특히, 제조 업무의 경우를 예로 들면, 여러 주위의 여건이 어떻든 반드시 제품 생산 목표를 달성하여야 하며, 조직의 모든 문제들에 대한 막중한 책임이 따른다. 그만큼 업무적 압박이 심하다는 얘기다. TPM은 과정을 중요시하는 활동이다. 즉, '좋은 과정이 좋은 결과를 낳는다.'는 원리로서 결과에 대한 대책이 아니라, 좋은 과정으로 최고의 결과에 다다르는 것이다. 아무리 과정이 좋았다고 하여도 결과가 기대에 못 미쳤다면, 어딘가의 과정에 오류가 있음을 인식하고 더욱 좋은 과정을 지속적으로 발전시켜서 결국 좋은 결과에 도달해야 한다. 이것이 끊임없이 바람직하게 변화 발전되어 가는 원리이다.

팀 단위의 리더는 앞에서 언급하였듯이 결과에 대한 압박을 누구보다도 심하게 받는다. 그만큼 결과에 집착하기 쉽다는 의미이다. 그래서 누구보다도 팀 단위의 리더는 TPM을 정확히 이해하여야 하며, 보다 더 과정을 중요시해야 한다. 결과를 중요시하는 리더들은 대부분 TPM적 활동보다는 단기업적주의자로서 겉으로는 자신이 TPM적 사상으로 똘똘 뭉쳐 있는 것처럼 외부에 인식시키려 든다. 그러나 얼마 못 가서 한계점을 느끼고 원점으로 돌아가 처음부터 다시 TPM적 정신에 입각한 활동을 시작하는 것을 최근 몇 년간 너무도 많이 보아 왔다.

팀 단위의 추진위를 우리는 직제(職諸)라고 명한다. 직제는 팀 단위의 장이 리더가 되며 현장의 분임조 리더들로 구성된다. 직접 현장에서 활동하는 하위 분임조의 활동 사항을 전반적으로 점검하고 방향을 제시하며, 활동의 문제점을 해결한다. 그래서 가장 중요한 추진위라고 할 수 있다.

패키지 그룹은 팀 추진위의 중요성을 인식하고 처음 TPM 활동을 시작하면서 현장의 분임조 구성과 함께 강력한 추진위를 구성하여 활동을 시작하였다. 정확한 목적성과 연속성을 가지고 출발한 추진위의 위력은 실로 대단하였는데 추진위에서 결정된 사항은 현장 분임조까지 정확히 한방향화를 형성하였으며, 도입 초기부터 현장에 활성화되기 시작하였다.

회합(뒤에서 다시 언급)은 분임조 활동의 성패를 좌우할 만큼 대단히 중요한데 정한 시간과 주기에 따라 중단 없이 계속 시행해야만 한다. 패키지 그룹에서는 처음 시작한 이래 중단 없이 추진위를 실시하였으며, TPM 활동이 연속적으로 끊임없이 변화 발전되는 활동이라는 것을 리더들에게 인식시키는 기회로 삼았다.

현장 분임조 활동

현장 분임조는 현장에서 직접 활동하며, 상위의 모든 추진위의 전략, 방향, 목표가 그대로 하부로 전달되어, 직접 움직이면서 현장을 바람직한 모습으로 변화 발전시키는, TPM 활동에서 가장 중요한 소집단이다.

현장 분임조의 활동 성과에 의하여 기업의 모든 실적이 좌우되며, 기업의 지표가 결정된다. 결국 현장 분임조 활동을 더욱 효과적으로 발전시키기 위하여 직제가 필요하며 추진위가 필요하다는 의미이다.

현장 분임조 활동은 많은 부분에서 상위의 추진위와 성격이 다르며, 활동하는 문화가 현격하게 차이가 나게 된다. 추진위의 경우 단계별 하위 조직의 리더들로 구성되기 때문에 추진위 리더의 리더십에 따른 명령 체계가 이루어지며, 리더의 의지가 그대로 반영될 수 있어 운영하기에 한결 수월하다. 즉 절대적은 아니지만 상대적으로 강력한 리더십에 따라 목표한 대로 성과가 나타나기 쉽다는 얘기다. 그러나 현장 분임조는 리더의 리더십이 물론 중요하게 작용되기는 하지만 절대적인 것은 아니다.

특히 대부분 현장 구성원들 위주로 구성되어 운영되는 노동조합이 있는 곳에서는 더욱 그렇다.

현장 분임조가 제대로 활성화되려면 스스로 필요성을 느끼고, 바람직한 모습에 대한 인식을 하도록 먼저 각인시켜 주어야 한다. 즉, 자기 스스로 의식이 변화하여 자발적으로 참여하고 활동해야 한다. 자발성이 살아나면 스스로 긍정적으로 변하며 최소한 주어진 일에 적극적으로 대처한다.

TPM 활동이 구성원의 체질과 설비의 체질을 변화시키고 발전시켜서 기업의 체질을 강하게 만드는 것이기 때문에, 우선적으로 사람의 체질을 변화시켜야 한다. 체질의 변화는 의식의 변화 속에서 시작되는데 의식의 변화 첫 단계가 바로 자발성이다. 그래서 자발성이 살아나지 않으면 더 이상의 발전을 기대하기가 사실상 어렵다.

다음으로는 분임조의 문화와 풍토를 올바르게 하여야 한다. TPM을 직접 추진하거나 활동해 본 사람은 변화한다는 것이 얼마나 어려운 것인가를 인식할 것이다. 변화와 복귀를 거듭하다가 이러한 정체성이 장기간 지속된다면 조직의 경영자와 추진자는 원점에서 문제를 냉철하게 분석할 필요가 있다. 일부 자발적이지 못한 세력, 변화와 혁신을 거부하던(사실 이러한 사람들 때문에 변화와 복귀를 반복하게 됨) 일부 저항 세력들에 의하여 'TPM은 효과가 없다.', 'TPM은 우리에게 도움이 안 되며 우리를 힘들게 한다.' 라는 식의 TPM 무용론이 거세게 대두된다.

특히 현장 구성원들로 이루어진 분임조('자주보전'이라 명함)의 경우에는 더욱 그러한 현상이 발생한다. 처음부터 변화를 강조하고 꾸준히 교육을 한다고 이러한 풍토가 달라질 수 있을까? 내 경험에 의하면 '절대 아니다'이다. 다시 말하지만, TPM은 전원 참여의 활동이라 했다. 대부분 TPM 활동이 효과가 즉시 나타나는 것이 아니고 꾸준히 실행하여야 효과가 나타나게 되는데, 이

때 전체 조직이 한방향화되기 위한 문화와 풍토를 만들어 놓지 못하면 정체성으로 인해 많은 난관에 부딪히게 된다. 그렇기 때문에 리더를 중심으로 하여 조직적으로 움직일 수 있도록, 결정적일 때 저항자 및 방관자가 발생하지 않도록 한방향화의 조직 문화와 풍토를 만들어 놓아야 한다. 어느 조직이나 변화를 시도할 때 다음의 4가지 유형의 집단으로 구성이 된다.

첫째, 변화를 긍정적으로 받아들이고 추진하는 개혁자
둘째, 추진하지 않지만 진행 사항을 지켜보면서 추종하는 추종자
셋째, 변화를 강력히 거부하며 개혁을 반대하는 저항자
넷째, 상황을 자신의 일과는 무관하게 생각하고 관심이 없는 방관자

위의 4가지 유형의 집단들을 얼마나 개혁자로서 또는 추종자의 무리로 이끌어 가느냐가 성패의 관건이다. 또한 한방향화된 조직 문화와 풍토를 만들어야 전원 참여 TPM 활동이 가능하다.

21세기 난중일기

PART 03
혁신=Design

종합 예술 TPM

CHAPTER 05

TPM 성공 체험의 창의적인 도구들

새로운 것을 보는 것만이 중요한 게 아니다. 새로운 것을 새로운 눈으로 보는 것이 정말 중요하다.

_알베로니

미래는 예측되는 것이 아니라 창조되는 것이라는 말이 있다. 혁신도 마찬가지다. 우리는 어떠한 혁신적인 생각이 창조되고 그 목표를 달성하기 위한 창의적인 도구들이 만들어질 때 새로운 혁신적인 제품이 시장에 나오는 것을 경험해 왔다. 하이닉스에서 TPM 활동을 하면서 많은 시행착오를 거쳐 성공적인 체험을 했던 창의적인 도구를 소개할까 한다. 독자들의 혁신 활동에 도움이 될 것이다. 미래의 혁신 트렌드는 창조적 혁신이다. 기존의 혁신 도구들을 창의적으로 새롭게 재창조하여 추진해 나간다면 어떤 역경도 슬기롭게 헤쳐 나갈 수 있다고 믿는다.

1 효과적인 부품 간판 시스템

토요타의 '저스트 인 타임'

최근 부품 결함으로 인한 자동차 리콜 사태로 기업의 이미지에 많은 타격을 입었지만 혁신의 대명사인 자동차 산업의 세계 최고 기업 토요타의 이야기를 흔히 들어 보았을 것이다. TPS 시스템(Toyota Product System)으로 유명한 회사이기도 하다. 토요타의 대표 키워드는 끝없는 개선 혼이다. 토요타에서 역전의 발상으로 탄생한 방법이 '저스트 인 타임(Just in time)'이다. 부품이나 물품은 필요한 곳에 필요한 양만큼만 있으면 된다는 생각에서 탄생하였다. 재고를 제로로 만드는 데 원동력이 된 시스템이다.

토요타의 오노 다이이치는 슈퍼마켓의 물건 보충 방식을 보고 후공정 인수 방식을 생각해 냈다. 후공정이 가져가는 만큼만 보충하는 시스템이 '저스트 인 타임'이고 토요타에서는 이 시스템을 원활하게 사용하기 위해 간판을 사용했는데, 이것이 간판 시스템의 원류가 되었다. 전공정에서는 후공정의 간판이 인계되지 않으면 절대로 제품을 만들지 않는다. 간판은 토요타에서는 생산 지시서로 쓰였기 때문이다. 간판의 사용 순서를 예를 들면 후공정이 전공정으로부터 인수해야 할 부품의 종류와 양이 쓰여 있는 '인수 간판'과, 전공정이 생산해야 할 부품의 종류와 양이 쓰여 있는 '생산 지시 간판'을 사용하는 경우가 있다.

후공정의 '인수 간판통'에 '인수 간판'이 들어 있으면, 그것을 가지고 전공정으로 지정한 부품을 가지러 간다. 전공정에서는 만든 부품을 '생산 지시 간판'이 붙어 있는 운반대에 실어 둔다. 후공정에서 인수하러 온 사람은 이 '생산 지시 간판'을 떼어내 '생산 지시 간판통'에 넣고, 대신에 '인수 간판'을 달고 부품을 후공정으로 가지고 간다. 후공정은 운반되어 온 부품을 사용할 때에 '인수 간판'을 떼어내 '인수통'에 넣는다.

이렇게 '간판 시스템'에 따라 인수와 생산 지시가 항상 현장에서 적절한 타이밍으로 내려진다. 간판이 없으면 인수하지도, 만들지도 않는 게 원칙이다. 그러나 간판의 매수 자체가 많으면 각각의 공정에 놓인 재고가 많아진다. 익숙해지면 점차로 간판의 매수를 줄이는 것을 목표로 한다. 이것으로 점점 재고를 줄일 수 있게 된다. 이것이 토요타 간판 시스템의 기원이 되었고 지금은 종이는 아니지만 전자 간판으로 대체하여 지속적으로 사용되고 있다.

하이닉스 간판 방식의 탄생

계획보전에서는 장비를 유지·보수하고 개선하는 업무가 중심이기 때문에 많은 부품을 보유하고 관리하고 있다. 부품을 관리하는 사람도 팀별로 여러 명이 맡고 있는 경우도 많았다. 오히려 장비 엔지니어가 장비 유지하는 시간보다 부품 구매, 관리하는 업무에 매달릴 만큼 부품 종류와 수량이 너무나도 많아 인력과 시간, 과잉재고의 낭비가 있었다.

또한 체계적인 부품 관리 시스템이 없이 관리하다 보니 한 번에 많은 부품을 구매하여 과잉재고가 쌓여 갔으며, 정작 장비가 고장으로 다운되어 부품을 교체하려고 보면 없는 부품이 많아 부랴부랴 장비 업체에 연락을 하여 긴급 입고시키는 경우가 허다하였다.

이러한 불합리를 해결하려고 컨설턴트의 도움을 받아 매월 3S 점검과 부품 관리 상태를 점검 받아 좀더 관리가 편리한 상태로 개선을 하였는데, 우연한 기회에 청계천 공구 상가에 갔다가 간판을 발견하게 되었다. 공구 걸이에 여러 개의 공구가 걸려 있었는데 공구 3개를 남겨 두고 그 사이에 메모지가 끼여 있는 것을 보고 주인에게 이유를 물어보니 3개 남았을 때 공구 걸이에 공구를 보충해야 하는 때임을 알려 주는 메모라고 했다. 그 순간 컨설턴트가 지도했던 간판 방식이 이것이라는 생각이 들었다. 또한, 현장에 있는 부품들이 생각나면서 우리 부품들도 모두 이런 메모 방식의 간판을 적용하면 부품을 발주해야 할 때를 알 수 있고 부품의 안전재고를 설정하여 관리할 수 있을 것이라는 생각이 들었다. 현장에 돌아와서 센서 종류에 대해서만 시범적으로 간판 방식을 적용하였다.

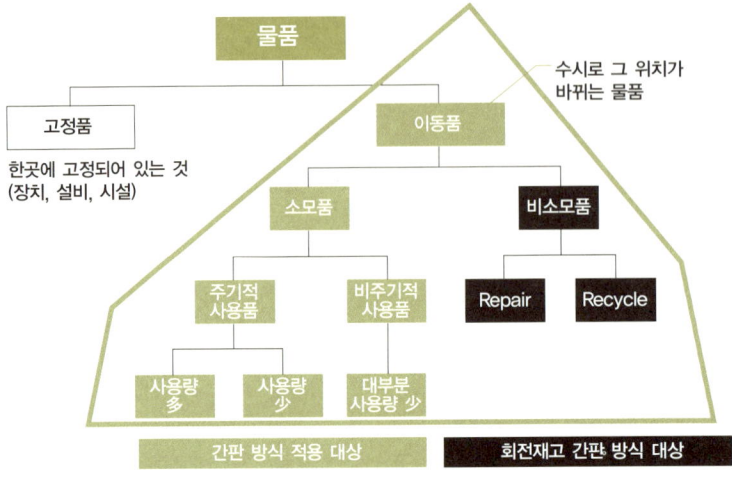

안전재고카드		발주카드		안전재고카드		발주카드	
정위치	가-1-1	정위치	가-1-1	정위치	가-099	정위치	가-099
품명	SENSOR AMP	SAP CODE	SZZA0405	품명	SENSOR AMP	자재코드	SZZA0405
규격	FX-301	품명	SENSOR AMP	규격	FX-301	품명	SENSOR AMP
MAKER	SUNX	규격	FX-301	MAKER	SUNX	규격	FX-301
안전재고	3 EA	발주수량	9 EA	안전재고	소진 후 발주	MAKER	SUNX
사용공정	F143 외 3대	사용공정	F143 외 3대	사용공정	F143 외 3대	발주수량	1 EA
사용용도	KNOCK-OUT AMP	납품업체	테크원	사용용도	KNOCK-OUT AMP	사용공정	F143 외 3대
		사용용도	KNOCK-OUT AMP			사용용도	KNOCK-OUT AMP

간판 방식을 적용한 후 컨설턴트에게 지도를 받아 검증한 후 장비 부품의 전 종류에 간판을 적용하였다. 간판을 적용할 때는 발주 간판의 발주 수량 설정과 안전재고 간판의 안전재고 수량 설정이 가장 중요하다. 하이닉스에서는 부품이 입고되어 들어오기 전까지의 기간에만 사용할 수 있도록 안전재고 수량을 결정하였으며, 발주 수량은 부품의 사용 빈도가 높지 않기 때문에

발주 시점	안전재고 도달 시	안전재고 소진 시
발주 수량	• 발주 수량이 2개 이상일 때 : 발주 수량 > 안전재고 수량 • 발주 수량이 1개일 때 : 발주 수량 = 안전재고 수량	발주 수량 = 안전재고 안전재고 1개만 보유하고 1개 사용 시 바로 발주하는 방식(과잉재고 방지)
안전재고 수량	1개 이상	1개 단, 다음 항목은 예외로 할 수 있다. • 세트 단위로 장비에서 소모되는 경우 • 업체에서 1개 단위로 팔지 않을 경우 • 부품 배송기간이 너무 길 때
1회 발주량	1개 이상	1개 예외의 경우 • 위의 안전재고 수량의 예외 항목 참조
대상 물품	• 주기적으로 소모되는 부품 • 비주기성 소모품이라 할지라도 사용 빈도가 많은 경우	• 비주기성 소모품이면서 사용 빈도가 극도로 적은 경우 • 주기성이라도 사용 주기가 1년 이상 길 경우

| 안전재고 도달 시 절차 |

| 안전재고 소진 시 절차 |

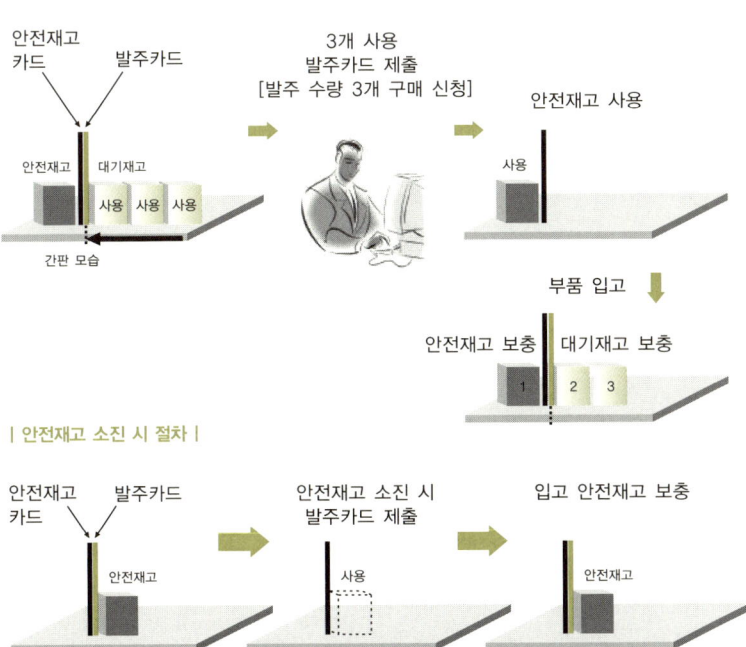

6개월 동안 사용할 수 있도록 발주 수량을 설정하였다.

부품에 대한 간판 적용 후 고질적이던 부품의 과잉재고가 대폭 감소하였고, 또한 안전재고 수량이 없어지기 전에 부품이 보충되어 장비가 장기간 멈추는 경우도 없어졌다. 또한 부품을 관리하는 인력이 간판을 관리하는 사람 외에는 필요 없게 되었다. 또한 간판의 눈에 보이는 관리 실시와 함께 고가의 파트나 사용 빈도가 아주 적은 부품에 대해서는 적색 소진 후 발주 간판 시스템을 적용하여 과잉재고를 방지함과 동시에 부품 구매 비용을 줄이게 되었다. 그러나 안전재고 수량과 발주 수량이 사용량에 따라 연동되어 수량이 변동되어야 하는데 파트 사용 수량만 관리했지 수량에 연동되는 시스템을 구축하지는 못해 파트 재고는 늘어만 갔다. 반도체 시황이 나빠지면서 비용 절감을 하기 위해서는 개선이 시급하였다. 그래서 패키지 그룹 계획보전에서는 추진자를 포함하여 현장의 파트 관리 사원들과 비용을 관리하는 사원들, TFT(Task Force Team)를 구성하여 낭비를 완전히 없애는 시스템을 만들어 회사의 비용 절감에 기여할 수 있도록 TFT 킥오프(Kick-Off)를 시작으로 본격적인 활동을 시작하였다. 먼저 현재 사용하고 있는 간판 방식을 3현주의에 입각하여 진단한 결과 간판 사용 방법과 재고가 없는 경우가 없이 잘 지켜지고 있었으나, 안전재고의 정확도가 저하되었고, 간판 방식의 내용 수정 시에는 심각한 오류가 있어 간판 방식의 진화가 필요했다.

간판 방식의 진화를 위해 경쟁사와 협력사를 벤치마킹했으나, 3S를 겨우 유지하는 수준으로 최소 비용 재고 관리 로직(Logic)

은 없었다. 그래서 토요타의 간판 방식을 뛰어 넘어 반도체 특성에 맞는 부품의 재고 기준, 발주 기준, 적정 재고 연동 기능을 적용할 수 있는 패키지 그룹만의 신 간판 방식 구축을 위해 계보 추진자, 발주 담당자와 TFT를 구성하였다.

첫 번째로 재고 관리 기준을 정립하였다.

사용 실적 빈도 기준으로 1년 이내의 사용 부품은 적정재고 관리를 하고, 1~3년 사이의 사용 부품은 소진 후 발주 부품으로 분류하였다. 그외 3년 이상 사용 실적이 없는 부품은 재배치 및 매각 진행하는 것으로 정의하였다.

이렇게 초기 재고 관리 대상 5,290개 항목을 5년간 실제 사용 실적에 따라 분석한 결과 2,088개 항목으로 축소할 수 있었고, 이로써 적정재고 관리 대상이 되는 부품이 60%나 감소되어 관리 로스(Loss)가 제거되었다.

| 재고 관리 기준 |

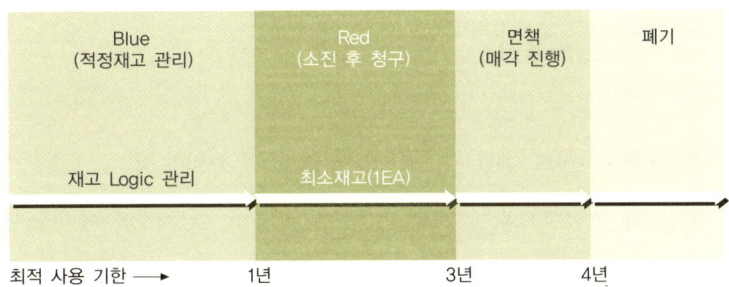

• Blue : 적정재고 관리
• Red : 소진 후 청구 관리
• 면책 : 재배치와 매각
• 폐기 : 재배치 / 매각 안 되는 파트

두 번째로 조기 발주, 과잉 발주는 없는가를 확인하며 발주기
준 로직을 정립하였다. 최소 안전재고와 적정재고 보유 기준을
정립하여 안전재고 수위를 개선 전 대비 53% 낮출 수 있었다.

| 부품 발주 기준 로직(Logic) |

▶ Usage : 사용량/기간 [Max Usage : 이상 사용 여유분 필요]
▶ 안전재고 : 서비스 수준[안전계수]×√주별수요 표준편차×조달기간
▶ 재주문점 : 조달기간 동안의 평균수요＋안전재고
▶ 최적주문량 : 평균수요[30.4×조달기간]＋안전재고－현재재고

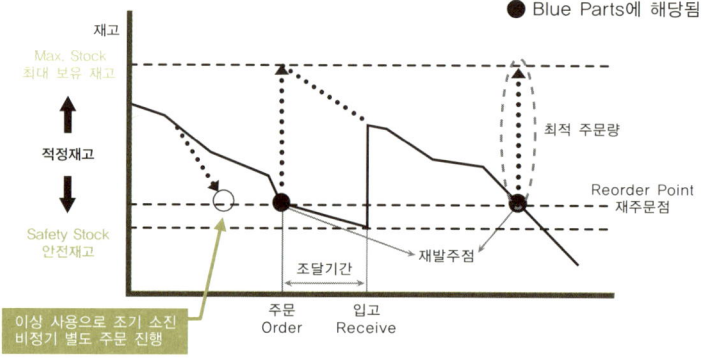

재주문 기준
● 재주문점[ROP]은 적정재고의 10% 도달 시 발주
● 구매 시 수량은 설정된 최대 보유 재고 수량만큼 보충 구매

세 번째로 실적 연동을 통한 전산화를 구축하였다.

단순 재고 수량 관리가 아닌 사용 실적과 연동하여 적정재고
를 통제, 관리할 수 있도록 하였다.

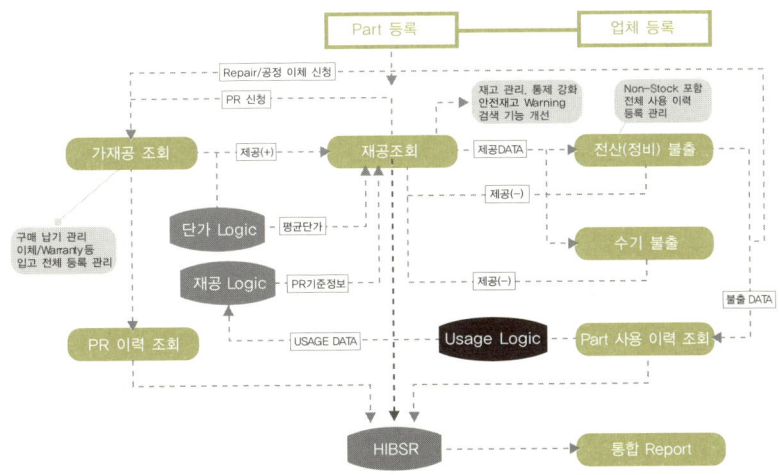

네 번째로 이 모든 것이 눈에 보이는 관리를 통해 주별/월별 부품 재고가 비용으로 관리되고 평가받을 수 있도록 지수를 개발하여 공유하고 잘한 곳은 포상과 칭찬을, 못한 곳은 격려를 할 수 있도록 관리하였더니 과잉 재고가 방지되어 비용이 절감되었다. 비용 통제가 용이하고, 지속적으로 재고가 감소하여

| 지표 관리 전산 시스템 |

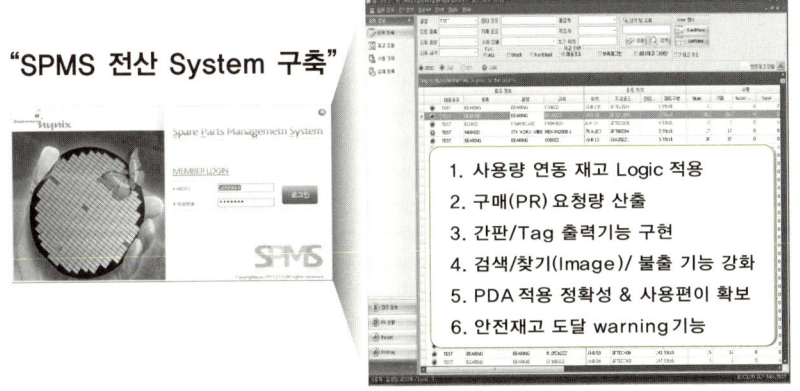

"SPMS 전산 System 구축"

1. 사용량 연동 재고 Logic 적용
2. 구매(PR) 요청량 산출
3. 간판/Tag 출력기능 구현
4. 검색/찾기(Image)/ 불출 기능 강화
5. PDA 적용 정확성 & 사용편이 확보
6. 안전재고 도달 warning 기능

6개월만에 재고 금액이 33%가 줄어드는 놀라운 성과를 올렸다.

비용의 중요성을 인식하여 부품 사용 실적과 자동 연동된 안전재고 수량, 자동 발주 등의 관리로 과잉 재고의 낭비가 완전히 제거되었으며, 향후 수요 예측 시스템으로 발전될 수 있도록 완벽한 시스템이 구축되었다.

신 간판 방식은 기존 장비 가동 극대화에 맞춰져 있던 시스템에서, 실적 분석을 통한 재고 통제와 수요량 예측 및 경영 예측을 할 수 있는 시스템 구축으로 진화하였다.

| 신 간판 방식 구축 이미지 |

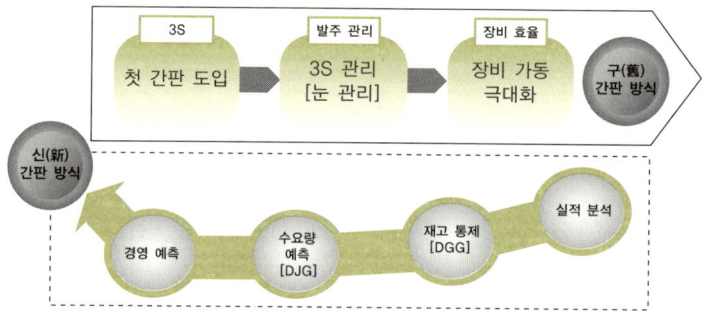

불합리 적출 활동이 바람직한 현장을 만든다

불합리 적출은 TPM 활동의 가장 기본적인 활동으로 제조 작업자의 자주보전, 제조기술 엔지니어의 계획보전, 공정 기술 엔지니어의 품질보전 활동 구분에 상관 없이 회사의 구성원이면 모두가 실시해야 하는 활동이라고 생각하면 된다. 여기에서는 계획보전의 활동 내용에 대해서만 소개를 하겠다. 먼저 불합리에 대한 용어의 정의를 정확히 알아야 할 필요가 있다. 더 좋은 품질의 불합리 적출이 이루어지기 때문이다.

| 불합리 적출 시스템 이해도 |

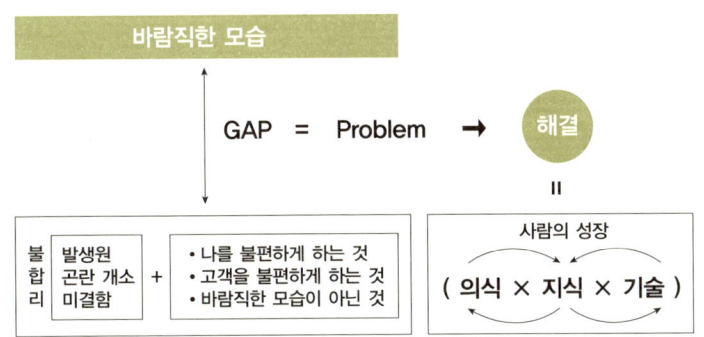

※ 불합리를 적출하여 해결하는 것은 PBL 방식으로 사람을 성장시킨다.
  PBL(Problem Based Learning) 방식
  ⇒ 문제를 개선하면서 배워 가는 방식으로 개인의 Skill을 향상시킨다.
    사람은 남의 가르침으로 부족함을 깨닫고 개선함과 동시에 성장할 수 있다.

불합리란 사전적 의미로는 '이치에 맞지 아니함', '합리적이지 않음'이라는 뜻이다. 하지만 우리 하이닉스 현장 내부 관점에서는 나를 불편하게 하는 것, 바람직한 모습이 아닌 것을 의미하고, 외부 관점에서는 고객을 불편하게 하는 것, 고객 불만족 사항 등을 포괄적으로 불합리라 말한다. 불합리 적출(摘出, 들추어 냄)의 목적은 불합리들을 도출(導出, 이끌어 냄)하여 복원·개선하기 위함이다.

불합리 적출 활동의 중요성은 빙산의 구조에서 찾아볼 수 있다. 빙산은 바다 수면 위로 보이는 부분은 전체의 극히 작은 부분에 불과하며, 수면 아래 거대하게 자리 잡은 빙산은 예측이 불가능하여 미리 대처하기 어렵다. 불합리 적출 활동은 보이지 않는 잠재 결함들을 해결하기 위해 실시하는 활동이다. 그래서 빙산의 보이는 부분은 이미 문제가 발생한 후에 문제를 해결하는 결과계(QC적 Approach)라고 할 수 있고, 보이지 않는 부분은 원인계(PM적 Approach)라고 이야기할 수 있다. 우리 현장에는 수많은 잠재 결함이 도처에 많이 깔려 있다. 잠재 결함은 미연에 제거하지 않고 방치하면 대결함으로 발전하여 문제를 일으킨다. 현장에서 문제라고 하면 장비 고장 또는 제품 불량 발생이라고 말할 수 있다. 문제가 발생하면 기업의 이익이 줄어들어 경쟁력이 떨어진다. 이러한 것을 사전에 예방하기 위해서 하는 가장 근간이 되는 활동이 3S 활동과 불합리 적출/해결 활동, 표준화 활동이라고 자신 있게 이야기할 수 있다. 불합리는 현장에서 수도 없이 만들어지고 불어난다. 이러한 불합리를 지속적으로 적출하여 해

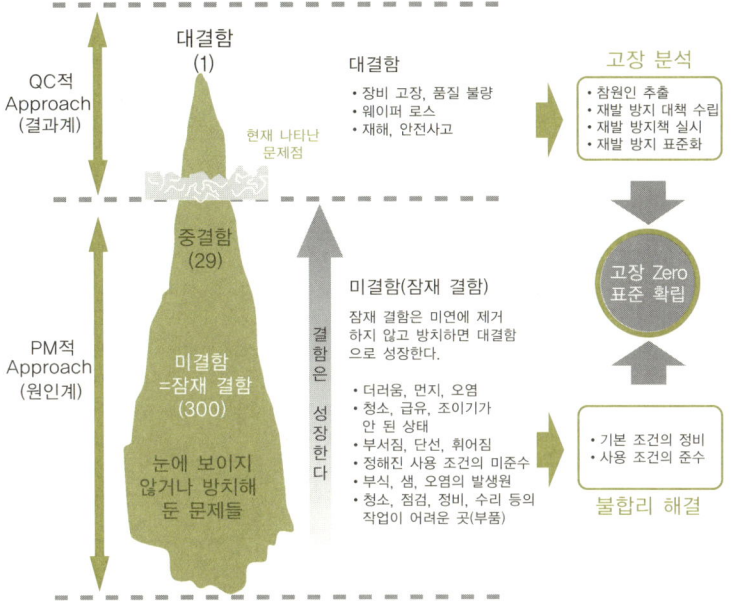

결하지 못하면 현장은 항상 품질 사고와 고장에 치여 엄청나게 바빠지고 많은 인력과 비용이 낭비되는 결과를 낳게 된다. 그래서 하이닉스에서는 불합리 활동 시스템을 만들어 지속적으로 적출하여 해결하고 현장의 경쟁력을 한층 더 강화시키고 있다. 혁신 활동을 전개하고자 할 때 불합리 적출 활동은 필수적이다.

이상 징후의 법칙인 하인리히의 법칙을 현장에 적용하여 활용하면, 많은 고장과 안전에 중요한 재해, 제품의 수율을 저하시키는 대량 불량을 방지할 수가 있다. 하인리히 법칙은 어떤 산업 현장에서도 광범위하게 적용된다. 어떤 큰 사고가 일어나기 전에는 그에 앞서 '징후'를 보인다는 것이다. 이 법칙을 역으로 생각하면 고장, 불량, 재해, 사고 등 대결함 1건이 발생되기 위해서는 중결함 29개가 있어야 하고 중결함 29개가 있기 위해서는 미결함 300개가 존재해야 한다는 사실을 알 수 있다. 불합리 적출 활동은 미결함 300개가 서로 유기적으로 연결되어 중결함을 일으키기 전에 연결 고리를 끊거나 없애는 활동으로 보면 될 것이다. 현장에서 발생하는 불합리의 종류를 보면 더러움, 먼지, 풀림, 샘, 급유, 부품 없음, 공구 망실, 훼손, 단선, 마모, 불편함, 무지, 잘 안 보임, 부식, 미준수, 곤란 개소, 발생원 등이 있다.

| 불합리 발생원의 종류 |

종류	정의	세부 내용
오염 발생원	더러움(오염)을 발생시키는 근원지	• 윤활유, 작동유, 연료 등의 누설, 넘침, 흘림, 공기, 가스, 증기, 배기 등의 누설 • 물, 온수, 냉각수 등의 누설 및 넘침, 흘림, 절삭칩, 포장 쓰레기, 낙품 • 지게차 및 대차, 통로 및 공장문 등을 통한 먼지와 이물질
고장 발생원	만성적으로 고장이 발생되고 있는 부위	• 동종 고장이 2회 이상 반복 발생 부위 • 고장이 다발되고 있는 발생 부위
불량 발생원	불량이 다발되고 있는 발생 부위	• 불량이 반복해서 나타나고 있는 발생 부위 • 수율 또는 불량률이 높은 발생 부위
재해 발생원	재해 발생의 우려가 있는 부위	• 과거 재해가 발생되었거나 안전 위험 요소가 내재되어 있는 부위 • 일시 정지가 수시로 발생되고 있는 부위
공해 발생원	공해가 발생되고 있는 부위	• 악취, 소음, 매연, 폐수, 폐기물, 분진, 가스, 증발가스 등의 누설 • 넘침 비산이 있는 곳

종류	정의	세부 내용
청소 곤란 개소	청소하는 데 시간이 많이 소요되거나 어려 운 곳	• 손이 닿지 않는 곳, 손이나 몸이 들어가기 비좁은 곳 • 바닥에 깔려 있거나 밀집되어 있는 배선이나 배관 • 커버 안에 배치되어 있는 곳, 부착 볼트/너트가 많은 커버류 • 표면에 요철이 많은 곳, 잘 보이지 않는 곳 • 청소 시 시간이 많이 소요되는 곳
점검 곤란 개소	점검 시 시간이 많이 걸리고 어렵게 되어 있어 점검을 소홀히 할 수 있는 곳	• 높이 올라가야 하는 곳 • 몸을 굽히거나 낮추어야 점검이 가능한 곳 • 잘 보이지 않는 곳 • 커버로 차단되어 있어 열어 보아야 하는 곳 • 특수 공구가 필요한 곳
급유 곤란 개소	급유 확인이 어렵거나 급유 정도를 알 수 없 거나 급유 시 시간이 많이 소요되는 곳	• 급유 위치가 나쁜 곳, 급유구가 보이지 않는 곳 • 윤활유 공급량 확인이 어렵거나 불가능한 곳 • 급유하기가 어렵거나 몸의 균형 잡기가 어렵고 흐트러지는 곳 • 급유구가 깊숙한 곳에 위치한 곳
운전 곤란 개소	조작이 어렵거나 시간 이 많이 소요되며 오 조작 가능성이 많은 부위	• 공구를 많이 사용하는 곳, 올라가거나 돌아가야 하는 곳 • 조작 횟수가 빈번한 곳 • 현재 상태를 확인할 수 없는 조작반이나 판넬, 표시가 되어 있 지 않은 스위치 • 쉽게 동작이나 정지가 되면 문제가 발생되는 스위치류
보전 곤란 개소	선수리, 교체 등의 보 전 작업 시 어렵거나 시간이 많이 소요되는 부위	• 부품 교체가 어렵거나 시간이 많이 소요되는 곳 • 조그만 부품의 교체를 위해서 전체의 분해, 결합을 필요로 하 는 부위 • 교체 부품이 깊숙한 장소에 위치하고 있어 작업이 어려운 부위 • 더 조이기가 어렵게 되어 있는 부위 • 수시로 부품 교체가 일어나는 곳

곤란 개소 불합리의 대책 사례를 잠깐 소개하면 청소하기 어려운 곳은 첫째 오염이 퍼지는 것을 억제한다. 둘째 되도록 더럽히지 않는다. 셋째 중요한 부분은 잘 오염되지 않는 장소로 옮긴다.

급유 시간 단축의 대책 사례는 첫째는 급유 개소를 파악한다. 둘째 유종을 통일한다. 셋째 오일 스테이션을 정비한다. 넷째 집중 급유 방식과 자동 급유 방식을 검토한다.

점검 시간의 단축 대책 사례로는 첫째 보이지 않는 곳을 보이게 한다. 둘째 눈높이에서 설비를 점검한다. 셋째 한눈에 볼 수 있도록 한다. 이처럼 불합리 대책 사례는 종류별로 대책 사례를 적절하게 구상하여 해결해 가야 한다.

불합리 적출 시스템의 기본은 불합리 적출 시트를 운영하는 것이다. 앞에서 언급한 불합리의 모든 종류를 적출하여 하나하나 해결하도록 관리하는 시트이다. 현장에서 발생, 발견, 발굴되는 모든 불합리를 적출하고 즉시 해결할 수 있는 불합리는 즉시 해결하고, 시간이 필요한 것들은 안전 재해, 불량, 고장 등 우선순위를 두어 불합리 미해결 리스트를 두어 해결해 나가야 한다. 불합리 적출의 핵심 포인트는 모든 영역에서, 한 사람도 빠짐없이 전원 참여해야 하며, 양과 질 모두 추구해야 하고, 잠재 결함 위주의 내용으로 적출하여야 하며 이미 발생한 고장은 고장분석 보고서를 작성해 조치하며 불합리 적출은 지양한다. 불합리는 현상을 구체적으로 작성해야 한다. 적출된 불합리 해결은 납기와 담당자를 지정하여 해결 관리를 해야 하며, 모든 분임조원에게 골고루 분담하여 한 사람에게 집중되는 것을 막아야 한다. 재발 방지 대책 위주로 해결하고 해결한 불합리 항목에 대해서는 전체로 횡 전개해야 한다. 불합리 재발 방지 대책의 종류로는 여러 가지가 있지만 그중에 대표적인 방법으로는 발생원 제거, 시스템 구축, 풀 프루프(Fool Proof) 설치, 수명 연장, 곤란 개소 제거, 쉽게 알 수 있도록 하는 것, 표준화 등이 있다.

불합리는 발전적인 모습으로 성장한다

현장에서 불합리 적출 활동을 장기간 하다 보면 불합리를 보는 수준이 발전하게 되는데 수준이 높아졌다고 불합리 적출 건수가 줄어드는 것은 아니다. 오히려 불합리를 많이 적출하고, 많이 해결했음에도 불구하고 미해결 불합리가 많이 남아 있다면 불합리 적출 활동을 바람직하게 하고 있는 것이다.

불합리 적출 활동의 수준은 오래 하면 할수록 수준이 올라가게 되어 있다. 처음에 시작할 때는 '발생 수준'의 불합리만 적출하는 것이 일반적이다. 하지만 시간이 지날수록 의식을 가지고 보게 되면서 '발견 수준'의 불합리를 적출하게 되고 지식이 쌓이면 '발굴 수준'의 불합리를 적출하여 해결할 수 있는 스킬이 올라가 바람직한 현장의 모습으로 접근하는 것이 불합리 적출 활동의 궁극적인 목표이다. 즉 현장의 모습을 끊임없이 발전시켜 가장 바람직한 모습의 현장으로 변화시키려는 기본 활동이 불합리 적출 시스템인 것이다. TPM을 압축하면 불합리와 바람직한 모습 이 두 가지가 나오는 것이다. 불합리가 없는 모습이 가장 바람직한 모습이며, 불합리는 현재의 모습과 바람직한 모습의 차이라고 생각하면 된다.

불합리를 보는 눈의 수준을 정의하면 발생은 보고 인식하지 않으려고 해도 보이는 것이고, 발견은 보려고 의식하고 노력해야 보이는 것이며, 발굴은 지식을 갖고 이치적으로 바라보아야 보이는 것이라고 할 수 있다.

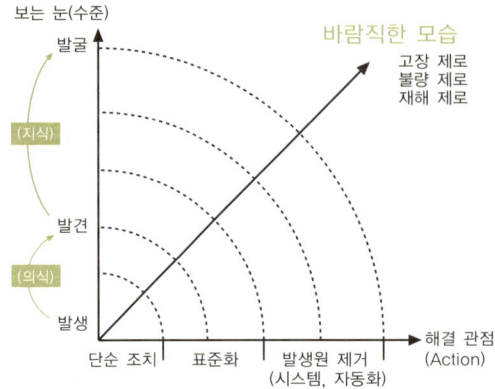

• Special Tool이 필요
• 반복 30회로 Loss 발생
  – 발생 해결 사례

• 원터치로 개선
• 안전 문제 발생
  – 발견 해결 사례

• 이용하기 편리함
• 안전 문제도 해결
  – 발굴 해결 사례

불합리 적출 활동의 목적과 수준에 대해서 알아보았다. 그럼 불합리 적출을 하면 무엇이 좋아지는지 효과에 대해 알아보자. 어떤 효과가 있기에 일만 많아지고 귀찮을 텐데 불합리 적출 활동을 해야 하는가 의문이 많이 들 것이다. 물론 바람직한 모습을 추구하기 위해서이다. 아래의 효과를 확인해 보면 구체적으로 와닿을 것이다.

첫째, 팀원의 눈높이 즉 실력이 향상된다.

둘째, 10건 중 1건은 공정 품질 불량을 방지할 수 있다.

셋째, 어처구니 없는 사고를 방지할 수 있다.

넷째, 잠재 결함을 제거하여 대결함이 나오지 않도록 한다.

다섯째, 관리선상에 올려놓아 무엇이 문제인지 알게 한다.

여섯째, 정말 불합리가 무엇인지 깨닫게 된다.

일곱째, 불합리 해결의 성공 체험을 느끼게 하여 일이 재미 있게 된다.

현존하는 대한민국이 낳은 최고의 축구 스타 박지성은 평발의 핸디캡을 극복하고 세계 최고의 축구 선수 대열에 올라섰다. 현실에 만족하지 않고 고난의 길인 프리미어 리그를 선택하여 최고의 선수가 되기 위해 지속적으로 바람직한 모습으로 변화하고 있다. 현재 자신의 모습에 만족하고 안주하는 자는 하루하루를 대충 살아가는 것에 불과하다. 결국 불합리 적출과 개선 활동은 나를 포함한 우리의 업무와 생활, 나아가 고객에게 편리함과 감동을 주는 것이다.

불합리 적출 활동이란 '불편하게 하는 것, 바람직한 모습이 아닌 것을 찾아 개선하려는 것'이고 더 나아가서는 '우리 고객들의 불만족 사항을 없애 고객들에게 만족을 주는 것'이라고 정의할 수 있다.

불합리 적출	불합리 해결
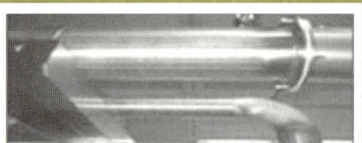 Blower IN & OUT Exhaust Line 표기가 되어 있지 않음	 Blower IN & OUT Exhaust Line Tag 부착으로 구별이 용이함
 RCU ON시 Blower Out 단 Butterfly V/V Tag 미부착	 Butterfly V/V 명칭 및 용도에 대한 Tag 부착

현재 불합리	향후 표준화 대책
Double Crow Clamp	Chain Clamp

• 용도 : 자주 분해하는 곳에서 사용 • 체결 방법 : 사방에서 독립적으로 Joint 실시 진동이 있는 곳에 사용했을 경우 누출 발생	• 용도 : 한 번 SET-UP하면 1년 이상 분해하지 않는 곳에 사용 • 체결 방법 : Chain으로 감아 한곳에서 Joint 실시

실력 향상의 고장 분석 시스템

고장분석보고서는 왜 작성해야 하는가

장비의 유지, 보수 및 성능 개선을 주도하는 계획보전의 일은 고장이 발생할 때 즉시 조치하는 일과 고장이 발생하지 않도록 사전에 실시하는 예방 정비일 것이다. 대부분의 교대 근무를 하고 있는 장비 엔지니어의 주된 업무이기도 하다. 예전에 TPM 혁신을 도입하기 전에는 장비 엔지니어가 출근해서 퇴근 때까지 하는 일이 거의 장비 고장에 대한 조치였다. 고장 나면 수리해 주고 부품이 열화되어 수명이 다되면 교체해 주고, 예방 정비를 하고 싶어도 할 수 없는 악순환의 연속이었다.

TPM 혁신을 시작한 후 가장 변화가 컸던 것은 고장에 대한 악순환을 끊기 위한 고장분석보고서의 혁신 툴을 도입한 부분이었다. 고장분석보고서를 도입하여 장비 고장이 발생했을 때 고장분석보고서를 의무적으로 주 1회 한 건씩은 반드시 작성하도록 추진하였다. 처음에는 고장분석보고서의 작성 수준이 매우 낮았다. 하지만 실망하지 않고 고장분석보고서를 왜 써야만 하는지 현장 분임조의 리더들에게 지속적으로 교육을 진행하면서 고장이 발생되면 고장분석보고서를 작성할 수 있도록 체질화시켜 나갔다. 지금은 누가 강요하지 않아도 고장이 발생되면 고장분석보고서 작성이 습관화되었다. 물론 작성 수준도 매우 높아졌다.

고장분석보고서

결재	기안	검토	승인
	/	/	/

1. 고장 현상
현상은 눈으로 볼 수 없는 마지막 단계까지의 현상으로 고장 당시 확인된 것은 모두 자세히 기록

4. 추정 요인 및 점검 결과
1, 2항의 고장 현상을 일으키는 요인 또는 점검 항목(고장이 발생 했을 때 점검 항목을 순서적으로 나열)
- 기준(Spec) : 정상인지, 이상인지를 판단하는 기준
- 기준은 숫자화가 가능한 것은 반드시 숫자화하고, 그렇지 않은 것은 구체적 판단 기준을 기록(육안, Visual) 등의 점검 방법 또는 NA 등으로 기록하지 않는다)
- 점검 결과 : 점검 결과를 기록 → 숫자로 표시 가능한 것은 반드시 결과를 숫자로 표시
- 판정 : OK, NG로 표시

5. 추정 요인의 원인
4번 항목의 NG 난 원인에 대해 NG가 발생하게 된 원인을 도출해서 작성해야 한다.

8. 영구 조치
영구 조치의 경우는 기능부품카드 사용 조건 분석 후 대책 내용

소속		SDPT		작성자	
장비 번호		공장명		발생 시간	
Run ID				완료 시간	
고장명				첨부문서	있음(참조), 없음

1. 현상(장비/설비 이상 불량현상 발견자가 기록)

① 문제의 현재 모습

2. 바람직한 모습과 현상과의 비교(도해)

이렇게 되어 있어야 하는데	이렇게 되어 있었기 때문에
② 문제의 현재 모습에서 바람직한 모습의 도해	③

3. 추정요인 및 점검 결과

추정 요인 및 점검 항목	기준(Spec)	점검결과	판정
④ 추정 요인 찾기			

4. 3번 점검 결과 NG 항목의 현상 원인

⑤ 점검 결과 NG의 원인 정리

FOC Data File Nome		이상 무 / 유

5. 현상 원인 비교(도해, 사진)

이렇게 되어 있어야 하는데	이렇게 되어 있었기 때문에
⑥ ⑤ 항목의 바람직한 모습	⑦ ⑤ 항목의 현상

6. 조치 내용 임시 ☐ 영구 ☐

⑧ 조치 내용이 임시 조치인지 영구 조치인지

7. 유형 ☐ 초발 ☐ 재발

8. 참원인의 재발 방지 대책 방안

⑨ 참원인에 대한 개선안

☐ OPLS	☐ 실시제안	☐ MP정보	☐ 표준화(표준 재/개정)	☐ 청진계	
No	실시항목		담당자	납기	비고

그럼 고장분석보고서가 무엇인지, 왜 써야만 하는지 살펴보자. 반복된 고장 조치 작업의 악순환 고리를 끊기 위해서는 고장에 대한 정확한 현상 파악 및 원인 분석이 필요하다. 현상과 원인을 알아야지만 고장을 일으키는 발생원을 찾아 개선하여 고장이 재발하지 않도록 조치할 수 있기 때문이다. 고장분석보고서 외에는 더좋은 툴이 없다고 필자는 생각한다. 고장분석보고서는 현상에 대한 요인 점검 및 문제점에 대한 참원인 도출 후 개선 방향을 수립

하여 한 번 발생된 고장은 재발하지 않도록 할 수 있는 유일한 툴이다.

작성된 고장분석보고서는 고장 유형별, 장비별, 고장 부위별, 부품별로 분류하고 파일 코드 번호를 부여하여 관리함으로써 신입사원들의 교육 및 후배사원들의 업무 능력 향상을 위한 자료로 활용된다.

고장분석보고서 작성 방법은 다음과 같다. 고장이 발생하면 먼저 눈으로 보이는 데까지 현상을 관찰하여 파악한다. 이 현상이 일어난 요인을 찾는다. 요인을 일으킨 최하 말단 부품을 찾는다. 타 장비와 수명을 비교하여 비슷하면 자연 열화, 차이가 있으면 강제 열화임을 분석한다. 자연 열화는 부품을 교체해 주고 수명을 기록하여 예방 정비 항목으로 관리하여 자연 열화가 되기 전에 예방 정비를 실시하는 것이 바람직하고, 강제 열화이면 부품의 기본 조건, 사용 조건을 지키지 않은 사유를 분석하여 사용 조건을 지키도록 개선하는 것이 중요하다. 참원인은 어떤 변화를 가져오게 되는 근본적인 계기 또는 앞의 원인을 유발하게 된 근본적인 원인으로서 실력이 쌓여야지만 찾을 수 있다. 그러기 위해서는 고장분석보고서를 지속적으로 작성하여 실력을 키워야 한다. 잘 작성된 고장분석보고서라 함은 중간에 중단하지 않고 끝까지 깊게 분석하여 참원인을 찾아 말단 부품까지 찾아내어 재발 방지 대책까지 작성된 보고서라 말할 수 있다.

강제 열화	자연 열화
기본 조건을 준수하지 않기 때문에 인위적 열화를 촉진시키는 것이다. 예를 들어 급유해야 할 곳에 급유하지 않거나 급유량이 부족하거나 주기가 너무 길어 열화를 촉진시키는 것이다. 당연히 수명이 단축되고 자연 열화보다 짧아진다. 또한 자연 열화를 방치해 두면 차츰 성장해 강제 열화로 연결되는 경우도 있다.	바른 방법으로 사용하여도 시간의 흐름에 따라 물리적으로 변동하여 초기 성능이 저하하는 것이다. 예를 들면 급유를 하는 개소에 정해진 오일을 적정한 양과 주기로 행하고 있어도 물리적으로 열화가 진행되는 경우이다.

왜-왜 분석은 실력의 척도

고장분석보고서에서 참원인을 찾기 위해 왜-왜 분석이 필수적이다. 왜-왜 분석은 토요타에서 나온 방법론으로 토요타에서는 무슨 문제가 발생되면 '왜'라는 질문을 다섯 번 던져 참원인을 찾아낸다고 한다. 예를 들면 가끔 진행하던 작업에 이상하게 시간이 많이 걸렸다고 하자. '어쩌다 하는 작업이니까 익숙하지 않아서 시간이 걸린 것은 어쩔 수 없지.'라고 맘대로 추측하고 포기해 버리면 해결할 수 있는 문제를 발견하지 못하게 된다.

'왜 시간이 걸리는 것일까?'

작업할 때마다 사용할 공구를 찾기 때문이다.

'왜 공구를 찾아야만 하는 것일까?'

있어야 할 곳에 두지 않았기 때문이다.

'왜 있어야 할 장소에 놓여 있지 않은 것일까?'

놓는 장소가 보관하기 어려운 장소이기 때문이다.

'왜 그 장소는 보관하기가 어려운 것일까?'

문 앞을 턱 막고 있는 운반대가 있기 때문이다.

'왜 그 운반대는 거기에 놓여 있는 것일까?'

사용하지 않게 되어 임시로 놔둔 것일 뿐이다.

그렇다면 그 운반대를 폐기할지, 보관 장소에 둘지 결정하면 된다. 끝까지 파고들어 진짜 원인을 찾아내면 해결할 방법도 찾게 된다. 문제의 원인 찾기가 흐지부지로 끝나면, '공구는 있어야 할 곳에 갖다 놓아라.'라고 단순히 규칙 엄수를 명령하는 정도로만 끝나 버린다. 그런데 그 규칙이 종종 깨진다면, 그 규칙이 지켜지지 않는 이유가 있을 것이다. 그 이유를 찾아 규칙을 지키기 쉬운 상황으로 만들지 않으면 문제는 해결되지 않는다. 참원인에 도달할 때까지 다섯 번 왜(Why)를 반복하면, 어떻게(How) 해결하면 좋을지 알 수 있다. 이것이 토요타의 5W1H의 원칙이다.

문제를 파악하는 급소는 바로 원인을 파악하는 급소가 된다. 따라서 원인을 철저히 추구하여 참된 원인을 찾는 것이 매우 중요하다. 원인 추구가 허술하면 대책도 그만큼 허술하게 되어 문제 해결의 효과는 당연히 줄어든다. 따라서 문제가 발견되면 그 원인을 철저히 분석하여 문제의 참원인을 찾아 해결해야 한다.

하이닉스 계획보전에서도 참원인을 찾기 위해서 왜-왜 분석을 주로 사용하여 참원인을 찾아 개선 대책을 수립하여 개선을 진행하고 있다. 하지만 처음부터 왜-왜 분석을 잘한 것은 아니었다. 처음의 우리 현장은 '왜 문제가 발생했는가?'라는 이치를, 재발 방지에 이르도록 검토하지 않았다. 또한 문제가 발생한 원인을 한두 가지로 단정해 버리고 다른 원인을 찾으려고 하지 않았다. 그리고 문제의 발생 원인을 이치적으로 설명하고, 지도할 수 있는 사람이 적었다. 문제가 발생한 현장의 사람들이 이치를 이해하지 못하고 추구하지도 않아서, 그 후의 장비 유지 관리 활동도 되지 않았다. 그래서 왜-왜 분석 툴을 도입하여 '왜'의 추구에 의해 사물의 이치를 알게 되고 새로운 발견을 시작할 수 있었고, 현재도 문제 발생시 왜-왜 분석으로 참원인을 찾아 개선하고 있다.

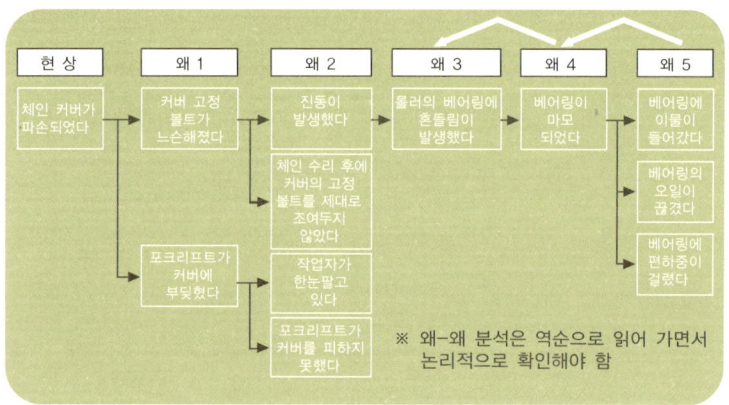

My Machine 제도는 책임을 강화시킨다

계획보전 활동을 하고 있는 장비 엔지니어의 미션은 회사의 이익에 기여하기 위해 고장 없는 장비, 불량 없는 장비, 재해 없는 장비, 무결점의 장비가 될 수 있도록 유지 보수하고 개선하는 것이다. 그중에서 중점적인 역할은 고장 없는 장비를 만드는 데 있다. 장비 엔지니어가 출근하여 주로 하는 일이 장비가 고장 나면 현상을 파악하여 원인을 찾아 고쳐 주고, 고장, 불량이 발생하지 않도록 예방 정비를 하는 데 대부분의 시간을 보낸다. 필자가 조별로 엔지니어 업무를 파악한 결과 대부분의 엔지니어가 근무 시간의 80% 이상을 장비 유지 보수 업무에 집중하고 있었다. 이 시간을 줄이고 개선 업무로 집중하기 위해서는 고장이 근본적으로 발생하지 않도록 고장의 발생원을 찾아 개선하는 것이 시급했다. 하지만 장비 고장에 대한 책임이 불분명하여 효과가 나타나지 않아 고민하다가 자유 민주주의의 핵심인 사유 재산 제도를 생각하고 장비를 사유 재산처럼 My Machine 제도를 도입하여 개인별로 장비 대수를 공정하게 분배하였다. 선배, 후배 사원 구분 없이 분배하여 공정하게 실적 관리를 하니 서로가 선의의 경쟁자로서 My Machine 장비의 고장 감소에 전력을 다하게 되고 고장이 현격히 줄게 되었다. 분배 시 주의할 점은 My Machine은 분임조의 모든 장비를 대상으로 해서 형평성에 맞게 선정이 되어야 하고, 한 사람에게 집중되는 선정은 배제되어야 한다. 그리고 되도록이면 한 사람이 동일 모델에 대해 관리를 할 수 있도록 선정해야 집중 관리가 가능하다. My Machine 제도의 목적은 장비 및 개인의 목표 명확화, 주인의식을 통한 책임감 함양, 장비에 대한 지식 함양을 통한 원류 관리의 선순환을 일으키는 데 있다. My Machine을 분배 받은 담당자는 자신의 장비에 대한 고장 트렌드를 파악하여 고장이 증가되었을 때 즉시 조치하고, 고장이 감소되도록 추가로 개선 활동을 진행한다. 또한 고장이 발생하지 않도록 매일 시간을 할애해서 사전 예방 점검을 하는 담당자도 생겨 났다. My Machine 제도의 성과로 고장 감소와 장비에 대한 지식 획득으로 인한 원류 관리가 가능해졌다. My Machine 업무는 크게 두 가지로 구분할 수 있다. 유지 보수 업무와 개선 업무로 구분할 수 있다. 유지 보수 업무는 정기, 비정기 예방 정비 실시와 장비 고장 조치, 장비 이설 및 셋업 업무, 장비 3S 기본 준수 업무로서 최우선 업무라고 할 수 있다. 개선 업무는 My Machine 장비의 고장 건수 관리, My Error 고장을 일으키는 부품에 대한 개선 대책 수립 및 효과 파악, 개선된 항목에 대한 My Machine 횡 전개 업무이다.

| My Machine 업무 흐름 절차 |

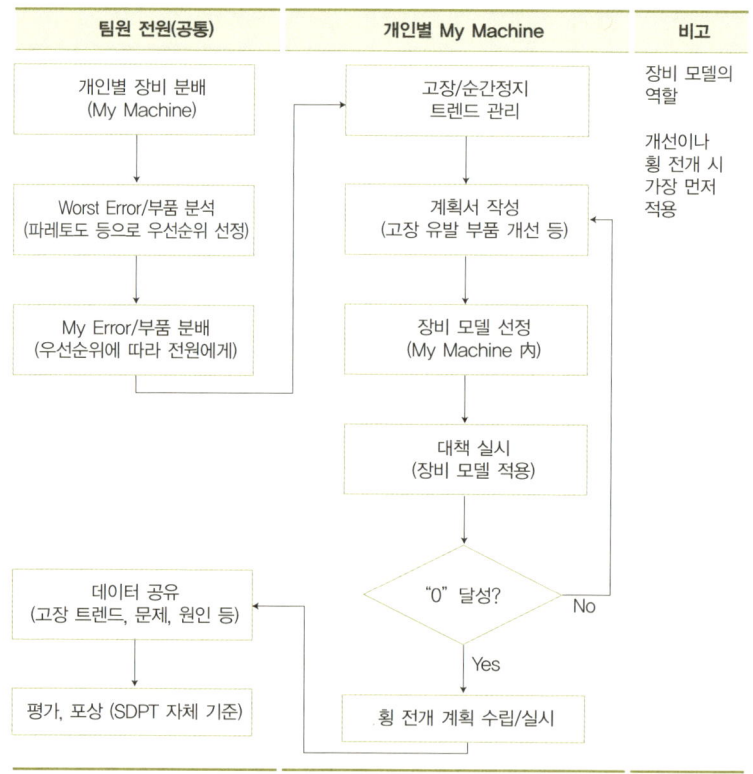

My Error 활동은 실력 향상 제도

하이닉스 계획보전 활동은 장비에 대한 책임감을 높이기 위해 My Machine 제도를 가장 먼저 도입했는데, My Machine 제도의 효과는 높았으나 약간의 단점이 있었다. 장비별로 관리하다 보니 장비에서 발생되는 고장을 모두 다 관리해야 하므로 고장에 대한 전문성이 떨어지는 결과가 발생하였고, 동일 모델의 같은 고장인데도 불구하고 각각 개선을 진행하는 불합리가 발생하였다. 그래서 장비 엔지니어들의 전문성을 살리기 위해 My Error 를 창의적으로 도입하게 되었다. My Error의 목적은 장비 엔지니어가 한 가지 고장을 전적으로 담당하여 고장을 일으키는 원인 또는 부품을 찾아 끝까지 개선하고 고장 제로를 달성하여 실력을 향상하는 데 있다. My Error는 개별 개선 프로세스를 사용하여 고장 제로가 될 때까지 개선을 진행하고 기존의 My Machine은 고장에 대한 트렌드 관리와 My Error 담당자가 개선을 진행한 항목에 대해 My Machine 담당자가 횡 전개만 하도록 관리하여 업무가 중복되지 않도록 하였다. 장비 엔지니어가 My Error를 도입한 후 한 가지 고장에 대한 공부와 개선에 집중한 결과 My Error를 고장 제로로 만들기 시작하였다. 고장을 달성한 My Error는 건수 트렌드만 유지하고 차 상위의 My Error를 분배하여 지속적으로 고장 제로 달성을 유도하였다. 고장 제로를 달성한 담당자에 대해서는 철저한 검증을 통해 포상을 하여 자부심을 고취시키고 사기를 향상시켰다. 고장 제로 항목이 쏟

구분		장비군 A		
My Machine / My Error 담당자	장비번호	김철수	홍길동	박철희
		1호기 2호기 3호기	4호기 5호기 6호기	7호기 8호기 9호기
Error #01	담당자	김철수		
	횡 전개	김철수	홍길동	박철희
Error #02	담당자		홍길동	
	횡 전개	김철수	홍길동	박철희
Error #03	담당자		박철희	
	횡 전개	김철수	홍길동	박철희

아져 나옴은 당연한 결과였다. 이 성과를 바탕으로 고장 제로 탄신바람몰이 활동을 시작하였고, 매년 200탄 이상이 배출되었다. 고장이 없어지니 동일한 시간에 생산되는 제품의 생산량이 올라가는 것은 당연한 결과였다. 제조 작업자들은 작업 로스를 줄이면서 생산량 기네스에 기여했고, 장비 엔지니어는 고장 없는 장비 개선으로 생산량 기네스에 기여하였다. 생산량 기네스는 매일의 생산량 기준으로 지속적으로 전일 생산량보다 더 많이 생산했을 때 주는 포상이다. 하이닉스가 투자 없이 끊임없이 생산량 기네스를 달성하는 데 튼튼한 초석이 된 활동이 My Error 제도이다.

My Error 활동은 My Error 선정 배경을 고장점유율로 표기한 파레토(Pareto)도로 작성하고, 고장에 대한 현상 파악을 고장분석보고서로 유형별로 모두 다 작성하며, 원인이 부품이면 기능부품카드를 작성하여 부품의 사용 조건을 분석한 뒤에 사용 조건이 맞지 않으면 사용 조건을 복원해 주고, 사용 조건에 이상이 없으면 왜-왜 분석을 하여 설계적 약점을 개선해 준다. 그리고 개선 후의 고장 트렌드를 작성하여 고장이 제로가 되었는지 확인을 한 후 고장 제로가 되었으면 전체 장비로 횡 전개 계획서를 작성하고 My Machine 담당자가 횡 전개를 하도록 하여 횡 전개가 끝나면 유형 효과와 무형 효과를 파악하여 고장 제로 탄으로 상신하는 절차로 설계되었다.

| My Error 개선 프로세스 |

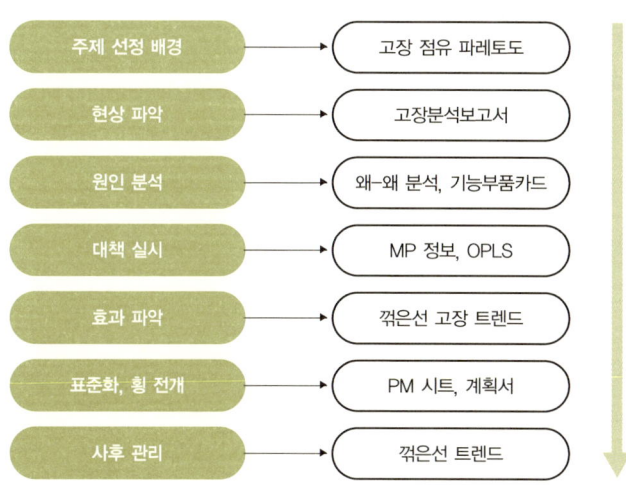

주제 선정 배경	→	고장 점유 파레토도
현상 파악	→	고장분석보고서
원인 분석	→	왜-왜 분석, 기능부품카드
대책 실시	→	MP 정보, OPLS
효과 파악	→	꺾은선 고장 트렌드
표준화, 횡 전개	→	PM 시트, 계획서
사후 관리	→	꺾은선 트렌드

4 고장 제로 달성 부품 장악 시스템

기능부품카드는 발생원 찾는 도구

　장비에서 발생되는 고장과 불량의 시작은 결국 부품에서 시작된다고 할 수 있다. 그러므로 부품을 장악해야 고장을 장악할 수 있다. 곧 "부품이 원류이다."라고 말할 수 있다. 현장에 있는 장비는 어셈블리(Assembly)가 결합되어 이루어진 것이고, 어셈블리는 유닛(Unit)이 결합되어 이루어진 것이고, 유닛은 수많은 부품이 조합되어 이루어진 것이라 할 수 있다. 장비가 있는 제조 현장의 경쟁력은 부품을 장악한 원류 관리 실력에 의해 결정된다고 보아도 과언이 아니다. 부품을 장악하지 못하면 고장을 줄일수도 없지만 수많은 제품 불량의 원인이 부품인 경우가 대부분이다. 장비에 장착된 부품은 어떤 기능을 수행하므로 기능 부품이라고 부르고 기능 부품은 장비의 최하 말단 부품으로서 더 이상 분류되지 않는 부품을 말한다. 기능 부품을 알고자 할 때 계획보전에서는 기능부품카드를 작성한다. 기능 부품에 대해서는 부품을 만든 업체들이 최소한의 정보밖에 주지 않는 경우가 많아 작성하기가 상당히 까다롭다. 때문에 부품의 정보를 획득하기 위해 많은 노력이 필요하다. 부품에 대한 정보를 얻기 위해 업체에서 제공하는 부품 카탈로그를 보고 부족한 정보는 인터넷에서 찾거나, 제작 업체에 전화 또는 방문해서 습득해야 기능부

작성일		기능부품카드					소속	
작성자							SDPT명	
사 번		제안 등록 번호					File Code	
장비명							Rex Nc	
							Rev. 사유	

기능부품 세부 위치

기능부품 ①	종류 □ UNIT □ ASSIY □ PART	부품명	규격	자택코드	단가	고유수명 □ 영구 □ 년 □ 월 □ 일	Maker P/N

■ 도해(도면)
②

■ 기능/성능
1. 기능

2. 성능
⑥

■ 구성부품
③

■ 동작원리 성형
④

■ 시스템 구조도
⑤

사용조건	항목	기준(Spec)
제작조건 (검수조건)		
설치조건		
동작조건 ⑦		
환경조건		
유지조건		

■ 특이사항
⑧

---

❶ 부품 기본 정보 : 부품명, Maker, Parts No. 등
❷ 도해 : 그림, 사진, 도면
❸ 동작 원리 : 부품의 동작 원리
❹ 구성 부품
❺ 시스템 구조도 : 부품과 관련된 시스템의 시스템 블록 다이어그램
❻ 기능/성능
  • 기능 : 부품이 하는 역할
  • 성능 : 부품이 수행할 수 있는 성능(숫자 표기)
❼ 기본/사용 조건 분석
  • 기본 조건 분석 : 닦기, 조이기, 기름치기
  • 사용 조건 분석 : 제작/설치/동작/환경/유지 조건
❽ 특이사항

품카드를 작성할 수 있다. 기능부품카드를 작성하는 목적은 부품의 기능, 성능에 대한 지식 습득과 부품을 닦고, 조이고, 기름치기의 기본 조건과 제작, 설치, 동작, 환경, 유지 등의 다섯 가지 사용 조건의 이해와 부품에 대한 깊이 있는 연구를 통한 장비 장악력 향상을 위한 것이다.

부품이 있는 장비에 문제가 생길 경우 처리하는 순서가 있다. 먼저 부품의 기본 조건을 준수하고 있는지 살펴보아야 한다. 예를 들면 샤프트(Shaft), 리드 스크루(Lead Screw), 베어링(Bearing) 등의 부품은 주기적으로 기름(Grease)을 주입하도록 되어 있는데 이를 지키지 않은 채 설계적인 구조를 변경하면 문제는 계속 발생한다. 기본 조건을 잘 지키고 있는데도 문제가 있으면 부품의 사용 조건을 잘 지키고 있는지 살펴보아야 한다.

이처럼 부품에 대한 기본 조건과 사용 조건이 잘 지켜지고 있는 지를 먼저 확인한 후 지켜지지 않은 부분은 복원을 통해 문제를 해결하고, 기본 조건과 사용 조건이 모두 잘 지켜지고 있는데도 불구하고 문제가 되는 부품은 설계적 약점을 찾아 개선하는 부품 장악 프로세스를 진행하여 문제를 해결한다.

예를 들면 설치가 잘못되어 있는 부품은 제작 조건 및 기타 조건이 잘 지켜지고 있다고 해도 계속 문제가 발생하며, 설계적인 구조를 변경하는 것은 같은 문제가 계속 재발된다. 부품의 기본 조건과 사용 조건을 먼저 확인하지 않고 부품의 약점을 개선하게 되면 반드시 개악이 되고 말 것이다. 부품을 장악하면 고장을 발생시키는 발생원을 찾을 수 있어 근본적인 대책을 실행해 고장 제로를 달성할 수 있다.

기능부품카드 또한 고장분석보고서와 같이 파일 코드를 부여하여, 신입사원 교육 및 후배 사원의 업무 능력 향상을 위한 자료로 활용되고 있다.

부품 장악 프로세스

기능부품카드를 작성하는 체질이 되었으면 본격적으로 부품 장악 프로세스 활동에 들어가도록 한다. 워스트(Worst) 부품을 도출하는 방법에는 층별 데이터 분류 방식이 많이 쓰인다. 층별 분류라 함은 집단을 구성하고 있는 많은 데이터 또는 현상을 어떤 특징에 따라 몇 개의 그룹으로 구분하는 것을 말한다. 층별 분류의 목적은 어떠한 문제에 대해서 층별하기 전 전체 분포와 층별한 작은 그룹의 분포를 비교함으로써 문제에 영향을 크게 주는 원인을 찾아내거나 또는 그 원인이 전체 문제에 영향을 끼치는 정도를 살피는 데 있다. 방법으로서는 과거에는 X-매트릭스를 많이 사용하였으나 지금은 엑셀 등의 프로그램을 사용한 피벗 테이블(Pivot Table) 기법을 사용하여 쉽게 데이터를 층별 분류하고 있다. 고장분석보고서와 불합리를 워스트 부품에 대해 층별 분류하면 리스트가 도출된다. 도출된 워스트 부품에 대해 My Error 담당자가 고장을 일으키는 부품에 대해 순위별로 층별하여 My Para(부품을 세부적으로 나눈 작은 단위 요소)를 선정, 부품에 대

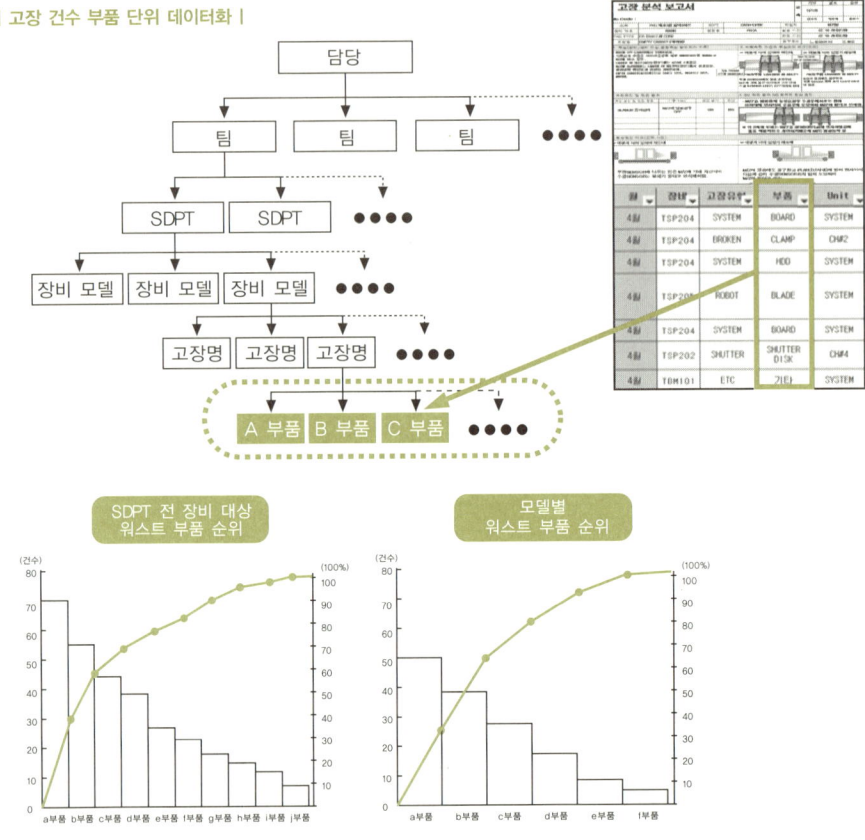

| 고장 건수 부품 단위 데이터화 |

한 연구를 시작하도록 한다. My Para 담당자는 부품 종류 및 계
열에 대해 정리하고, 파레토도 등으로 작성하여 워스트 부품에
대한 현상 파악을 진행하여야 한다. 부품에 대한 층별 데이터 현
상 파악이 끝나면 My Para에 해당하는 기능부품카드를 모두 작
성하여 부품에 대한 지식을 습득해야 한다. 부품에 대한 지식이
없으면 부품의 기능, 성능 등의 정보와 기본 조건, 사용 조건을
파악하지 못해 부품 지식에 좀더 심도 깊게 들어가지 못하기 때

문에 My Para의 기능부품카드는 반드시 작성하여 본인의 지식으로 만들어야 한다. 기능부품카드를 작성하였으면 기능부품카드와 현재 장비에 장착된 부품의 사용 조건을 분석하여 차이점이 있는지 장비별로 세밀하게 분석해야 하며, 차이가 있는 장비를 찾아내어 사용 조건을 복원시켜 주어야 한다. 전체 장비가 차이가 없다면 설계적 약점을 분석하여 왜-왜 분석 툴로 발생원을 찾아 개선 계획을 수립한 후 모델 장비에 대하여 개선을 실시한다. 그리고 효과 파악 후 효과가 검증되면 표준화를 정립한 다음 전체 장비에 대해 횡 전개 계획서를 작성하여 현장 상황에 맞게 실시한다. 계획보전에서는 부품 장악 프로세스를 활성화시키기 위하여 부품 마스터, 부품 박사 제도를 운영한 사례가 있다. 그 사례를 보면 고장을 일으키는 최하 말단 My Para을 선정하여 현장에 적용되는 부품이 장착되어 있는 범위를 조사하고 고장분석 보고서를 작성하여 정확한 현상 파악을 한 후에 My Para에 대한 기능부품카드를 작성하고, 부품에 대한 사용 조건을 연구한 후에 개선을 실시하여 My Para를 장악한 사람에게는 부품 마스터를, My Para를 포함한 부품 종류 전부를 장악한 사람에게는 박사를 수여하는 제도를 시행한 결과 부품 마스터를 13명이나 배출하는 성과를 올렸다.

예를 들면 센서(sensor) 마스터는 여러 종류의 센서 중 한 종류의 센서를 장악한 사람을 말한다. 근접센서 마스터, 포토센서 마스터, 광파이버센서 마스터 등으로 구분될 수 있으며, 센서 종류 모두를 장악한 사람은 센서 종류의 고장을 모두 장악했을 때

센서 박사로 인증될 수 있으므로 박사는 진정한 센서 전문가가 되어야지만 획득할 수 있다.

| 부품 장악 프로세스 전개 방법 |

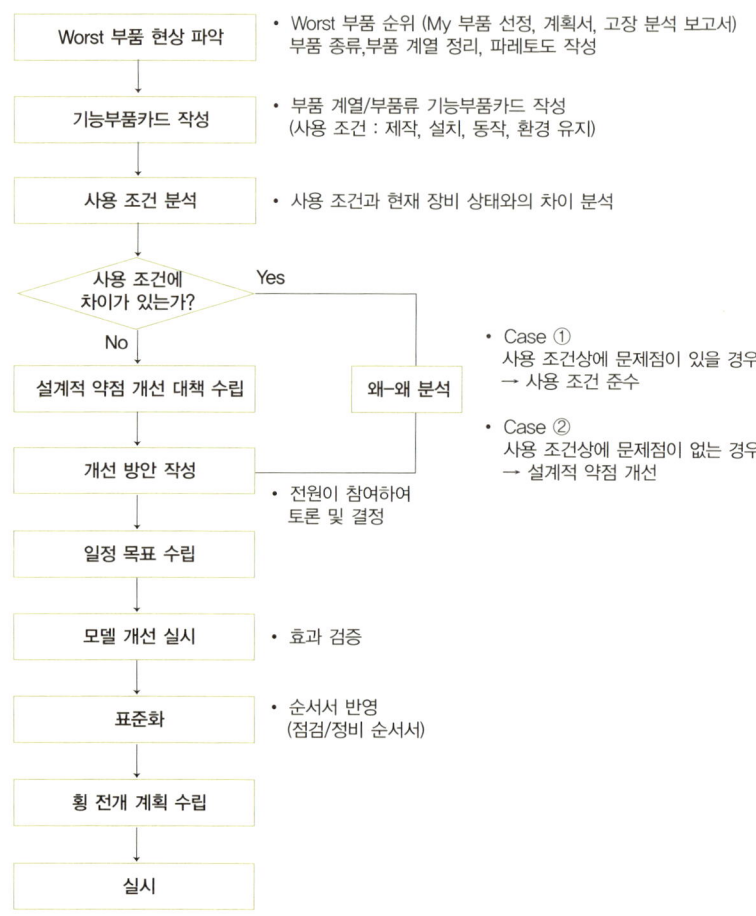

Worst 부품 현상 파악
• Worst 부품 순위 (My 부품 선정, 계획서, 고장 분석 보고서)
  부품 종류,부품 계열 정리, 파레토도 작성

기능부품카드 작성
• 부품 계열/부품류 기능부품카드 작성
  (사용 조건 : 제작, 설치, 동작, 환경 유지)

사용 조건 분석
• 사용 조건과 현재 장비 상태와의 차이 분석

사용 조건에 차이가 있는가?
Yes
No

설계적 약점 개선 대책 수립   왜–왜 분석

개선 방안 작성
• 전원이 참여하여
  토론 및 결정

일정 목표 수립

모델 개선 실시
• 효과 검증

표준화
• 순서서 반영
  (점검/정비 순서서)

횡 전개 계획 수립

실시

• Case ①
  사용 조건상에 문제점이 있을 경우
  → 사용 조건 준수

• Case ②
  사용 조건상에 문제점이 없는 경우
  → 설계적 약점 개선

5 설계 반영의 핵심 MP 정보

MP 정보가 우수한 장비를 만든다

장비가 입고되어 양산 중인 불합리한 장비 구조나 시스템을 차기 장비 설계에 반영하여 불합리한 장비가 입고되지 않게 하는 시스템이 있다. 이미 입고가 되어 장비 셋업이 완료되면 개선하기가 여간 어려운 것이 아닐 수 없다. 그래서 우리는 입고된 장비 개선 내용을 MP(Maintenance Prevention) 정보로 작성하여 장비 유지 보수가 원활하고, 고장, 불량, 재해가 발생하지 않도록 설계에 반드시 반영하는 시스템을 운영한다. MP 정보를 작성하는 목적은 신규 장비 도입 및 기존 장비 이설 시 투자 기획에서부터 가동 시점까지 신기술 및 기존 장비의 불합리를 장비 제작 업체에 피드백하여, 장비의 신뢰성, 보전성, 조작성, 경제성, 안전성을 검토한 후 장비에 반영함으로써 장비의 셋업 기간 및 초기 유동 기간을 단축하고 정상 가동 시 장비의 고장, 장비의 유지비 및 열화 손실 등을 최소로 하기 위해 작성한다. 즉, 우수한 장비를 입고시키기 위한 시스템이라 할 수 있다.

예전에 생산성이 매우 우수한 장비가 입고된 적이 있었는데 현장 분임조원들의 생산성 향상에 대한 여러 가지 아이템을 도출해서 MP 정보를 작성하여 장비 제작 업체와 협의 후 장비 설계에 반영한 결과 생산량이 6배나 높아지는 놀라운 효과를 보기

도 하였다. 장비를 투자하여 제작 시에 제조 현장에서 작성된
MP 정보가 반드시 반영되도록 하는 절차를 만드는 데 계기가 되
어 현재까지도 MP 정보 반영이 지속적으로 이루어지고 있다.

| MP 정보 작성 시트 |

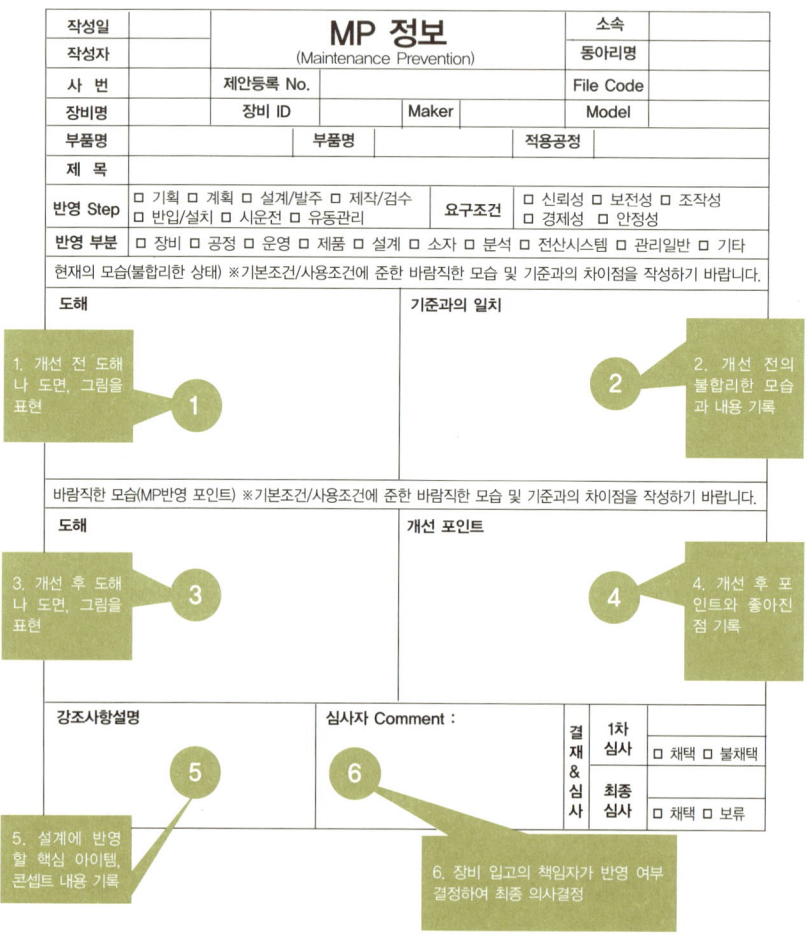

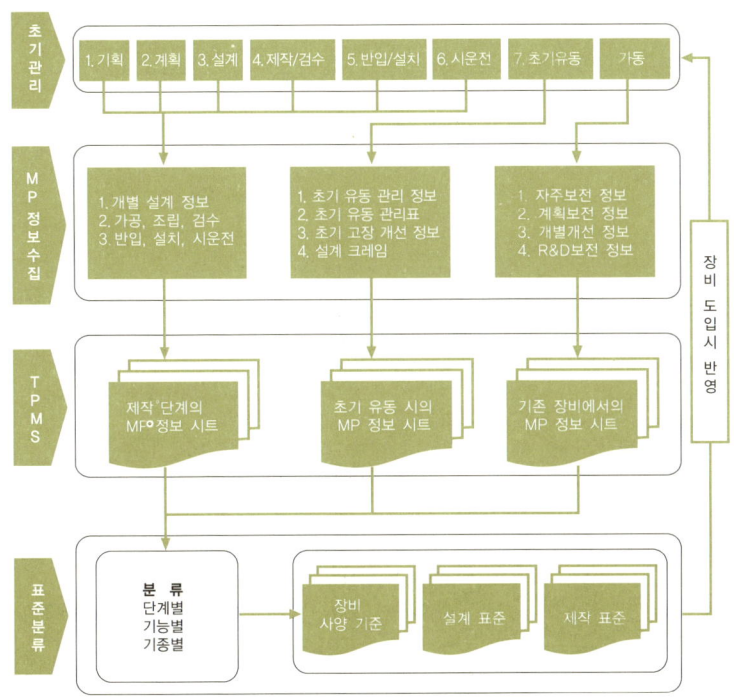

장비 초기 관리 7스텝 활동

    장비 초기 관리의 목적은 신규 장비 도입 및 기존 장비 이설 시 투자 기획에서부터 가동 시점까지 신기술 및 기존 장비의 불합리(MP 정보)를 피드백하여, 장비의 신뢰성, 보전성, 조작성, 경제성, 안전성을 검토하여 장비에 반영함으로써 장비의 셋업 기간 및 초기 유동 기간을 단축하고 정상 가동 시 장비의 고장,

유지비 및 열화 손실 등을 최소로 하기 위한 활동이라고 말할 수 있다.

| 장비가 갖추어야 할 기본 요건 5가지 |

구분	정의	유형
신뢰성 (Reliability)	기능 저하, 기능 정지를 일으키지 않는 성질	• 고장의 발생 빈도가 낮음. • 불량의 발생 빈도가 낮음. • 운전 제어계의 신뢰성이 높음. • 조정이 적음. • Machine Cycle Time이 안정적임.
보전성 (Maintainability)	열화의 측정, 열화 복원의 용이성을 나타내는 성질	• 고장 부위, 열화 부위의 발견이 빠름. • 부품을 교환하기 쉬움. • 기능 복귀 확인 시간이 빠름. • 분해 및 조립이 쉬움.
조작성 (Operability)	장비의 운전과 준비 교체 시 조작을 정확, 신속하고 쉽게 할 수 있는 성질	• 준비 교체, 조정을 하기 쉬움. → 조절화 • 순서, 조정, 작업 조건 입력이 용이함. • 프로세스 제어를 하기 쉬움. • 버튼 조작을 하기 쉬움. (높이, 배치, 형상, 색 등)
경제성 (Economy)	장비의 운전에 필요한 자원의 효율을 좋게 하는 성질	• 보전 공수가 적음. • 보전 재료비가 저렴. • 자원, 에너지의 원단위가 낮음. • 자원의 재활용 정도가 좋음.
안전성 (Safety)	인체에 직접적, 간접적으로 위해를 끼치지 않는 성질	• 고장, 순간정지, 품질 불량 등의 처리를 위한 작업이 간소함. • 인체에 위험을 주지 않게 고안됨. • 회전 및 구동 부분의 노출이 적음. • 돌기물, 장애물 등이 없음.

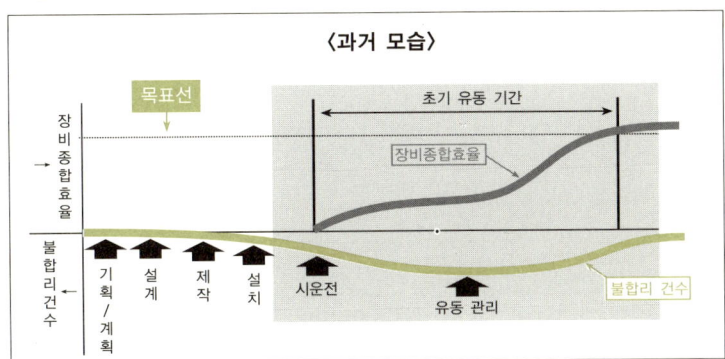

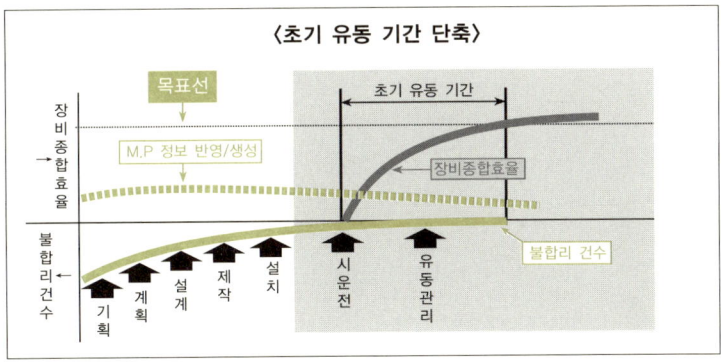

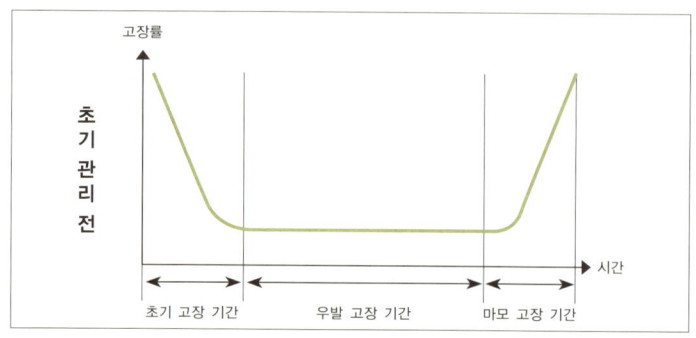

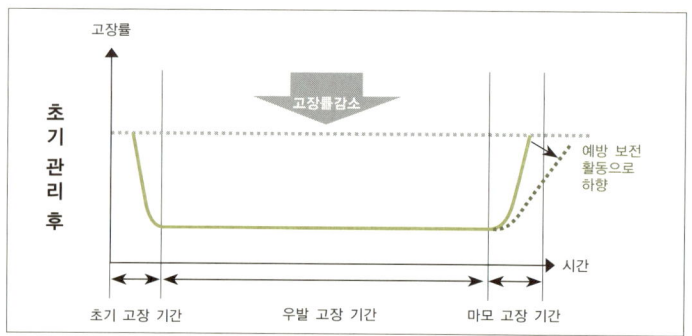

장비 초기 관리를 통해 초기 고장 기간은 짧아지고 신뢰성면에서 가장 바람직한 우발 고장 기간이 길어진다. 마모 고장 기간은 예방보전을 통해서 고장률을 끌어내려서 우발 고장 기간을 연장할 수 있다.

6 지속 발전의 표준화 시스템

표준과 표준화의 의미

기업의 목적 달성을 위해서는 조직이 역할이나 일의 방식이 뚜렷하게 규정되어야 하는 동시에 이 규정을 따르기만 하면 누구든지 그 역할을 완수할 수 있도록 구체적으로 문서화해 두지 않으면 안 된다. 여기에 표준화를 하는 의의가 있다.

앞에서 이야기한 모든 활동의 완성이 표준화이다. 개선을 하면 횡 전개를 한 후 표준화로 완성되어 유지 · 발전시켜야 하는 것이다.

표준과 표준화는 다소 애매한 의미로 사용될 수도 있다.

KSA3001(품질관리 용어)에서는 다음과 같이 정의하고 있다.

- 표준(Standard) : 관계하는 사람들 사이에서 이의 또 편리가 공정하게 얻어지도록 통일화, 단순화를 도모하는 목적으로 물체, 성능, 능력, 배치, 동작, 순서, 수순, 절차, 책임, 의무, 권한, 사고방식, 이념 등에 대하여 설정된 규정, 일반적으로 문장, 그림, 표, 견본 등 구체적인 방법을 써서 나타낸다.
- 표준화(Standardization) : 표준을 설정하여 이것을 활용하는 조직적 행위를 말한다.

표준화를 계획보전 업무와 연관시켜 쉽게 설명하면 다음과 같다.

첫째 의미는 게이지(Gauge)나 부품류의 불량이나 정상 또는 측정값의 옳고 그름을 판단하는 기준을 동일하게 하거나, 장비나 부품을 정비하거나 점검하는 주기와 시간을 같게 하고, 점검하는 항목이 적합하고, 동일하도록 진행하는 일이라고 할 수 있다. 둘째 의미는 교체 부품의 품질이 동일하고, 정상적으로 제작된 부품임을 누구나 쉽게 알 수 있게 하는 일이라고 이야기할 수 있으며, 셋째 의미는 정비, 점검 순서서에 의거한 작업으로 작업자는 달라도 방법과 순서를 동일하게 하는 일이라고 이야기할 수 있다. 계획보전 활동에서 표준화 활동의 마음가짐으로 고장이 발생한 후 조치를 한다는 생각은 버려야 한다. 또한 고장 발생 이전에 모든 고장을 예방 정비(PM; Preventive Maintenance)로 예방한다는 의식을 가져야 한다. 그리고 고장이 발생하였다면 철저히 분석하여 개선한 후 표준으로 등록하여 차후부터는 예방 정비로 관리한다는 생각을 가지고 표준화 활동을 진행하여야 성과를 기대할 수 있다. 계획보전 표준화 활동에 있어서 최종 모습은 고장이 거의 없어서 예방 정비, 개선의 일이 주 업무가 되고, 하루일과는 예방 정비 캘린더에 의거하여 예방 정비로 시작하여 예방 정비로 업무를 마치는 모습이고, 고장에 관련된 모든 일이 표준서에 포함되어 있고, 표준만 보면 우리가 하는 일을 한눈에 알 수 있도록 하는 것이며, 마지막으로 표준의 지속적인 리비전(Revision)이 필요에 따라 일어나며 표준의 노하우가 계속 축적되고, 발전하는 모습이 표준화의 가장 바람직한 활동 모습이라고 말할 수 있다.

그럼 표준화 활동이 왜 필요한지 알아보면 개선의 효과를 지속적으로 유지하기 위해 표준화 활동이 필요하고, 장비의 설계적 약점이나 구조적 결함 등을 극복하기 위한 방법으로 표준화 활동이 필요한 것이다. 장비가 완벽하다면 표준화 활동이 필요 없을 수도 있지만 아직까지 우리의 기술 수준이 완벽한 장비를 만들지 못하기 때문에 바람직한 표준화 활동이 요구되는 것이다. 불합리 해결과 3S 개선, 고장 개선, 불량 개선 등의 수많은 개선 활동을 유지하거나 발전시키기 위해서는 반드시 표준화 활동이 뒷받침되어야 한다. 그래서 표준화 활동은 매우 중요한 활동이다.

표준의 3대 원리는 신뢰성, 실천성, 발전성이라고 한다. 데이터에 근거하여 신뢰성 있게 만든 표준은 효과가 발생하기 때문에 잘 지켜진다. 하지만 잘 만들어지지 않은 표준은 스스로 신뢰하지 못하기 때문에 오히려 업무 손실만 가중시키고 결국에는 지키지 않게 된다. 실천성은 표준대로 실천해야 무엇이 문제인지 알 수 있고, 표준은 실천하지 않으면 무용지물이며 그 자체로 낭비이다. 발전성은 표준 활동을 하다 보면 많은 불합리를 발견하게 되는데 이를 개정해 나가는 활동을 의미한다. 주기를 너무 짧게 설정하여 과다한 예방 정비를 하고 있다거나, 더 빨리 예방 정비할 수 있는 방법이 개발된다거나, 예방 정비를 할 필요가 없는 항목, 점검 기준의 변경 등을 이유로 표준의 수정·보완 요구가 발생한다. 이는 예방 정비의 신뢰성과 효율성을 높여 궁극적으로 예방 정비 자체의 일을 축소시키는 역할을 한다. 하이닉스도 과거에 표준이 없었던 것은 아니었다. 하지만 체계적으로 표준을 만들지 못했고, 만들어 놓은 표준도 지키지 않는 경우가 비일비재하여 표준화 활동이 형식적으로 진행되었다. 하지만 TPM 활동이 도입되면서 충실하게 고장 감소에 대한 개선 활동을 한후 그 효과를 유지·발전시키기 위해 표준화 활동을 진행하면서 표준이 눈부시게 발전하였다. 현재는 표준 체계가 표준의 4대 요소(항목, 기준, 주기, 방법)로 구분하여 CBM, UBM, TBM, TCBM, UCBM, FCBM, EBM으로 분류되어 있다.

구분		CBM	UBM	TBM	TCBM	UCBM	FCBM	EBM
항목		○	○	○	○	○	○	○
기준		○			○	○	○	
주기		○	○	○	○	○		
방법	점검	○			○	○		
	정비	○	○	○	○	○	○	○

표준서는 점검 포인트 명확화와 점검 기준을 구체적으로 표현하였고, 점검/정비 순서서를 작성하여 연계를 명확하게 하였다. 점검/정비 작업 방법은 신입사원이 보고도 작업이 가능하도록 절차를 구체적인 순서도로 표시하고 사진을 첨부하여 이해를 도왔다. 3대 급소 표현으로 실수 가능성을 사전에 예방하고 하나의 실시 항목마다 소요 시간을 표시하고 점검 기준을 명확하게 규정하여 작업 표준을 순서서로 하나하나 만들어서 전원이 표준화 활동에 참여하였다. 표준을 지키고 철저하게 작업 표준대로 실시한 결과 줄어든 고장이 더 이상 증가되지 않고 유지되

었다.

또한 표준은 환경과 상황에 맞추어 지속적으로 개정되고 새롭게 제정되면서 발전되어야만 표준으로서의 가치가 있다. 특히 계획보전의 핵심 활동인 고장에 대한 표준 제·개정 절차는 다음과 같다.

| 고장 / 불량 시 표준서 제·개정 순서도 |

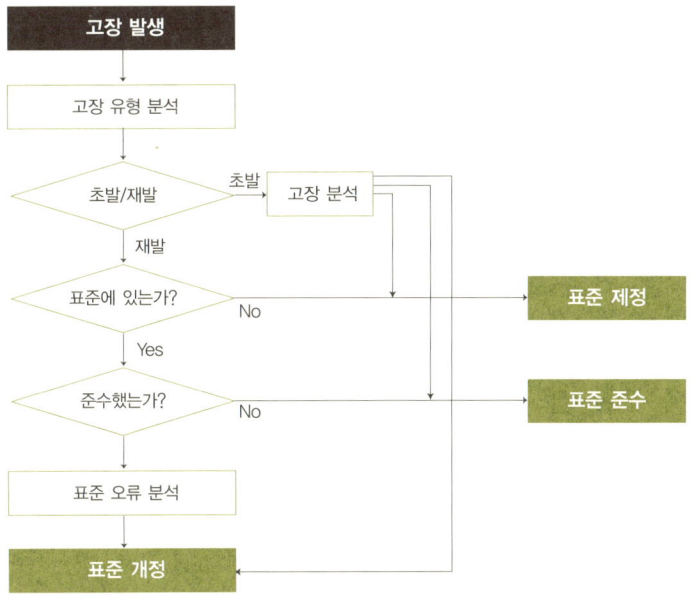

표준은 계속 발전한다

표준이 완벽하다는 말은 재발되는 고장을 사전에 발생되지 않도록 예방 정비로 쐐기를 박는다는 것이다. 발생원에 근접한 곳에 표준, 즉 쐐기를 박을수록 아래로 연결된 수많은 문제가 없어져 경제적으로도 많은 효과가 발생한다. 우리 현장에는 수많은 문제들이 있는데, "다른 문제들은 그대로 두고 한 문제만 끝까지 거슬러 올라가며 점령을 하면 저절로 다른 문제들이 사라진다."는 것이다. 이것을 발생원 대책의 경제성 원리라고 한다 (김영인, 「돈버는 경영혁신 新TPM」, 2004).

하이닉스 계획보전 표준 체계를 크게 두 가지로 구분하면, 업무 표준과 장비 표준으로 구분할 수 있다. 업무 표준은 3S 표준과 기술 자료 표준으로 구분하여 순서도나 OPLS(One Point Lesson Sheet)로 작성하여 표준화한 것이고, 장비 표준은 장비 모델별로 설계, 셋업, PM(예방 정비) 표준으로 구분할 수 있다. 설계 표준에는 설계 반영 표준과 검수 표준이 있는데 MP 정보로 데이터베이스화하였다. 셋업 표준에는 설비 가설 표준과 셋업 절차 표준으로 나뉘고 순서도나 순서서로 작성되었다. 가장 중요한 PM 표준은 7가지 종류로 구분하여 정립하였고, 점검, 정비 순서서로 작성하여 실제 PM 작업 시 교안으로 사용할 수 있도록 매뉴얼로 만들어 현장에서 사용하도록 하였다.

표준화 작업을 하는 데 있어서 쉽게 진행할 수 있는 업무 절차가 필요하다. 먼저 장비 업무 표준 체계를 작성한 후 파일 분류 체계를 만들어 보관해야 하며, 그 다음에 PM 표준 항목 및 주기를 선정한 표준서를 만들어야 한다. 표준서를 만든 다음에는 표준 항목에 대한 분류를 실시해야 한다. 그 이후에는 분류된 표준에 맞게끔 PM 시트를 만들어 표준으로 등록하여 충실하게 실행하여야 한다. 점검 기준을 정확하게 수치로 정할 수 있는 항목은

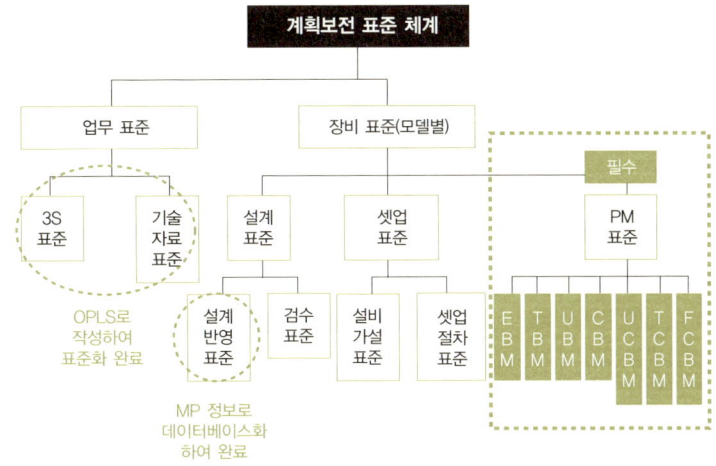

수치로 작성하여 누구나 똑같은 방법으로 점검하도록 하는 것이 매우 중요한 포인트라 말할 수 있다. 충실하게 PM을 하면서 표준화된 순서서를 만드는 것은 표준화 활동의 완성이라고 할 수 있다. 누구나 똑같은 점검 방법과 정비 조치 방법을 표준화하여 예방 정비의 효율을 높이도록 하는 것이 표준화 활동인 것이다. 항목에 따른 표준 분류 종류에는 용도와 주기에 따라 여러 가지가 있다.

크게 몇 개의 분류 용어를 살펴보면, CBM(Condition Based Maintenance; 상태 기준 보전)은 점검 주기에 도달했을 때 장비가 가동하고 있는 상태에서 장비의 조건을 점검하여 부적합할 경우 정비를 실시하는 것이고, TBM(Time Based Maintenance; 시간 기준 보전)은 장비의 가동 시간에 따라 수리 주기를 정하여 주기에 도달하면 조건 없이 정비를 실시하는 것이다. UBM(Usage Based Maintenance; 사용량/생산량 기준 보전)은 생산량 및 사용량을 기준으로 하여 주기를 정해 기준에 도달하면 조건 없이 정비를 실시하여야 하며, EBM(Economy Based Maintenance; 경제 기준 보전)은 경제성을 고려하여 장비가 고장 난 후에 조치를 실시하는 것으로 PM을 하는 것보다 비용이 많이 들어간다거나, 인력을 많이 필요로 한다거나, PM 할 때의 시간이 교체할 때의 시간보다 많이 발생하는 경우 등의 불가피한 경우에 실시하는 것으로 분류된다.

위에서 분류한 표준도 부품이 개선되거나 제품이 교체될 때마다 바뀌는 경우가 많다. 그래서 표준은 계속 변하는 것을 관리해야 하며, 또한 현수준보다 높은 수준으로 개선되었을 경우 표준을 제·개정해야 한다. 표준을 발전시켜 나가기 위해서는 지속적으로 표준의 제·개정 작업이 이루어져야 하며, 표준의 실행서인 PM 시트도 변경된 표준에 맞게 제·개정해 주어야 한다. 즉, 기준인 표준서가 바뀌면 PM 시트도 표준서와 똑같이 변경하여 실행하여야만 살아 숨쉬는 표준 활동이 되는 것이다.

역량 향상 교육 훈련 시스템

자주 학습인 교육 훈련 7스텝

회사의 경쟁력은 인재로부터 시작되고 인재를 육성해야지만 회사가 영속적으로 존재할 수 있고 글로벌 기업으로 성장할 수 있다고 한다. 특히 핵심 인재의 육성은 매우 중요하고 회사가 특별히 관리하고 있어 대상이 누구며, 어떻게 육성되고 있는지는 회사의 기밀 사항이라 이야기할 수도 없으며, 또한 자세히 알 수도 없으니 일반적인 팀원들의 교육 내용에 대해서만 설명하겠다.

TPM 활동을 시작하기 전에는 체계적인 교육 훈련 방법이 없었다. 개인이 알아서 또는 회사에서 필요로 하는 교육만 실시하고 수료하는 수준이었다. 하지만 지금은 현장 조직원들의 기술과 지식이 매우 중요한 시대이다. 모든 제품의 제조와 품질은 일의 가장 최접점인 현장에서 이루어진다. 현장 조직원들의 역량을 필요로 하는 시대인 것이다. 누가 시켜야만 하는 시대는 이미 지나간 것이다. 이제는 현장 사원들 개개인의 역량이 회사의 경쟁력을 향상시킬 수 있는 시대가 되었다고 말할 수 있다. 반도체 산업은 첨단 기술을 남보다 빨리 개발하고, 첨단 기술의 제품을 빨리 제조하여 시장에 출시한 회사만 이익을 올려 살아남게 된다. 이 중에서 첨단 기술의 제품을 빨리 만들어 내는 것은 제조 현장의 구성원 역량에 달려 있다

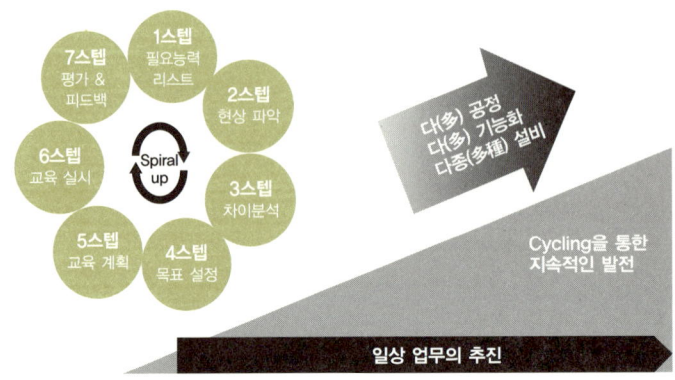

는 것을 이야기하고자 한다. 품질 불량을 발생시키지 않고 가장 좋은 방법으로 가장 빠른 시간에 품질 좋은 제품을 제조하는 현장이야말로 TPM에서 말하는 가장 이상적인 현장이라고 말할 수 있다. 이런 이상적인 현장을 만드는 가장 중요한 요소가 제조 현장의 인재 육성이라고 생각한다. 체계적인 교육 훈련 시스템을 도입하여 현장 사원들의 역량을 향상시켜 나아가야 글로벌 기업 경쟁력을 가지게 될 것이다. 그래서 교육 훈련 7스텝 시스템을 도입하여 활동하게 되었다. 자발적인 학습시스템으로 누가 시켜서 하는 것이 아니라 본인 스스로 학습할 수 있도록 방법을 체계화하였다. 그 방법은 본인이 업무 진행을 하면서 느낀 필요한 항목을 나열하는 필요능력 리스트를 작성한 후에 항목에 대한 지식과 기능을 분류하여 체계적으로 습득해 나갈 수 있도록 하는 시스템이다. 장점을 살펴보면 본인의 현 수준을 상사에 의하여 알 수 있고, 본인의 부족한 점을 피드백 받을 수 있으며, 학습자의 자발적인 성장 노력을 유도할 수 있고, 지속적인 자기 성장 시스템으로 운용이 가능하다.

먼저 준비 사항으로 엑셀파일을 사용하고, 한 시트에 모든 스텝이 기록되며 1인 1시트가 되도록 한다. 우선 구비되어 있는 것으로 1사이클을 돌리고, 멘토와 멘티의 기준을 명확히 한다.

그럼 지금부터 교육 훈련 7스텝을 순서대로 살펴보기로 하자.

| 교육 훈련 7Step |

Step	분류	시트	정의
1 Step	필요 능력 리스트	직무 리스트	직무 수행에 필요한 능력을 조사하여 리스트함
2 Step	현상 파악	본인 평가	필요 능력 항목별로 자신의 능력이 어느 정도인가를 직접 평가
		상사 평가	동일 내용을 상사가 2차로 평가하여 개인별 능력 수준 결정
3 Step	차이 분석	차이점 = 본인 - 상사 평가	상사가 본인 평가와 상사 평가 결과를 참고로 개인별 보완점을 찾아주고 수준을 정하여 주는 단계
4 Step	목표 설정	요구 수준 리스트	경력별 요구 수준과 자신의 현상을 토대로 현 진행 사이클 완료 후 달성할 목표를 설정하는 단계
5 Step	육성 계획 수립	교육 계획 표	평가 결과와 목표 차이가 발생하는 항목에 대하여 멘토 선정과 멘토와 함께 교육 계획을 수립하는 단계
6 Step	교육 실시	교육 실시 표	개인의 부족한 부분들을 단계적으로 개선 보완해 나가는 단계. 즉 직무 수행 능력을 키워 나가는 단계
7 Step	효과 파악	효과 파악 = 최종 판정 - 현상 파악	스텝별 진행상의 문제점에 대한 대책 수립 후 다음 사이클 운영 시 적극 반영하는 마무리 활동 단계

1 STEP 필요 능력 리스트

1. 정의

직무 수행에 필요한 능력을 자세하게 조사하여 리스트 작성

예 개인별 해당 직무에 대해 알고 싶은 것, 알아야 할 것 등

2. 작성 요령

① 실무에 강한 다수의 팀원이 상의하여 작성

② 세부 항목까지 도출하여 해당 직무에 필요한 능력을 빠짐없이 정리

③ 실제로 수행할 수 있는 항목만을 우선적으로 작성(추상적인 서술 지양)

④ 각 항목을 지식과 기능으로 구분하고 반드시 세로로 작성

- 지식 : ~ 을 알고 있는가? ~ 을 이해하고 있는가?
- 기능 : ~ 을 할 수 있는가?

⑤ 너무 쉬운 것은 삭제 or 결합

예 방진복 입는 방법

- 어려운 것 : 경력을 고려하여 요구 수준란에서 요구 수준 조절
- 포괄적인 것 : 세분화
- 중복된 내용 : 삭제

2 STEP 현상 파악

1. 정의

① 필요 능력 항목별로 자신의 능력이 어느 정도인가를 직접 평가

② 동일 내용을 상사가 2차로 평가하여 개인별 능력 수준을 결정하는 과정

2. 현상 파악 요령

① 평가 기준에 의거 필요 능력 항목별로 체크

② 본인과 상사 평가는 주관적이 될 수 있도록 각자 평가

3. 요구 수준 테이블 작성 방법(현상 파악 시트 참조)

① 요구 수준은 항목의 난이도에 따라 숙달되는 기간을 연장할 수 있거나 단축시킬 수 있다.

예 5단계 수준을 7년으로 선정할 수 있음

② 난이도가 높은 항목은 학습 사이클을 지연시킬 수 있다.

③ 쉬운 항목은 초기 요구 수준을 높게 선정할 수 있다.

| 지식/기능 평가 5단계 |

능력 구분	평가 점수	점수별 수준
지식	5	필요 능력을 자유자재로 타인에게 논리적으로 지도를 할 수 있다.
	4	필요 능력이 의미하는 목적, 원리와 의미를 확실하게 이해하고 있다.
	3	필요 능력 의미에 대하여 대부분 이해하고 있다.
	2	필요 능력의 기본 개념만 이해하고 있다.
	1	담당 업무가 어떤 종류의 것들이 있는지에 대해서 파악하고 있는 수준이다.
기능	5	타인에게 원리를 비롯하여 논리적으로 지도할 수 있다.
	4	어느 정도 타인에게 지도할 수 있다.
	3	자기 혼자서 충분히 할 수 있다.
	2	타인의 도움을 받아 조치를 취할 수 있다.
	1	배워야 할 수 있다.

3 STEP 차이 분석

1. 정의

① 차이점 = 본인 평가 – 상사 평가

② 상사가 본인 평가와 상사 평가 결과를 참고로 개인별로 보완점을 찾아주고 수준을 정하여 주는 단계

2. 상사의 차이점 분석 요령

① (본인 – 상사)의 평가 차이 부분 정리

② 최종 판정 수준 • 본인과 상사가 일치할 경우 : 해당 점수

• 본인과 상사가 일치하지 않을 경우 : 낮은 점수

③ 차이 분석 결과는 가능한 한 정수로 표현(소수점으로 표현할 경우 소수점에 해당하는 기준이 있어야 함)

3. 주의할 점

사람과 사람이 직접 부딪쳐서 결론을 내는 단계이므로 자칫 회피하려는 경향이 있음. 그러나 성의 있는 커뮤니케이션을 통해 현장의 사기가 파악되고 또한 사기진작이 될 수 있는 매우 중요한 단계이므로 절대로 허술하게 지나쳐서는 안 된다.

4 STEP   목표 설정

1. 정의
① 목표 설정 = 요구 수준 리스트
② 경력별 요구 수준과 자신의 현상을 토대로 현 진행 사이클 완료 후 달성할 목표를 설정하는 단계

2. 목표 설정 요령
① 판정 수준이 요구 수준 이하인 항목에 대해 집중 학습
② 판정 수준이 요구 수준과 동일하거나 높을 경우 학습 대상에서 제외

5 STEP   육성 계획 수립

1. 정의
① 개인별 평가 결과와 목표와의 차이가 발생하는 항목에 대하여 멘토를 선정
② 멘토와 멘티가 함께 교육 계획을 수립하고 현실에 맞는 교육 방법을 구상하는 단계

2. 계획 수립 요령
교육 방법 결정 : 자주학습을 원칙으로 하지만 현실에 따라 여러 가지 형태로 운영
① 개별 학습 : 멘티가 주도적인 입장에서 자료를 확보하여 스스로 공부해야 하며, 이후 애매한 부분은 멘토에게 질의한다.
  • OPLS(One Point Lesson Sheet) 등의 자체 작성
  • 매뉴얼 학습
  • 현장에서의 1:1 교육
② 집합교육 : 멘토가 다수의 멘티를 한꺼번에 교육한다.
③ 사내/사외 교육 일정을 파악하여 계획에 추가한다.

6 STEP 교육 실시

1. 정의

6스텝은 교육 훈련 7스텝의 핵심이 되는 스텝으로 가장 중요하다고 할 수 있다. 개인의 부족한 부분들을 단계적으로 개선 보완해 나가는 단계 즉, 직무 수행 능력을 키워 나가기 위해 멘티 자신이 스스로 행동하고 실천하는 단계

2. 학습 요령

① 개별 학습 시 학습 자료는 필요 능력 항목별로 1 : 1 대응하는 OPLS, 순서서, MP 정보 등과 절차서 등의 교재를 참고하여 스스로 학습한다. 기타 의문점이나 개념적인 내용은 OPLS 작성자나 멘토인 선배 사원에게 도움을 요청하여 교육을 받는다.

② 교육 실시 내용은 개별학습과 집합학습으로 구분하여 하나도 빠짐없이 모두 자료화하여 교재를 충실하게 정리하여야 한다.

7 STEP 효과 파악

1. 정의

① 효과 파악 = 최종 판정 − 현상 파악

② 스텝별 진행상의 문제점에 대한 대책 수립 후 다음 사이클 운영 시 적극 반영하는 마무리 활동

2. 활동 요령

① 2스텝 필요 능력 평가와 동일한 방법으로 재평가를 실시한다.(본인/상사 평가를 실시한다.)

② 재평가 실시 후 본인과 상사가 현재의 능력을 합의 결정한다.

③ 목표 대비 달성 수준을 비교한다.

④ 1사이클 적용 결과에 따른 보완점은 스텝별로 리스트를 작성하여 차기 사이클에 대비한다.(멘토 & 멘티 상호 간의 의견 교환과 합의가 중요하다.)

⑤ 1사이클 실시 후의 무형 효과에 대해서도 깊이 있게 파악한다.

7 Step 효과 파악

Step	1 Step			2 Step								
업무 내용	필요 능력 List	능력 구분		요구 수준 TABLE							현상 파악	
	필요 능력 세부 항목		6개월	1년	1.5년	2년	3년	4년	5년	본인	상사
PM / L A M	1 Reference pressure를 점검하고 Cal's 방법을 알고 있으며 실행할 수 있는가?	지식	1	2	3	3	4	5		1	0
		기능	1	2					5	1	1
	2 Chamber Leak Rate를 점검방법을 알고 있으며 실행할 수 있는가?	지식	1	2	3	3	4	5		1	1
		기능		1	2	3	3	4	5		
불합리	3 불합리 적출 활동의 목적과 발전 단계를 이해하고 있는가?	지식	3	5						2	3
	4 불합리 적출과 해결 방법을 이해하고 있는가?	지식	3	5						3	2
	5 불합리를 기재하는 방법을 이해하고 있는가?	지식	3	5						3	3
3S	6 3정과 눈에 보이는 관리에 대해서 잘 이해하고 있는가?	지식	3	5						2	2
	7 간판 시스템을 이해하고 있으며 실행할 수 있는가?	지식	3	5						2	2
		기능	5							4	4
	8 3S 9단계에 대하여 명확하게 이해하고 있는가?	지식	3	5						2	3
전산활용 / 지표	9 수율의 개념을 이해하고 있는가?	지식	2	3	4	5				1	1
	10 MPH 개념을 이해하고 있는가?	지식	2	3	4	5				2	2
	11 Movement 개념을 이해하고 있는가?	지식	2	3	4	5				2	2
	12 TAT 개념을 이해하고 있는가?	지식	2	3	4	5				1	1
	13 고장 건수/정지/기타 데이터를 수집하고 트렌드화할 수 있는가?	기능	2	3	4	5				2	1
Hibim	14 Hibim을 활용하여 장비가동률, 생산가동률 및 각종 Down Time 데이터를 뽑아낼 수 있는가?	지식	1	2	3	3	4	5		1	0
		기능	1	2	2	3	3	4	5	1	1

숙련 기간 연장 가능

난이도에 따라 사이클 지연 가능

숙련 기간 단축 가능

소속		SDPT	
초안일		작성자	
개정일		작성자	
Rev N. O		Cycle	

3 Step			4 Step		5 Step				6 Step	7 Step			
차이 분석			목표 설정		육성 계획 수립				실시	효과 파악			
차이 본-상	판정	차이 판-요	교육 필요	목표 점수	교육 방법	멘토	교재	일정	실적	본인	상사	판정	효과 (판-현)
1	0	−1	○	1	개별	A님	순서서	9/3~9/5	9/4	1	1	1	1
0	1	0	×										
0	1	0	×										
			×										
−1	2	−1	○	3	집합	B님	매뉴얼	9/6~9/7	9/6	3	3	3	1
1	2	−1	○	3	집합	B님	매뉴얼	9/6~9/7	9/5	3	3	3	1
0	3	0	×										
0	2	−1	○	3	집합	B님	매뉴얼	9/10~9/11	9/10	3	3	3	
0	2	−1	○	3	집합	B님	매뉴얼	9/10~9/11	9/11	3	3	3	2
0	4	−1	○	5	집합	B님	매뉴얼	9/10~9/11	9/11	5	5	5	1
−1	2	−1	○	3	집합	B님	매뉴얼	9/10~9/11	9/11	2	3	2	1
0	1	−1	○	2	개별	C님	OPL	9/3~9/5	9/3	2	2	2	1
0	2	0	×										
0	2	0	×										
0	1	−1	○	2	개별	C님	OPL	9/6~9/7	9/7	3	2	2	1
1	2	0	×										
1	0	−1	○	1	사내	C님	교재	8/1~8/2	8/3	1	1	1	1
0	1	0	×										

목표 = 요구 수준 리스트

판정 수준이 요구 수준과 같거나 높을 경우

간단한 지식은 OPLS를 활용하자

OPLS(One Point Lesson Sheet)란 한 장의 시트에 한 개의 항목으로 자신들이 정리하여 5분 분량으로 자주적으로 학습할 수 있도록 정리해 놓은 시트를 말한다. OPLS의 장점은 교육을 하기 위해 특정 시간을 내지 않아도 된다는 점이다. 교대 시간이나 회합 시간 등을 통해 실시하면 효과가 있다. 또한 한 장에 중요한 포인트를 자신이 정리, 작성하므로 작성자도 배울 수도 있고, OPLS가 모이면 훌륭한 신입사원 교안이 된다.

OPLS 작성 요령

1 형식에 얽매일 필요는 없지만 반드시 OPLS 양식에 작성한다.
2 분임조원이 이해하기 쉽게 작성하는 것이 좋다.
  • 교육생이 이해하기 쉽게, 어려운 말에는 주석을 단다.
3 현재 문제가 되고 있는 공통 문제나 테마를 설정하여 작성한다.
  • 여러 테마가 함께 들어가면 혼잡해진다. (1장에 1아이템)
4 표현은 긴 설명체의 문장보다는 간결하게 작성하며 되도록 도표나 그림, 사진 등을 많이 활용한다.
5 현장에서 발생된 문제에 대한 OPLS는 신속히 작성하여 교육한다.

OPLS 작성 시 주의 사항

1 장비 매뉴얼 복사를 지양하고, 자신의 노하우를 수록하여 자신의 것으로 만들어 작성 후 교육해야 한다.
2 OPLS는 자신이 속한 분임조뿐만 아니라 다른 사람과 공유할 수 있으므로 OPLS 표준 양식을 사용한다.
3 OPLS는 교육이 목적이므로 작성자 기준보다는 OPLS로 교육 받을 사람이 무엇을 얻어갈 것인지가 중요하다. 작성의 목적이 불분명한 것은 지양해야 하고 OPLS가 남발되지 않도록 해야 한다.
4 OPLS의 목적은 1시트에 1항목 교육이므로 여러 장으로 작성하지 않도록 하고 최대한 2장을 넘기지 않도록 한다.

OPLS는 전달 목적에 따라 3종류로 분류하여 사용 목적에 맞게 사용하도록 한다. 기초지식용은 일상적인 생산 활동이나 TPM 활동을 전개할 때 '알고 있어야 할 것을 알고 있는가?'라는 관점에서 부족한 지식을 보충하기 위하여 작성하고 교육할 목적으로 사용한다. 고장(실패) 사례용은 실제 현장에서 발생한 고장 (실패) 사례를 가지고 고유 기술과 3현주의(현장, 현물, 현실)에 입각하여 '무엇이 문제가 되어 실패가 발생했는가?'라는 관점에서 원인 규명 및 재발 방지 요령을 가르칠 목적으로 사용한다. 개선 사례용은 불합리 부위 또는 불량의 근본적인 대책을 수립한다는 관점에서 자주보전, 개별 개선 활동을 통해 효과적으로 해결된 개선 사례를 횡 전개하기 위해 개선 사고방식이나 대책 내용, 성과를 종합적으로 알리기 위해 사용한다.

OPLS는 현장사원들이 쉽게 작성할 수 있도록 처음부터 쉽게 접근하는 것이 가장 좋은 방법이다. 처음부터 어렵게 작성하지 않도록 간편하게 또한 수기로 작성할 수 있도록 시스템을 만들어 주는 것이 좋다.

8 혁신의 활성화 신바람몰이

신바람몰이 활동의 목적과 의미

처음에 새로운 변화나 새로운 활동이 들어오면 조직원들은 일단 거부를 하고, 그 다음은 저항을 한다. 그 이후에는 새로운 변화에 대해 탐색을 하며, 반드시 꼭 해야만 하는 일이라고 생각되면 몰입에 들어가게 된다. 신바람몰이 활동은 조직원들이 탐색에 들어갈 때 모두를 바람직한 방향으로 빠르게 이끌어 가기 위한 전략으로 더 빨리 활동을 촉진시키기 위해 실시하는 것이라고 말할 수 있다. 이 책에서는 혁신 활동을 촉진시키려고 분위기를 조성하는 일로 이해하면 될 것 같다. 신바람몰이 활동의 목적은 과정이 바람직하고 조직원들의 실력이 향상될 수 있는 활동을 단기간에 활성화시키고, 횡 전개하고자 할 때 사용한다. 하이닉스 계획보전에서는 여러 가지 신바람몰이 전략과 활동을 통해 스텝 활동을 충실히 할 수 있도록 활성화시키고, 조직원들의 자발적인 혁신 참여를 촉진하는 데 커다란 기여를 했다.

하이닉스 신바람몰이 활동

하이닉스에서는 여러 가지 신바람몰이 활동을 하였다. 계획보전의 미션인 고장 제로를 달성하기 위한 '고장 제로 탄, 고장 달인 신바람몰이'와 계획보전 활성화 촉진을 위한 '계획보전 스타 신바람몰이' 등을 진행하면서 활동을 잘한 곳에 수여하는 'TPM 명소 제도'와 부품의 설계적 약점 개선을 활성화하기 위한 '부품 마스터/박사 제도' 등을 기획하여 실시하였고, 혁신 활동을 가속화하였다.

제일 먼저 시작된 고장 제로 탄 신바람몰이를 소개하면 분임 조 단위로 발생된 고장 항목 중 한 개의 고장이라도 일정 기간 고장 제로 기준을 만족하면 탄으로 인정하여 순서대로 고장 제로 탄을 부여해 주는 것이다. 다음 그림을 보면 제조본부장 명의로 탄을 인증해 주고 포상금을 줌으로써 분임조원에게 동기부여를 하여 고장을 박멸하는 제도라고 할 수 있다.

계획보전 스타는 계획보전 활동에 있어 큰 성과를 낸 사람이나 본부 추진위원회에서 Best Practice를 발표하여 본부 전체로 활동 내용을 횡 전개시킨 사람들에게 수여하는 상으로 개인이 직접

| 고장 제로 탄, 고장 달인 신바람몰이 사례 |

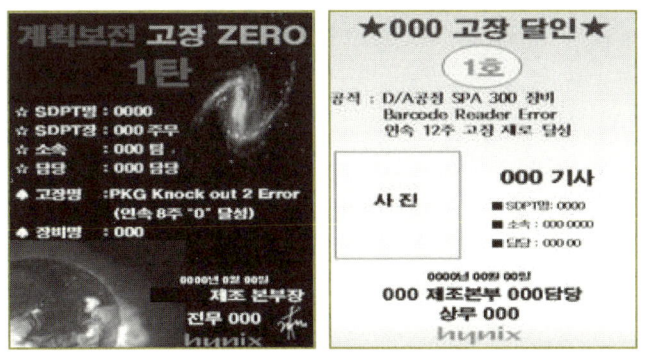

성과를 내도록 하는 데 있어 많은 공헌을 했다고 할 수 있다.

| 계획보전 스타 신바람몰이 사례 |

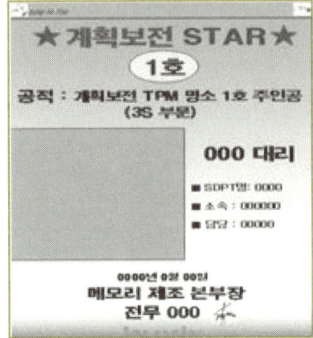 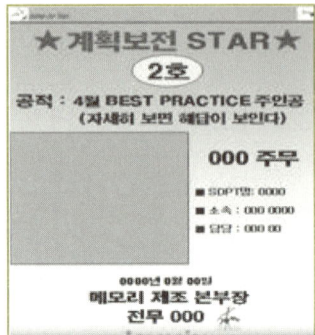

TPM 명소 제도는 우수한 활동 현장에 명소 현판을 부착해 주어 자긍심을 느낄 수 있도록 해 주는 제도라고 할 수 있다.

하이닉스 부품 마스터는 사내/외 신문에 소개될 만큼 유명하고, 계획보전 엔지니어에게 있어 최고로 명예로운 상으로 인식되어 있다.

| TPM 명소 신바람몰이 사례 |

반도체 '명장'을 아시나요 - 디지털 시대, 디지털 리더 디지털타임스

하이닉스 '부품 마스터' 삼성 '기술 명장' 도입
우수한 기술력 보유 사원 '최고전문가' 대우

반도체 생산현장에 기술 명장시대가 본격
화되고 있다.

16일 삼성전자와 하이닉스반도체에 따르
면 반도체 제조 라인에서 우수한 기술력
으로 생산성 향상에 기여한 사원을 명장
(마스터)으로 지정하는 반도체 명장제도
를 잇따라 도입하고 있다.

하이닉스는 생산현장 최일선 직원들이 한 분야의 전문가로 성장하고 인정받을 수 있도
록 '부품 마스터'라는 명장제도를 도입하고, 그 첫 번째 마스터를 선정했다. 하이닉스의
부품마스터는 반도체 생산라인에서 사용되는 부품 계열을 완전 장악한 직원을 일컫는
말로, 그 첫 번째로 조철우 기사(프로브테스트1팀), 이창호 기사(PKG 제조1팀), 정원택
사원(에치 제조기술7팀) 등 3명을 부품마스터로 최근 선정했다.

신바람몰이 전략은 실시한다고 모두 성공하지는 못한다. 성공을 이루기 위한 성공 포인트가 있으니 확인하고 성공할 수 있도록 치밀한 준비를 해야 한다. 첫째 포인트는 개인과 회사의 목적이 통일되어야 한다. 둘째 최고 경영자의 적극적인 관심과 격려, 포상이 이루어져야 가속화될 수 있다. 셋째 분임조원들이 쉽게 즐길 수 있는 방법을 만들어야 한다. 넷째 공장별 또는 팀별 경쟁이 눈에 보이게 하여 비교할 수 있도록 해야 한다. 다섯째 활동 방법이 지속적으로 유지, 발전될 수 있도록 제도로 뒷받침해야 한다. 여섯째 분임조원 모두가 전원 참여할 수 있도록 분위기를 조성해 주어야 한다. 일곱째 이 모든 방법이 시스템으로 구현되어 기록이 남아야 한다.

신바람몰이 전략은 크게 이 7가지 포인트를 명심하고 진행하여야 하며, 목적이 상실되거나, 변질되고, 계획보전원들의 변화가 수반되지 않을 경우 캠페인 실패와 같은 풍선 효과(풍선의 한

곳을 누르면 다른 곳이 불거져 나오는 것처럼 문제 하나를 해결하는 대신에 또 다른 문제가 생겨나는 현상)가 나타나기도 하니 본질에 충실하게 진행하여야만 성공할 수 있다.

신바람몰이 전략의 진행 순서

1 목적의 명확화 (무엇을 얻을 것인가?)
2 운영안, 아이디어 회의 (브레인스토밍, BM)
3 기준(Rule) 작성(OPLS)
4 기준 및 운영안 세미나, 홍보(이메일, 포스터) 실시
5 진행 결과 공유(눈에 보이는 관리)

| 하이닉스 신바람몰이 제도 |

구분	방법	성공 포인트	변화 포인트
고장 제로 로 점령	태양에서 감소율 제로를 시작으로 행성별 목표 감소율을 두고 담당별 우주왕복선이 고장 제로로를 점령 매월 고장 감소율로 우주왕복선 이동	공장별 비교 지속성	공장별 고장 감소 활동
고장 제로 '탄' 시리즈	고장 제로를 달성할 경우 탄으로 포상 기준 및 탄 리스트 관리 06년부터 공장별 세몰이로 변경	공장별 비교 지속성	고장 제로 사례 제출
계획보전 스타	고장 제로 탄, 명소 주인공, 계보 우수 활동자, BP 주인공 우수 계획보전 활동 인원에 대하여 본부장 인증 포상 실시 및 기준 및 스타 리스트 관리 06년 기준 변경 : 명소 주인공, 본부 BP, 부품 마스터/박사, 전체 장비 4주 이상 고장 제로 달성	공장별 비교 지속성 다양성	우수 활동 사례 제출
TPM 명소	우수사례보고서 작성 본부장 기안, 심의의원 구성, 심의 최종 결정 명소 리스트 관리팀 실행위원회 우수 팀, 3S 우수 SDPT, 최초 Step Pass, 최단기 고장 감소 실적 등 명소로 선정	공장별 실적 관리 지속성 다양성	3S 팀 실행 위 우수 사례 횡 전개
부품 마스터, 박사 제도	부품류, 부품계를 정복한 SDPT원 대상으로 박사, 마스터 학위 수여	부품 장악 관심 고조	활발한 부품 공부
Best Practice	본부 우수 사례 본부 TPM 추진위원회 발표 선정 방법 : 담당 추진자 후보 접수 → 본부 추진자 회합 결정	우수 사례 발굴	활동 수준 상향

이상으로 하이닉스에서 성공 체험했던 활동 내용과 창의적인 혁신 도구들에 대해서 소개를 하였다. 서두에서 말했듯이 우리가 활동했던 모든 것이 정답은 아니다. 어떤 혁신 활동을 도입하든지 열정과 몰입, 혼을 불어넣지 않으면 혁신 활동을 성공적으로 이끌어 갈 수 없다. TPM을 경쟁사가 하니까 우리도 한번 해보자는 생각은 오히려 사람들을 힘들게 만들고 쓸데없는 비용을 낭비하는 것이 될 뿐이다. 사장님을 포함한 전 임직원이 생존에 대한 위기의식을 갖고 끊임없이 변화하지 않으면 회사의 경쟁력은 점점 떨어져 글로벌 사회에서 도태되고 말 것이다. 가죽을 벗겨 새로운 것을 만든다는 '혁신'이란 단어의 의미처럼 때로는 엄청난 역경과 고난을 이겨내야 할 때도 있을 것이고, 임직원들의 반발로 혁신 중단의 위기를 맞기도 할 것이다. 이 모든 것을 헤치고 이겨내는 기업이야말로 글로벌 경쟁 시대의 새로운 강자로 우뚝 설 것이다. 혁신을 선택이라고 믿는 당신은 이미 글로벌 경쟁력을 잃어버린 것이다. 이 책을 읽는 모든 분이 창조적 혁신의 마인드로 열정을 가지고 혁신에 몰입한다면 반드시 성공 체험의 성과라는 달콤한 열매를 거두어들일 것을 확신한다.

CHAPTER 06

꿈과 열정

그대의 꿈이 한 번도 실현되지 않았다고 해서 가엾게 생각해서는 안 된다. 정말 가엾은 것은
한 번도 꿈을 꿔 보지 않았던 사람들이다.
_에센바흐

　지난 2009년 프로야구계가 뜨거웠다. 세계야구선수권대회에
서 일본에 아깝게 패했지만 거기서 보여 준 한국 야구의 매운맛
을 전 국민이 지켜보며 감동을 함께했다. 그것을 기폭제로 지금
한국 야구는 지난 고교 야구가 최고의 인기를 누리던 시절 이후
제2의 전성기를 누리고 있다.

　무엇이 이토록 야구에 미치도록 한 것일까? 열악하지만 세계
최고를 향해 달려가는 한국 야구에서 희망을 발견하고 관중 역
시 한마음으로 같은 꿈을 꾸며 열망한 것은 아닐까. 꿈이야말로
열정이자 성공을 향한 나침반이다.

1 성장은 왜 멈추는가

성장곡선

매년 국내에는 수많은 신입사원이 부푼 꿈을 안고 크고 작은 기업에 입사하여 새로운 출발을 하고 있다. 어느 때보다 치열한 경쟁을 뚫고 입사했기에 그들의 열정은 과거 기성세대의 그것과는 많이 다름을 느낄 수 있을 것이다. '입사만 된다면'을 외치고 준비한 시간들은 그들에게 가장 어렵고, 힘에 부치는 순간이었을 것이다.

많은 기업들이 인재 육성에 수많은 비용과 인력을 투입하여 "인재가 경쟁력이다."라는 말로 직원의 역량 강화를 위한 노력을 하고 있다. 하지만 뛰어난 역량과 패기, 열정으로 입사했던 모든 신입사원들이 회사에서 원하는 인재로 성장하고 있는가에 대해서는 굳이 말을 하지 않아도 보이는 답이다.

우리 하이닉스에도 많은 신입사원을 채용하고 그들의 역량과 창의성을 개발하기 위한 노력을 많이 하고 있다. 하지만 시간이 지나면서 각기 다른 성장곡선을 가지고 있다는 것을 알 수 있었다.

반도체는 제조업이기에 현장에서 설비를 운영하고 가동하는 작업은 대부분이 여사원으로 구성되어 있고 설비 유지 및 예방보전을 하는 장비 기술 엔지니어와 프로세스 엔지니어는 남자로 구성되어 있다.

모든 기업에서도 마찬가지지만 신입사원이 입사를 막 하고 나서는 초기 몇 년간은 급격한 성장을 하게 된다. 특히 반도체에 근무하는 여사원은 그보다 더 빠른 성장을 해야만 하는데 그 과정에서 특히 남사원에 비해 높은 이직률을 보인다. 우스갯소리로 키워서 쓸 만하면 퇴사한다는 말도 있으니 그 상황을 짐작할 수 있을 것이다. 최근 10여 년간의 데이터를 토대로 분석한 다음의 그래프를 보면 여사원은 입사 후 1.5년간은 급속한 성장을 보이다 2년째가 되는 시점에서는 대부분의 횡보와 함께 퇴사의 길을 걷고 있음을 알 수 있었다.(역량 수준은 교육 훈련 7스텝에서 여사원의 능력 수준을 의미한다.)

　그중 극소수 일부분만이 성장을 지속하며 현장의 중간관리자의 길로 접어들거나 성장을 거듭하며 인정받는 직원으로 탄생하고 있음을 알 수 있었다. 과연 무엇이 이러한 곡선을 만들었을까? 이러한 문제를 해결하기 위해 추진자를 통해서 다양한 원인들을 확인할 수 있었다.

| PKG 여사원의 성장 곡선 |

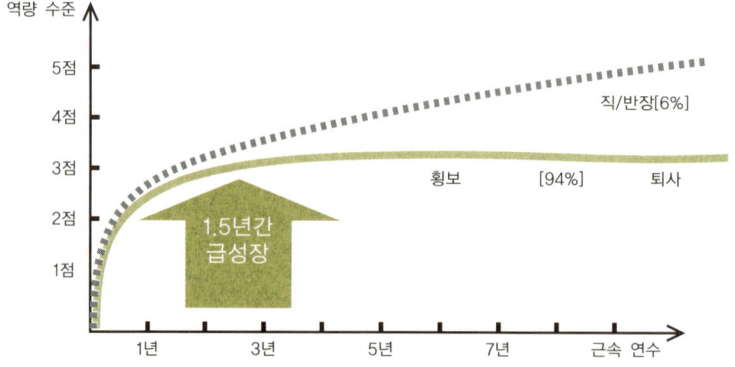

여사원들이 입사하여 짧은 시간에 현장에서 업무를 수행하기 위해서는 빠른 성장이 필요하여 스스로도 몰입을 통한 급성장을 이루지만, 설비를 운영하고 해당 조직 문화에 적응하게 되면 성장이 둔화되는 이유는 향후 꿈과 비전에 대한 문제와 관련이 있었다. 즉, 하이닉스에 입사하여 현장 근무를 하는 여사원으로서 비전이 부족했던 것이다. 그럼 무엇으로 이러한 여사원들의 꿈에 대한 필요를 충족시켜 줄 수 있을까? 이제부터 문제를 풀어 가고자 한다.

2 미래를 디자인하다

신입사원의 조기 전력화

신입사원을 조기에 현장에 배치하여 완벽한 업무를 하도록 하기 위해서 다음의 시스템을 적용하기까지 1년이 넘게 소요되었고, 교육 과정과 멘토의 역할이 제대로 정립되지 않아 크고 작은 품질 사고와 예상 밖의 상황이 벌어지게 되었다. 이것은 실무 교육에 대한 시스템적 접근이 이루어지지 않았기 때문이며, 초기 교육에 대한 중요성을 인지하지 못했기 때문이다. 패키지 그룹에서는 다음의 그림과 같이 신입사원이 배치 후 PKG 아카데미에서 1주간의 공통 교육을 실시하고(일일 평가를 병행) 합격자는 2단계로 진입하고, 불합격자에 한해서는 재교육을 통해 완벽히 배우고 갈 수 있도록 추가 교육과 함께 충분한 시간을 제공하였다.

| 신입사원 교육 과정 |

전임(여) 신입사원 교육 순서도

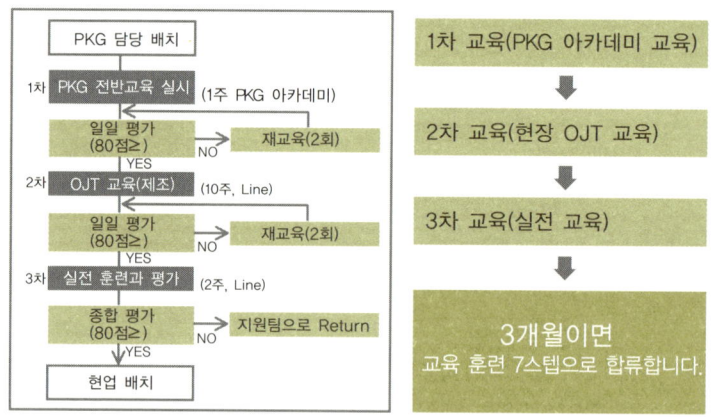

어느 교육이건 기초가 제대로 갖춰지지 않는다면 심화 과정을 이해하는 데 어려움을 겪어 포기하거나 낙오하는 자가 생기기 마련인데 이를 방지하기 위해서다.

그리고 PKG 아카데미에서 공통 과정이 수료되면 현장의 교육 추진자에게 인계되어 10주간의 공정 세부 교육을 받는다. 이 과정에서는 아주 기초가 되는 작업 방법에서 스펙, 표준서 등의 이해까지 심도 있는 교육을 받으며 매일 평가와 함께 전일 학습에 대한 복습으로 반복 학습이 이루어진다.

끝으로 이렇게 정형화된 신입사원은 2주간에 걸쳐 실제 설비를 운영하고 제품을 다루면서 실전 감각을 익히고 최종적인 검증을 통해 현장에 배치되는 것이다. 이 역시 이해가 느리거나 실전에 대한 활용 능력이 떨어지면 재학습을 통해 반드시 목표 달성 후 현장에 배치되도록 되어 있다. 교육 훈련 7스텝은 바로 이 시점부터 적용되어 모든 여사원의 교육 생애 관리가 시작되는 중요한 시점이 바로 이 시기이다. 교육 훈련 7스텝의 효과 파악 자료는 향후 중요 제품이나 난이도가 높은 신제품에 대한 초기 작업이 필요할 때 활용이 되며 개개인의 부족한 역량을 키우기 위한 세부 정보로 활용된다.

복직 여사원

최근 맞벌이 부부가 많아지면서 하이닉스도 출산 휴가를 마치고 복직하는 여사원이 많아지고 있는 추세다. 하지만 반도체 기술이 짧은 시간에 변하고 복잡해지면서 복직 사원의 걱정은 이만저만이 아니다. 실제로 과거 복직을 앞두고 인사를 온 여사원과 면담을 하던 중 중요한 사실을 발견하게 되었는데 그것은 필자가 생각했던 것 이상으로 복직에 대한 두려움을 갖고 있다는 것이었다. 출산한 지 얼마 되지 않는 시기에 산모가 받는 스트레스는 이만저만이 아니었을 것이다.

이러한 문제점을 해결하기 위해 하이닉스 최초로 복직사원에 대한 실무 적응 교육을 3주간 실시한 후 현장에 배치하자 그 반응은 실로 놀라웠다. 구성원이 기업에 애사심을 느끼며 즐거운 일터로 인식하는 과정에는 이처럼 작은 배려와 관심 하나로도 큰 행복과 감동을 줄 수 있음을 체험하게 해 준 제도인 것이다.

현장에는 사실 예상치 못한 많은 일들이 하루에도 수십 번씩 일어나는데 그것은 하나같이 이유가 있는 결과일 것이다. 작은 불합리를 시스템으로 연결 해결하고 프로세스를 갖추어 주는 것은 분명 관리자와 혁신 추진자의 몫일 것이다.

| 출산 후 복직사원 교육 제도 |

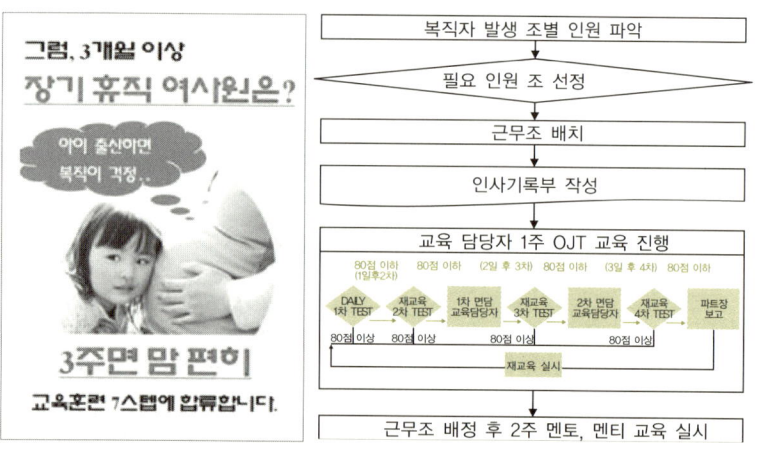

4개의 축 완성 설계

먼저 여사원들의 꿈과 비전을 설계하기 위한 조직을 구성하고, 현장 여사원들과의 커뮤니케이션을 시도해야 한다. 그래서 여사원의 비전을 제시하기 위해 4가지 항목을 선정했다. 첫째, 멀티 설비 능력 인증제를 만들어 여사원의 성장을 위한 그림을 그렸으며 둘째, 직·반장 보임 프로세스 구축을 통한 맞춤형 인재 육성 셋째, 제조 박사 제도를 통한 직장 내 자부심 향상 그리고 마지막으로 장비 기술 엔지니어로의 업무 전환을 위한 엔지니어 스킬 업 과정 설계로 압축하였다.

| 여사원의 성장을 위한 교육 제도 |

그림의 4가지를 시스템화하고 체계화하기 위해서는 먼저 신입사원 시절부터 체계적인 교육 제도가 필요하다. 어느 기업이건 신입사원의 입사 후 교육에 대한 플랜은 가지고 있지만 현업으로 배치된 이후의 명확한 교육 체계 및 인프라는 부족하다.

필자는 이러한 문제를 해결하기 위해 신입사원이 그룹에 배치되면 PKG 아카데미에서 6일의 교육, 제조 현장에서의 실전 교육 3개월을 통해 신입사원을 조기 육성하고 현장에 투입하여 큰 효과를 볼 수 있었다.

3 꿈의 홈구장

꿈의 디자인 1 – 멀티 인증 제도

멀티 인증 제도란 특정 작업자가 타 공정의 장비를 배움으로써 역량을 강화시키며 인증을 통해 자부심을 향상시켜 주는 제도이다.

패키지 그룹에서는 동일 공정에서도 장비 모델이 많게는 5종 이상의 메이커가 있는데 1종의 한정된 메이커만을 운영할 줄 아는 여사원이 많아지면서 휴가자 공백 및 식사 교대 시간에 장비를 운영하는 데 어려움이 많았다. 이러한 문제점을 해결하기 위한 과정으로 멀티 인증제를 실시하여 다기능화를 유도하였으며 최근에는 동일 공정이 아닌 타 공정의 설비까지도 운영할 수 있

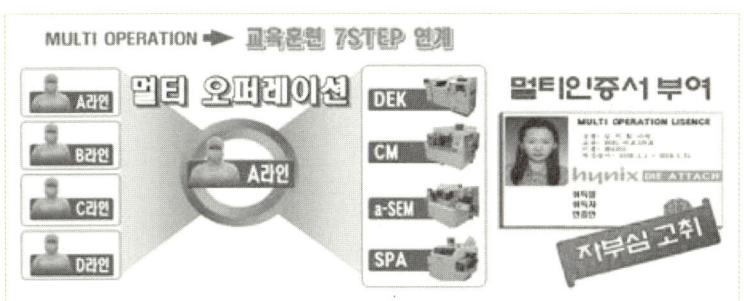

는 역량을 본 제도를 통해서 키워 나가고 있다. 초기 교육에서부터 인증 패스까지 도전자의 많은 노력과 관리자의 적극적인 지원이 필요하다는 것은 당연하며, 인증을 받은 여사원에게는 어떠한 보상과 혜택을 줄지에 대한 고민은 더욱 중요하다.

이러한 우수사원은 타 구성원을 자극하며 긍정적인 경쟁을 유발하기에 인증자에 대해서는 사내에서 진행되는 다양한 포상 및 표창의 우선순위를 부여하여야 성공적인 추진이 가능할 것이다.

꿈의 디자인 2 – 직·반장 보임 프로세스

특성상 반도체 공장 현장은 교대근무로 진행되며, 교대근무마다 현장 구성원을 관리하는 반장과 상위 관리자인 직장으로 구성되어 교대근무가 이루어지고 이들의 역할은 아주 중요하다. 하지만 불가피하게 이 현장관리자가 공백 시에는 업무에 많은 지장을 초래하게 되는데 현장관리자를 대신할 인재를 양성하기

| 직·반장 보임 제도 |

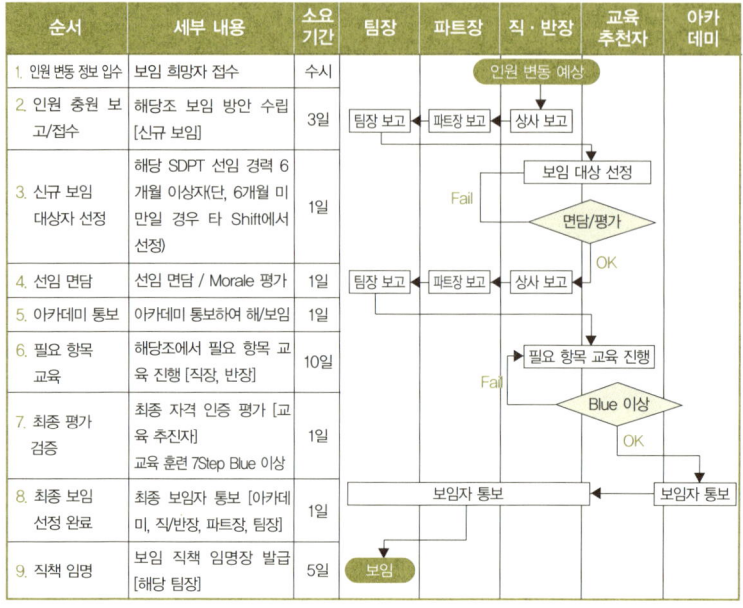

순서	세부 내용	소요기간	팀장	파트장	직·반장	교육 추천자	아카데미
1. 인원 변동 정보 입수	보임 희망자 접수	수시			인원 변동 예상		
2. 인원 충원 보고/접수	해당조 보임 방안 수립 [신규 보임]	3일	팀장 보고	파트장 보고	상사 보고		
3. 신규 보임 대상자 선정	해당 SDPT 선임 경력 6개월 이상자[단, 6개월 미만일 경우 타 Shift에서 선정]	1일			Fail	보임 대상 선정 / 면담/평가	
4. 선임 면담	선임 면담 / Morale 평가	1일	팀장 보고	파트장 보고	상사 보고	OK	
5. 아카데미 통보	아카데미 통보하여 해/보임	1일					
6. 필요 항목 교육	해당조에서 필요 항목 교육 진행 [직장, 반장]	10일				필요 항목 교육 진행 / Fail	
7. 최종 평가 검증	최종 자격 인증 평가 [교육 추진자] 교육 훈련 7Step Blue 이상	1일				Blue 이상 / OK	
8. 최종 보임 선정 완료	최종 보임 통보 [아카데미, 직/반장, 파트장, 팀장]	1일	보임자 통보				보임자 통보
9. 직책 임명	보임 직책 임명장 발급 [해당 팀장]	5일	보임				

위해서는 최소 3개월의 기간이 필요하다.

이러한 문제점을 사전에 예방하기 위한 제도가 바로 직·반장 보임 제도로 차기 직·반장의 자질을 가지고 있는 여사원을 사전에 육성하여 비정상적인 공백이나 문제 발생 시 대응하기 위해 진행하는 교육 프로세스다. 이 과정은 단순히 교육만 진행하는 것이 아니라 사전 관리자의 자격이 있는 여사원을 충분히 검증하여 상사 및 동료 직원에게 인정을 받은 여사원으로 초기부터 선정된다. 상기의 프로세스를 통해 육성이 되며, 평시에는 본연의 업무를 진행하다 현장관리자의 공백 시 즉시 관리자로 보임을 변경하여 현장이 불안정한 관리 상태가 되지 않도록 예방하는 제도이다.

꿈의 디자인 3 - 제조 박사 제도

2006년부터 본격적으로 시작된 교육 훈련 7스텝 사이클이 벌써 6사이클을 완료하고 있다. 초기에는 혁신 추진자를 중심으로 교육 추진자와 현장의 반장(분임조장)이 주축이 되어 추진되었지만 지금은 현장의 분임조마다 교육 역할 담당자가 만들어지면서 상당 수준 자발성이 가미(加味)되고 있다.

지금도 새삼 느끼지만 현장을 변화시킨다는 것은 결국 니즈(needs)를 잘 파악하여 그것을 충족시켜 줄 수 있는 틀(frame)과 시스템을 만들어 주고(여기까지가 최고경영자와 추진자의 몫이다.) 스스로가 운영하면서 새롭고, 바람직한 상태로 발전시키고자 하는 모습으로 끌어 올려주는 것이다. 현재의 수준까지 오면서 현장 사원들이 몇 번의 공청회를 요청하였고 구성원의 반발도 있었다. 하지만 그때마다 맨 먼저 앞으로 나와 교육 훈련의 필요성을 역설하고 그들을 설득한 장본인들은 바로 현장에서 교육 훈련을 맡아서 추진해 준 분임조장들과 추진자들이었다.

그렇게 우여곡절 끝에 다듬어진 현장의 자주 학습 체계로 자리 잡아갈 때 즈음 현장의 중·고참 사원들 중에 블랙벨트(교육 훈련 평가 만점 획득자)가 하나둘씩 나타나기 시작했다. 더 높은 단계로의 도전을 필요로 하였고, 새로운 시스템을 구상하게 된 것이다. '제조의 꽃'은 최고의 제조사원에게 보상을 해 주고 자부심을 줄 수 있도록 인증제도를 만드는 것으로 몇 차례의 워크숍과 회의를 거친 끝에 '제조 박사'라는 인증제도가 만들어졌다.

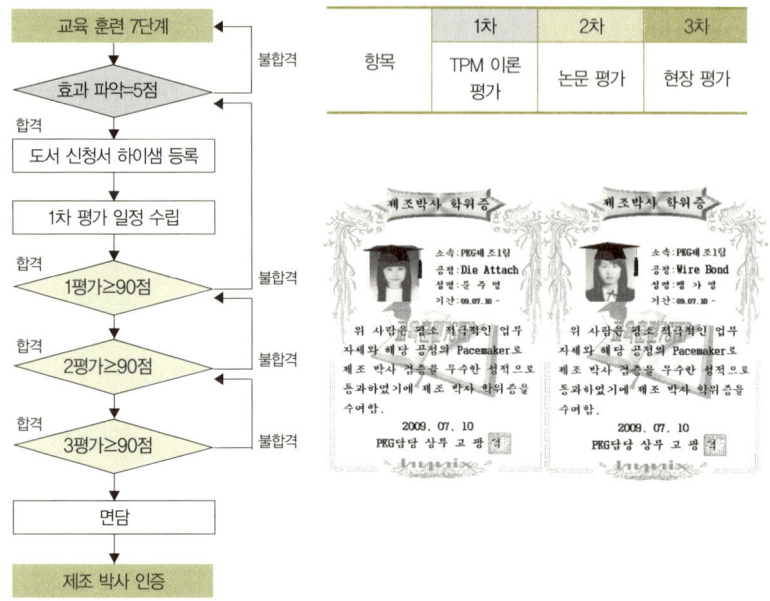

| 제조 박사 제도 |

교육 훈련 7단계 → 불합격
↓ ↑
효과 파악=5점 ←
↓ 합격
도서 신청서 하이샘 등록
↓
1차 평가 일정 수립
↓ 합격
1평가≥90점 → 불합격
↓ 합격
2평가≥90점 → 불합격
↓ 합격
3평가≥90점 → 불합격
↓
면담
↓
제조 박사 인증

항목	1차	2차	3차
	TPM 이론 평가	논문 평가	현장 평가

제조 박사라는 명칭에서 느껴지듯이 단순히 작업 지식과 스킬만 최고 수준이 된다고 해서 얻어지는 지위가 아닌 3단계에 걸친 인증 프로세스와 파트장, 팀장의 면담을 통해 태도와 인성이 검증된 사람만 도전할 수 있도록 엄격한 제한이 있다. 무엇보다 중요한 것은 도전하려는 본인의 주도성과 열정이라고 생각했기 때문에 더욱 엄격한 기준을 두었다. 세부적인 프로세스를 보면 그림에서와 같이 3차에 걸쳐 인증 절차가 이루어진다.

초기에는 위의 그림과 같은 까다로운 절차 때문에 공지한 후에 몇 달 동안은 도전자는 없었다. 하지만 드디어 2008년 12월 첫 신청자가 나왔다. 예상 외로 입사 5년차의 애띤 사원이었다.

214 | 21세기 난중일기

예상 외의 신청자였지만 많은 고참보다도 먼저 블랙벨트를 획득하였고, 현장에서도 뭐든 열심히 하려는 당찬 사원이라는 말을 추진자로부터 듣고 내심 기대가 되었다. 1차 TPM 이론 평가 과정에서 2번의 탈락을 겪고, 2차 논문 심사, 3차 현장 심사를 거쳐 3개월간의 도전 끝에 2009년 3월 27일 패키지 그룹의 제조 박사 1호가 탄생하였다. 이후로 많은 도전자들이 각 현장에서 나왔다. 그중 절반 정도는 중도에 포기하였지만 2호, 3호…… 새로운 제조 박사가 탄생되었고, 현장사원들의 새로운 도전의 무대로 자리 잡게 되었다. 같이 입사를 하고 같은 현장에서 같은 업무를 시작했어도 꿈과 비전, 목표가 뚜렷한 사람과 그렇지 못한 사람과는 시간이 흐름에 따라 엄청난 차이가 발생하는 것을 여러 번 본다. 가장 중요한 것은 본인의 가치관과 의지이겠지만, 회사에서도 도전할 수 있는 무대와 더 높은 곳으로 갈 수 있는 기회 즉 꿈과 비전을 제시해 주어야 한다. 그것이 사람의 실력을 키우고 인재(人才)를 만들어 회사의 경쟁력으로 이어 갈 수 있는 유일한 길이기 때문이다.

꿈의 디자인 4 – 제조 엔지니어 육성

현장 여사원의 꿈과 비전을 키우기 위한 마지막 작업은 설비 관리를 담당하는 계획보전 엔지니어와의 협업이 필요하다. 반도체 공정에서의 현장 여사원과 장비 엔지니어의 역할은 업무 형식에 있어 매우 다르다.

하지만 제조 박사 제도, 교육 훈련 7스텝, 멀티 인증 제도를 접목하면서 여사원 중에서도 설비에 관심이 많고 고유 업무로의 도전을 희망하는 여사원이 생기게 되었다.

하지만 이러한 여사원이 본인의 꿈을 실현하기 위한 방법이 없었다. 이 문제를 해결하기 위해 하이닉스 최초 여사원이 제조 기술로 업무 도전의 문을 만들고 운영 프로세스를 만들었다. 그림에서 보는 바와 같이 교육 훈련 7스텝을 바탕으로 4.7점 이상자를 대상으로 희망자를 접수하고 중간관리자의 승인이 나면 계획보전의 제조 기술 엔지니어로 멘토가 선정이 되어 5스텝으로 계획된 교육이 이루어지게 된다. 그리고 최종 교육이 완료되면 그룹장(=공장장)의 최종 인증을 통해 제조 기술 엔지니어로서의 공식적인 업무를 시작하며 본인의 희망에 따라 제조팀에서 제조 기술팀으로 팀을 옮겨 새로운 꿈을 펼치게 되는 것이다.

이렇게 현장 여사원에 대한 성장의 기회와 관심 있는 교육이 이루어지자 한 단계 높은 진화가 가능하게 되었고 전사에서 혁신 활동이 가장 우수한 조직으로 인정받고 있다. 좋은 인재는 좋은 시스템이 만들며, 좋은 시스템은 또한 좋은 인재가 만든다고 필자는 말하고 싶다. 현장은 가만히 놔두어서는 절대 스스로 변하거나 좋아지지 않는다. 때로는 뼈를 깎는 고통을 감내하며, 때로는 오해 아닌 오해를 받으면서도 그것을 풀어 가며 차츰 구성원에게 공감을 얻을 때 비로소 혁신에 성공할 수 있다.

우리는 흔히 성공적인 혁신은 경영자의 몫이라고만 얘기한다. 필자는 그것에 절대 반대한다. 그것보다 더 중요한 것이 바로 추진자의 역할이기 때문이다.

추진자의 성과를 판단하고 싶은가? 그 해답은 바로 시스템에 있다. 시스템을 만드는 추진자인지 아니면 거품을 만드는 추진자인지를 구별해 낼 줄 아는 지혜를 키워야 한다. 가령 혁신적인 조직으로 잘나가던 조직이 최고 경영자가 변했다고 한순간에 별볼일 없는 조직으로 전락했다면 혁신 추진자가 역할을 잘못한 것이다. 그래서 필자는 지금까지 시스템을 아주 중요시해 왔다. 그것이 경쟁력 있는 조직의 문화를 만드는 가장 기본적이고 중요한 인자이기 때문이다.

4 제조기술 엔지니어 육성 프로젝트

Buy가 안되면 Make가 대안이다

TPM이 도입되던 2002년 하이닉스반도체는 젊은 기업이었다. 젊은 기업은 한마디로 직원들의 평균 연령이 낮다는 것이다. 하지만 점점 시간이 지날수록 직원들의 근속년수는 쌓여만 갔다.

자주보전 교육체제는 기반을 확보한 상태였다. 하지만 계획보전에는 다년간 신규 채용이 없어 기존의 직원들의 근속년수만 늘어나고 있었다. 문제는 여기서부터 시작되었다. 계획보전의 전체 인원의 70%가 근속년수가 10년 이상인 반도체 제조 전문 기술인으로 구성되어 있었고, 이런 분임원들을 위해서 내가 먼저 "오래

| 계획보전 성장 곡선과 진입 장벽 |

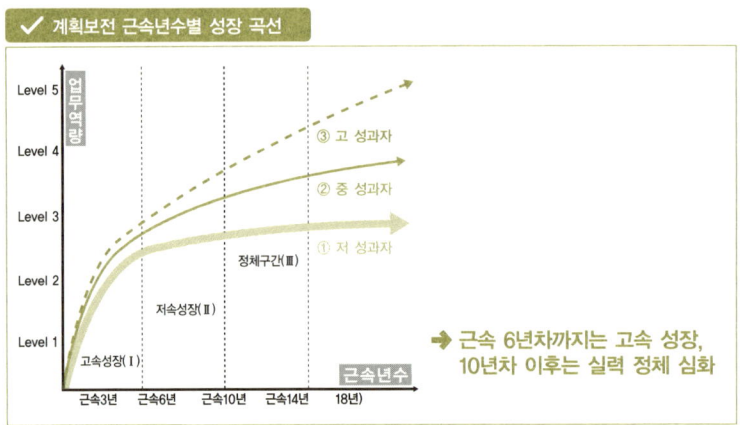

✔ 계획보전 근속년수별 성장 곡선

근속 6년차까지는 고속 성장,
10년차 이후는 실력 정체 심화

가고 좋은 회사"를 위한 미래 제시를 해줘야만 했다.

지난 리더십 세미나에서 "Buy가 안되면 Make가 대안이다"라는 대목이 생각났다. 자! 이제 우리 회사의 울타리 안에 이미 들어와 있는 경력이 많은 반도체 제조 전문 기술인을 어떻게 실행력을 높여서 그들로 하여금 성과를 증진하고 성공에 한 발짝 더 다가갈 수 있게 도와줄 것인가?

이미 우리 식구가 된 사람을 명백한 하자가 없는데도 무리한 인사권을 행사하여 내치기보다는, 실행력이 높은 제조 엔지니어로 길러주는 것 또한 리더의 중요한 덕목 중 하나라고 생각했다.

실행력이 높은 조직 문화를 만들기 위해서는 세 가지 프로세스에 주목할 필요가 있다.

제조기술 엔지니어 육성 세 가지 프로세스

첫째, 인력 프로세스로서 사람을 볼 때에 현재의 실적보다 미래의 잠재력에 초점을 맞추어 실행력이 있는 사람을 선정하고, 실행력을 높여 주는 교육을 실시하는 것을 말한다.

둘째, 전략 프로세스이다. 경쟁사 현황, 지역적 특성, 고객의 욕구, 가격 정책, 예산의 지원과 같은 전략적 요소를 간과하면 실행력이 생기기 어렵다.

마지막으로 운영 프로세스다. 비용, 납기, 품질 등 전략을 달성할 구체적인 운영 계획 없이는 실행력이 높아지지 않는다.

앞의 세 가지 프로세스를 기반으로 제조기술 엔지니어 육성 프로젝트를 구축하였다. 제조기술 엔지니어의 육성은 반도체 제조 전문 인력의 능력 향상 및 미래 기술을 준비할 수 있는 전문 기술인들을 양성하는 것이 주요 목적이었다. 자 이제부터 미래를 준비하는 우리의 모습을 살펴보자.

5 창조적 인재 양성

창조적 인재 양성이란?

21세기에 고정불변의 영원한 경쟁 우위는 없다. 이처럼 21세기는 새로운 경제의 시대가 도래했다. 기업간 기술 격차는 줄어들었고 순식간에 정보가 확산되는 최근의 경영 환경 속에서 조직의 창의적 역량 강화를 위해서 창의적 인재의 확보가 필수 불가결한 시대가 된 것이다. 경영 전략의 대가인 마이클 포터의 주장이다.

이제는 경쟁자보다 한발 앞서 시장 기회를 포착하고 차별화된 새로운 가치로 시장을 주도하는 창의적 역량이 무엇보다 중요한 시대가 되었다.

그에 따라서 조직은 창의적 인재를 요구하게 되었고 조직 내부의 인재 육성을 위한 많은 전략과 교육 과정의 발달을 초래하게 되었다.

창조란 무에서 유를 만드는 것이 아니라 기존 요소를 바탕으로 새로운 사실을 만드는 작용이라 할 수 있다. 그렇다면 D-B/E 그룹의 "창조적 인재 양성"은 무엇인가? 종업원 실천 유도형이라고 하는 글로벌 기업인 P&G와 같이 종업원들이 현장에서 직접적이고 자발적인 실천을 통해 자신들의 능력을 향상시킬 수 있도록 유도하는 인재 육성 방안과 종업원 집단 교육형인 메리어트 호텔과 같이 회사의 기본 방침을 전사원들이 철저히 인식하고 실천할 수 있도록 집단적 교육 형태를 동원하는 방법을 착안하였다.

기업과 조직 구성원은 상호 발전을 추구하는 공동 운영체이며, 이런 관점에서 창조적 인재 양성이 필요하였다. 그 동안 우리 나라의 많은 기업들은 종업원을 진정한 파트너로 인정하기보다는 경영의 수단으로 인식하는 경향이 강했다. 이로 인해 경영진과 종업원간의 갈등과 불신의 골이 깊어지고 매년 연례 행사처럼 노동 투쟁이 일어났었던 게 우리나라 기업들의 관행처럼 되어버렸다.

그간의 경험으로 하이닉스반도체와 종업원은 다른 길을 가는 것이 아니라 공동의 목적을 달성하기 위해 서로 협력하는 공존 운명체임을 깨닫게 되어 존중하고 인정하는 창조적 인재 육성 기반을 마련하였다.

[근속년수별 차별화된 맞춤형 학습 방법] "창조적 인재 양성"

VISION 필수	VISION 선택	근속년수	역량 수준 정의 핵심 역량	역량 수준 정의 개발 역량	학습 방법
능력자	현장전문가 문제해결전문가 설비전문가 시스템전문가 초기관리전문가 품질명장	–	장비개발 및 프로세스 엔지니어 (설비/재료 국산화 및 공정개선)	프로젝트 매니지먼트 스킬	분야 별 맞춤형 전문가 학습
		6년		원가이해	
		4년		사내강사양성	
		4년	Over Haul 설비능력향상	6시그마 TRIZ사용마	능력자 DGG 학습
MASTER	–	3년	Inter Lock 구축 및 신규설비 최적화 설치	파워포인트, 포토샬 엑셀매크로, QC기법	팀/파트 핵심과제 PROJECT 학습
장비 엔지니어	–	3년	T/Shooting 설비 유지/보수	엑셀 함수 활용 파워포인트Design	(팀 공통/파트 특화 업무) 체험형 학습
		3년	P.M/B.M 설비 보전 능력	PKG공정 Design 엑셀 기초	
신입사원	–	OJT 3개월	핵심요소 기술 습득		멘토/멘티 OJT 학습
	–	아카데미 (5일)	인성		BASIC 집합 교육

창조적 인재 육성의 최고봉 - 전문가

창조적 인재 양성은 크게 근속년수별로 나뉜다. 최초 입사를 한 신입 사원 과정을 시작으로 장비 엔지니어 과정, 마스터 과정, 능력자 과정, 전문가 과정, 품질 명장 과정으로 총 6개 과정으로 학습을 진행한다. 신입 사원 과정부터 능력자 과정까지 필수 교육으로 모든 분임원의 핵심 역량과 개발 역량으로 역량 수준을 정의하였고 대부분 학습 방법은 OJT 학습, 멘토/멘티 제도, 체험형 학습, Project 학습으로 단계별로 차별화된 맞춤형 학습을 실시한다.

창조적 인재 육성에서 최고봉이라고 할 수 있는 전문가 과정과 품질 명장 과정이 있다. 본 과정은 선택 교육이나 개인별로 갖추어야 할 조건이 따르는 과정으로 과정 수료 시 큰 포상으로 이어져 개인에 대한 미래의 비전을 제시해주는 인재 육성 과정이다. 우수 인재가 모이는 기업이 인적 자원의 경쟁 우위를 바탕으로 지속적인 성장이 가능하다는 사실은 다년간 혁신 활동을 통해서 성공한 사례를 보면 알 수 있듯이, 우수한 인재가 모이는 기업 문화를 창출하여 세계 최고 반도체 전문 회사, 오래가고 좋은 회사로 거듭날 것이다.

6 경쟁력을 갖춘 강한 현장을 만드는 전문가

자체 역량 확보 체계 구축

대한민국은 교육에 관한 한 그 유례를 찾아볼 수 없을 정도로 높은 관심과 열정을 가지고 있다. 우리는 이를 '교육열'이라고 부른다. 어떻게 보면 우리 국민들의 높은 교육열 때문에 전쟁의 잿더미 위에서도 한강의 기적이 달성될 수 있었는 지도 모른다.

필자의 과거 현대전자 입사 시절이 그러했다. 당시는 공장에서 필요한 상품을 생산해내기 위해서 맡은 업무에 따라 암기된 지식으로 인재를 길러내던 시대였다. 어떻게 보면 산업화시대의 교육 시스템이 더 효과적일 수 있었다. 수백 여명의 분임원들 사이에서 자신의 능력을 향상시키고 경쟁력을 갖춘 전문가 수준의 인원들이 하나, 둘 두각을 나타내고 있었다.

앞에서 언급했던 근속년수별 필수 교육을 수료한 분임원은 각 분야별로 현장 관리 전문가, 프로세스 전문가, 설비 개선 전문가, 초기 관리 전문가, 시스템 전문가, 문제 해결 전문가 등 6개의 전문가로 총 23명의 전문가가 배출되었다.

| 자체 전문역량 확보체계 구축 |

근속년수	장비기술 성장 단계 Map	직무 전문가	필요 역량 항목 도출 (사내 교육 Program 연계)		사내강사양성	프로젝트 매니지먼트 스킬	창의력 개발
-	현장관리전문가 · 프로세스전문가 · 설비개선전문가 · 초기관리전문가 · 시스템전문가 · 문제해결전문가	① 현장관리 전문가	대인관계 향상				
6년			면담 SKILL				
4년			직장 리더십				
4년		② 프로세스 전문가	PKG DESIGN / 6시그마&Minitab / PKG 신뢰성				
3년	Master(Project 활동)	③ 설비개선 전문가	전략기획노트 / 파워포인트 디자인 2007 / 엑셀 DATA 관리 노하우				
3년	장비 엔지니어 (장비 이론/기술 습득)	④ 초기관리 전문가	반도체 공정 기초 이해 / 신뢰성 기술 / Package 기술				
3년		⑤ 시스템 전문가	특허 / 3D CAD / C Programming				
OJT 3개월	신입사원 OJT 교육	⑥ 문제해결 전문가	6시그마&Minitab / TRIZ / 기업혁신을 위한 분임조 활동 ABC				
아카데미 (5일)	D-B/E그룹 입사 교육						
입사	Hynix 입사 교육						

➡ 문제 해결 전문가 자격 정의 역할

	준 전문가	문제해결 전문가	품질 명장
자격 정의	• 품질분임조 사내/도대회 • 문제해결 기본교육 이수 • 팀장 인증	• 전국 품질분임조 입상자 • 개선/연구/6시그마 세션 • (COP/운영사례 제외) • 그룹장 자동 인증제	• 전국 품질분임조 입상자 • 개선/연구/6시그마 필수 • 사내 강사 활동 • 표준 협회 주관 인증제
전문 기술	• 현장 개별 개선 추진 기술 • QC 7기법 기초 기술 • 문제 상황 정의 기술	• 개별개선 프로세스 기술 • QC 7기법 심화 기술 • 문집 작성/지도 기술 • 커뮤니케이션 기술	• 통합 문제해결 전문 기술 • 통계적 품질 관리 기술 • 과제 코치/컨설팅 기술 • 커뮤니케이션 기술
역할	• 현장 문제 해결 실행 • 신입사원 교육 활동	• SDPT 지도/지원 활동 • 사내/그룹 전문 강사 활동 • 학습/연구회 활동	• 그룹 경진대회 기획/주관 • 전문가 학습/연구회 운영 • 품질명장 협회 가입/활동 • 사내 전문 컨설팅 활동
	참가 포상 지급	입상시 인사가점 2점 100만원 상금	입상시 인사가점 2점 200만원 상금

➡ 문제 해결 전문가 인증 목적

• 문제해결 전문가 인증 도입을 통해 구성원의 문제 해결 역량을 고도화하고, 자기개발 및 전문가 육성을 통해 장기적인 비전을 제시하여 조직 경쟁력을 확보하고자 함.

다양한 과제를 제시하라

이런 전문가들을 대상으로 사내에서만 자신의 능력을 발휘하는 것이 아니라 사외 대회에 참가함으로써 개인의 업무 역량을 인증받을 수 있는 계기를 마련해 주었다. 필자는 분임원들의 제조 기술 엔지니어로서의 자부심을 고취시키고자 D-B/E 그룹 내에서 품질 분임조 대회를 개최하였고, 입상한 분임조는 전국 품질 분임조 경진 대회를 출전할 수 있는 기회를 부여함과 동시에 포상과 지원을 아끼지 않았다.

그 결과 5년 연속 금상을 수상하는 분임조를 발굴하였고, 하이닉스 내에서도 품질 분임조 활동 활성화에 기폭제가 되었다.

시대가 바뀌면 교육 시스템도, 교육 방식도, 그리고 교육 내용도 모든 것이 다 바뀌어야 한다. 만약 우리가 아직도 과거 산업화 시대의 교육 시스템에 미련을 가지고 새로운 시대에 부응하는 교육 시스템으로 전환하지 않는다면 그것은 개인이나 국가의 미래를 위해서도 큰 죄를 짓는 일이 될 것이다.

글로벌 시대의 강자

회사 내에서 창의성 교육이야 말로 글로벌 시대의 기본을 충실하게 익힐 수 있는 밑바탕이 될 것이며, 앞으로의 교육은 분임원들 개개인의 특성을 파악하고 분임원들에게 끊임없이 세계와 미래를 향해 도전할 수 있는 다양한 과제를 제시해 주어야 한다.

이 책을 통해 미래사회를 위한 진정한 교육의 가치는 무엇이며, 회사가 갖추어야 할 모델은 어떤 것인지 알 수 있을 것이다. 글로벌 시대의 인재 육성은 대한민국이 세계 중심으로 나아가기 위한 필수요건이다. 다가오는 미래는 자국에서의 경쟁이 아닌 세계와의 경쟁이다. 따라서 창의성을 바탕으로 남과 다른 아이디어를 창출하는 교육만이 글로벌 시대에서의 무한경쟁에서 살아남을 수 있고 세계 최고 메모리 반도체 회사, 오래가고 좋은 회사가 될 것이다.

21세기 난중일기

PART 04

시너지
극대화를 위해

하나로 묶고,
흡수하고, 상생하라

CHAPTER 07

껍데기가 아닌
본질적인 차별화

껍데기만 새것으로 바꾸었다고 해서 차별화되는 것은 아니다. 고객은 껍데기만으로는 절대 차별성을 인정하지 않는다. 본질적으로는 기본에 충실하면서도 깊이 있는 고민을 거친 차별화, 이것이 고객이 인정하는 차별화의 가장 중요한 속성이다.

_창조적 고통을 즐긴다, 프로사관학교 "이기는 습관" 중에서

　

최근 각 기업의 혁신은 융합을 향해 달리는 듯하다. 그동안의 혁신이, 성공한 우수 기업의 선진 혁신 툴(Tool) 하나를 선정하여 기업 연수와 다양한 교육 프로그램을 통해 해당 기업의 문화로 정착될 때까지 추진하는 것이었다면, 지금은 한 기업 내에서도 수많은 혁신 방법들이 활용되며 제각각 시너지 창출을 위한 몸부림을 치고 있다. 성공한 기업은 해당 기업의 문화와 구성원의 체질을 융화시키고, 미래 기업의 비전을 달성시킬 고유의 혁신 문화가 확실하게 뿌리를 내려 예상치 못한 어떠한 위기 상황에서도 생존할 수 있는 지구상 단 하나의 열쇠를 쥐고 있다는 것이다.

1 TPM에 6시그마를 장착하다

융합을 위한 준비

필자는 그동안 혁신 활동을 추진하며, 시작 후 7년간 TPM의 철학과 원리에 심취되어 조직의 모든 역량을 집중해 왔다. 지금도 기업의 체질을 변화시키고 지속 경영을 위한 문화를 만드는, 지구상에서 가장 맘에 드는 혁신 툴은 TPM임을 자신 있게 밝히며 확신한다. 하지만 지금부터는 혁신의 진화에 대해 이야기하고자 한다. 최근 국내 기업을 비롯하여 우수 성과를 창출하고 있는 모든 기업들이 경영 혁신 활동을 함에 있어서 2가지 측면을 강조하고 있다. 첫째는 혁신의 본질인 효과성을 극대화하는 것이며, 둘째는 조직 구성원의 참여성을 극대화시키기 위한 방법에 대한 연구이다.

지구상의 모든 기업들이 이 2가지 측면을 달성하기 위해 다양한 시도를 하며 시행착오를 경험했으나 아직까지는 확실한 성공 모델로서 자리 잡지 못하고 있는 것이 현실이다. 가장 큰 이유는 각각의 혁신 툴들이 각기 다른 배경에 그 기반을 두고 있기 때문일 것이다. 하이닉스를 예로 들어보면 TPM은 전원 참여를 통한 Bottom-up으로 철저히 현장을 중시하고 있다는 점이며, 6시그마는 Top-down 방식으로 교육을 통해 인증 받은 소수 정예의 전문인력이 프로젝트를 수행하고 있다는 점이다.

이러한 문제점을 해결하기 위해 필자가 운영하는 그룹에서는 3년 전부터 두 개의 혁신 툴이 상호 보완을 기초로 우수한 조직 성과를 창출하였다. 즉, 6시그마의 강점인 개선의 효과성을 극대화하고, TPM의 강점인 현장 참여의 유기적인 구성을 통해 선택과 집중을 통한 업무 분장의 혁신, 프로젝트 선정의 차별성, 그리고 조직 혁신을 하나로 묶는 인프라 구축을 위한 교육 개발과 체계 구축에 성공하였다.

다른 점과 공통점 찾기

반도체, 그리고 필자가 운영하고 있는 조직은 제조 현장이다. 다양한 혁신 방법을 최고의 경쟁력을 가진 혁신 문화로 정착시키기 위해서는 업무 환경에 대한 정확한 정의가 선행되어야 한다. 즉 제조 현장에서 가장 중요한 관심거리는 무엇인지에 대한 인지 절차가 필요하다. 최근 반도체 업계를 포함 제조업의 흐름은 창의적인 발상을 통한 신기술이 그 어느 때보다 중요한 관심이 아닐 수 없다. 과거 생산성 극대화 활동 및 품질 개선을 위한 개선 활동이 지금도 무척 중요하지만 추가적으로 선행 기술 개발 및 기반 기술 확보를 위한 실험의 다양성과 실험을 과학적으로 풀어 가는 능력, 그리고 창의적인 발상의 전환을 어떻게 끌어낼 것인가에 대한 고민이 요구되는 시점이다.

세계적인 혁신 모델인 토요타 혁신의 핵심은 개선 활동이 근간이다. 토요타만의 독특한 생산 방식인 간판 방식, 린 방식, 푸시풀 방식은 바로 이러한 시대의 요구를 잘 반영한 사례라고도 할 수 있지만 그것을 벤치마킹하고 받아들이기 위해서는 좀 더 다른 차원의 접근이 필요하다는 의미이다. 앞에서 얘기했듯이 TPM과 6시그마는 품질 향상과 생산성 극대화라는 공통의 목표를 가지고 있지만 활동 방식에 있어서는 큰 차이가 발생한다. 과제 선정과 이것을 해결해 가는 주체 그리고 결과를 도출하는 과정은 언뜻 비슷한 것 같지만 분명히 차이가 있다. 소그룹 단위로 현장을 기본으로 추진되는 TPM적 개선과 정예 인력 양성을 통해 핵심 프로젝트를 수행하는 것이 6시그마의 가장 큰 차이점이라면 두 개 모두가 개선을 목적으로 한다는 점은 공통점이다.

더 구체적으로 이것을 분류해 보면 TPM적 개선은 철저히 설비의 예방 보전을 통해 생산성을 극대화하고 품질을 안정시키는 것이며, 그 중심에는 전원 참여를 통한 사람의 성장을 근간으로 하고 있다. 반면 6시그마에서는 설비보다는 프로세스 측면을 강조하며 기업 경영 전반에 걸친 중요한 사안을 기초로 상부로부터의 강력한 힘을 바탕으로 움직인다는 점이다. 필자가 운영하는 조직에서는 이러한 분명한 차이를 넘어 이들의 공통점을 재조명하여 유기적인 혁신의 축으로 체질화하기 위한 접근을 시도하였다. 하지만 그 이면에는 무엇보다 중요한 요구가 반영되었다.

반도체 기술이 나노 기술로 전환되면서 점점 더 어렵고 복잡해지며 실험에 대한 종류가 다양해지고 초기 개발 시점에서의 품질 안정화가 요구됨에 따라 프로세스 엔지니어의 부담은 더

커지기 마련이다. TPM을 기반으로 성장한 제조 현장에서 신제품이 쏟아지면서 엔지니어의 실험에 대한 부담은 커질 수밖에 없었다. 단종품 대량생산체제였던 과거와 달리 복잡하고 다양하게 얽힌 수많은 잠재 요소들이 모여 불량이 만들어지는 다품종 소량생산체제로 변하고 있는 것이다.

부분 최적화

엔지니어의 실험에 대한 부담감을 극복하기 위한 방법은 무엇일까? 그 해답을 찾기 위해서 필자는 6시그마를 TPM에 융합하는 노력을 해왔다.

| TPM과 6시그마의 비교 |

항목	TPM	6시그마
참여 주체	분임조 인원	전문화된 인력
항목	현장 중심의 문제	경영 전략과 연계된 문제
영역	철저한 현장 중심	과학적 접근(프로세스 중심)
방법	개별 개선, 즉 실천, 신QC기법	DMAIC
과제 선정	Bottom - up	Top - down
레벨 인증	스텝 패스	벨트 인증
장단점	전원 참여(Morale 향상) 개별 동기 부여 조직 문화로 정착 용이 실험 객관성 취약 과정 지향	소수 인력 참여 전체 동기 부여 취약 현장 적용 어려움 과학적 검증(객관성) 성과 지향

먼저 두 개의 혁신 툴의 차이점을 보면 위 도표와 같이 차별화

된 장단점이 명확해진다. 이러한 각기 다른 혁신의 툴을 사전 충분한 검증 없이 현장에 적용했다면 어떤 변화가 생겼을까? 당연히 현장에서는 혼돈이 야기되었을 것이다. 필자가 운영하는 조직 역시 오랫동안 TPM을 현장에서 진행하여 문화가 되었기에 새로운 혁신 툴을 쉽게 받아들이고 이해하기에는 어려움이 있었을 것이 분명했다. 그럼 가장 접근하기 쉬운 방법은 무엇일까? 그 해답으로 가장 먼저 추진해야 할 부분이 부분 최적화였는데, 즉 6시그마를 현장에 적용함에 있어서 가장 시급한 부분은 바로 어렵다는 생각과 거부감을 없애는 것이다. 이것은 6시그마를 적용하기 위해 전체를 대상으로 적용하기보다는 먼저 소수의 전문가를 육성하고 성공적인 프로젝트 체험을 하게 하여 실제 사례를 중심으로 눈높이를 맞추고 기대의 수준을 높여 주는 방법이다.

필자의 조직에서는 단 한 명의 6시그마 전문가도 없었다. 과거 수박 겉핥기식으로 배웠으나 관심 있는 엔지니어를 모집하여 그들에게 충분한 시간과 교육 기회를 제공하였다. 여기서 가장 중요한 것은 단기적인 성과를 위해 인풋(Input)을 최소화하고 아웃풋(Output)만을 챙기는 우를 절대 범해서는 안 된다는 점이다.

서로 다른 장점

TPM의 전원 참여를 통한 제조 경쟁력 강화와 6시그마에서의 효과성 극대화를 위한 방안은 무엇일까?

첫째, 서로 다른 장점을 결합하라. 개선 활동의 유지 관리 측면에서는 TPM의 장점을 흡수하고, 개선 활동 특히 문제의 핵심 인자 선정 분석 및 검증 단계에서는 6시그마의 장점을 흡수하여야 한다. 개별 개선을 진행하면서 가장 아쉬웠던 부분이 개선에 대한 검증과 효과성에 대한 의구심이다. 이것을 6시그마에서 과학적 분석을 통해 보완하고, 업의 접점에서 근무하는 현장 근무자에게서는 TPM의 강점인 유지, 관리의 장점을 살리는 것이다.

둘째, 개선에 대한 활동 영역을 두지 마라. 필자가 운영하는 그룹의 최근 경영 혁신의 방향은 Top-down 방식과 Bottom-up 방식의 업무가 병행되며 점진적인 결합이 시도되어 운영되고 있으며 그 시너지 또한 크게 나타나고 있다. 즉 6시그마의 Top-down 과제 도출 방식과 과학적 문제 해결 방법이 제조 현장 중심의 개선 영역과 결합하여 성과를 내기 시작한 것이다.

기존 TPM의 보전 활동은 지속적으로 유지 발전시키며, 개선 과제를 중심으로 진행되는 6시그마 활동을 제조 현장에 흡수시켜 TPM과 결합함으로써 조직의 고유 혁신 문화를 창조하여 전사적인 참여도를 높이고 큰 성과를 낼 수 있었다.

조직의 혁신 문화로서 흡수되는 과정에서는 패키지 그룹에서 자체적으로 운영되는 아카데미의 역할이 매우 컸다. TPM을 기본으로 새롭게 추가되었던 6시그마는 초기에 체계적 문제 해결의 기초가 되는 미니탭의 활용을 실제 사례를 중심으로 주 1회 지속적으로 강의하여 실전 감각을 키웠으며, 연구회를 운영하며 자연스럽게 업무의 일부분으로 흡수되도록 유도했다.

추진 조직의 통합

TPM과 6시그마가 업무 속에서 자연스런 적용 단계에 들어서려면 기능적인 통합이 필요하다.

조직의 문화를 바탕으로 6시그마와 TPM의 주요 기능을 명확히 정리하고, 장단점을 보완하며 시스템적 연결이 되도록 추진하는 것이 가장 좋은 지름길이라 할 수 있다. 그리고 그 다음의 과정은 추진 조직, 운영 방법, 교육 방법, 성과 포상에 대한 방법의 일원화이다.

| 개별 개선과 6시그마의 비교 |

개별 개선		6시그마	
현상 파악	관리 그래프, 체크시트, 파레토도 분석	Define	VOC 분석, SWOT 분석, Benchmarking
원인 분석	특성 요인도, FTA, 5W-1H	Measure	측정 시스템 분석, Process Mapping, 공정 능력 분석
대책 실시	PDCA, Brainstorming, 시행착오법	Analyze	특성 요인도, X-Y Matrix, 가설 검정, Vital Few X's
결과 분석	관리 그래프, 체크시트, 파레토도 분석	Improve	개선 전략 수립, DOE, Two-Way ANOVA
사후 관리	관리 그래프, 체크시트	Control	SPC, Control Plan, 성과 평가 지침

〈약점〉
- 제조 현장 적용 및 유지 관리 취약
- 원인 분석, 대책 실시 취약

〈강점〉
- 개선 후 유지 및 사후 관리 우수
- 전원 참여를 통한 개선 활동

〈약점〉
- 개선 성과 파악 및 현장 전체 참여 취약
- 유지 관리 취약

〈강점〉
- 측정 및 분석 방법이 과학적이고 체계적
- 효과 및 개선 검증 명확

2 교육이 살아 있다

6시그마를 적용하고자 할 때 가장 기본은 사용자의 능력을 향상시켜 주는 일이다. 아무리 좋은 시스템이라 하더라도 그것을 사용할 지식이나 역량이 없다면 그것은 한낱 그림 속에 보석일 뿐이다.

현장에서 근무하는 구성원에게 가장 중요한 것은 문제를 정의하고 체계적인 프로세스를 진행할 수 있는 능력이 우선시되어야 한다. 이러한 부분을 만족시키기 위해 필자는 자체적인 전문가를 구성하고 패키지 아카데미를 통해 혁신 역량을 키우는 활동을 지속하고 있다. 어려워 쉽게 포기할 것 같은데 실제로 보면 관심이 매우 높으며 그 효과가 놀랍다.

우리는 교육을 하고 난 후 교육의 성과가 매우 크기를 기대한다. 하지만 교육생은 문을 나서고 나면 그저 교육일 뿐 모두 잊어버리기 쉽다. 교육 후 변화에 대한 유지 관리의 방법이 없기 때문이다. 이러한 문제점을 해결하기 위해 우리는 교육 이후 교육을 통해 배운 지식과 의식을 더욱 높이고 발전시키기 위한 방법을 개발해 적용하면서 상상 이상의 성과를 보았다.

한 번 씨앗을 뿌리면 썩지 않고 땅 깊숙이 뿌리를 잘 내릴 수 있는 방법은 무엇일까? 그 방법은 교육자 간의 커뮤니케이션이다.

우리는 교육의 성과를 극대화하기 위해 교육 후 교육을 함께 받은 동기생 간에 커뮤니케이션의 창구를 만들었다. 자세히 말하면 매주 교육 내용 중에서 중요 내용을 뽑아 거기에 따른 문제를 제시하고 그 문제에 대한 개개인의 생각과 행동 방향을 이메일을 통해 함께 공유하고 토론하며 한 차원 높은 사고를 할 수 있도록 추진하였다. 그리고 이러한 커뮤니케이션의 결과물은 향후 조직 운영의 중요한 인자로서 역할을 하게 되며, 또 다른 교육 기획에 중요한 자산이 됨을 확인할 수 있었다.

21세기는 창의력의 승부다. 누가 어떤 사고를 통해서 새롭고, 차별화된 아이디어를 구체화시켜 빠른 상품화에 성공하느냐에 따라 기업의 운명이 좌지우지될 것이다. 그 속에서 우리 하이닉스 역시 다양한 시도를 통해 하이닉스만의 독창적 혁신 문화를 만들어 가고 있다. 최근 우리 일상은 과거 시계, 수첩, 전화기, 노트북 등을 별개로 가지던 시절에서 모바일기기 하나로 집결되고 있다. 그 안에서 인간이 가진 모든 욕구를 충족시키기 위한 창조적 혁신이 지금도 곳곳에서 일어나고 있다. 최근에는 D-B/E 역시 6시그마가 활용이 안정화되어 새로운 접근을 시도하고 있다. 신기술로 대표되는 시대에 창조성을 높이기 위한 방법으로 TRIZ를 6시그마에 새롭게 장착하여 융합을 시도하고 있으며 좋은 성과를 내기 시작했다.

향후 필자는 선진 기업의 우수한 혁신 기법을 적극적인 연구를 통해 우리화하기 위해 노력을 계속할 것이다. 그리고 모바일기기처럼 하이닉스만의 창조적 혁신을 만들어 갈 것이다.

3 개선의 활성화, 인터러뱅 하우 머치

여러분들은 혹시 인터러뱅(Interrobang)이란 단어를 들어 보았는가? 인터러뱅이란 물음·느낌표(?!)이다. 상식을 훌쩍 뛰어넘는 믿기지 않을 정도의 '놀라움'을 나타내는 상상 초월 감탄사이며 아무도 예상치 못한 생각으로 우리를 깜짝 놀라게 하는 생각의 빅뱅이 인터러뱅이라고 정의할 수 있다. 필자는 이 단어에 매료되어 2010년 그룹의 혁신 키워드로 선정하여 '서프라이즈(Surprise) D-B/E(DRAM Backend) 인터러뱅으로 디자인하라.' 라는 슬로건을 만들어 혁신 전략을 수립하여 추진하였다. 그룹 조직원들에게 신선한 아이디어를 불어넣어 더욱 창조적인 방법으로 개선할 수 있도록 신바람몰이를 집중적으로 실시하였다.

인터러뱅 속에는 '무엇이든 물음표(?)를 던져라! 물음표를 해결하는 느낌표(!)를 찾아라!'라는 창조의 법칙이 숨어 있다. 인터러뱅은 남들이 보지 못하는 것을 들여다볼 줄 아는 사람만이 쓸 수 있는 창조 마크인 것이다.

2010년 D-B/E 그룹은 인터러뱅의 혁신 활동을 추진하였고 많은 성공 체험의 성과를 올렸다. 그중에서 그룹의 문화로 정착된 인터러뱅 하우 머치(How much) 활동을 소개하고자 한다.

현장의 개선 활동은 굳이 얘기하지 않아도 그 중요성과 파급 효과는 실로 어마어마하다. 하지만 개선 활동을 조직의 문화로 내재화하기 위해서는 수많은 장애 요인들이 있으며, 잘 하던 개선 활동이 한순간에 위축되어 활동이 뜸해지는 경험을 현장에서는 많이 겪게 된다. 필자는 개선 활동을 어떻게 하면 제조 현장에서 활발하게 그리고 재미있게 할 수 있을지 늘 물음표를 던졌다.

그런데 얼마 전 방송에서 다수의 중소기업 CEO가 참석하여 특정인의 독창적이며 우수한 제품을 만들 수 있는 아이디어를 경매를 통해 사고 파는 것을 보고 무릎을 쳤다. 인터러뱅의 느낌표(!)를 찾은 것이다. 현장에서 발생되는 무수한 아이디어를 사고 파는 시스템을 만들어 현장사원들의 관심을 증가시키고, 그동안 수많은 개선에도 불구하고 완벽하게 해결하지 못한 문제들을 그룹 내 다양한 분야의 전문가가 아이디어 경매에 참여하여 낙찰 받아 해결할 수 있도록 유도하는 방법을 추진하였다.

그동안 던진 '물음표'에 대한 창조적인 문제 해결 '느낌표'를 만든 것이다.

첫 인터러뱅 하우 머치의 반응은 가히 폭발적이었다. 우선 제안에 대한 현장의 관심이 뜨거웠으며 그것을 사는 낙찰자들의 열띤 토론과 참여는 재미와 함께 무척 의미 있는 메시지를 주었다. 그룹의 문화로 정착된 인터러뱅 하우 머치가 어떤 것인지 자세히 설명하겠다.

먼저 D-B/E 그룹의 업무는 크게 4가지의 업무로 나눌 수 있다. 첫째가 제품의 제조를 담당하는 제조 업무, 둘째가 장비의 유지 보수 업무를 담당하는 제조 기술 업무, 셋째는 제조 공법과 공정 원가를 책임지는 공정 기술 업무, 넷째가 제품을 개발하는 업무를 담당하는 제품 개발 업무로 나누어져 있다. 각 4분야의 최고 전문가를 선정하여 낙찰을 받아 개선을 유도하게끔 함으로써 현장사원들에게 어려운 제안도 해결될 수 있다는 믿음을 주는 것이 매우 중요하였다. 인터러뱅 하우 머치 프로세스를 보면 현장에서 자체적으로 해결이 어렵다고 생각하는 제안과 현재보다 더 좋은 성과를 낼 수 있는 제안 모두를 접수 받아 해당 전문가 검증을 통해 하우 머치 참여자를 선정하여 본인이 낸 제안을 최고 전문가들에게 판매하여 아이디어 상금을 획득하고 제안이 해결되었을 때 다시 한 번 해결 상금을 받는 일석이조의 제안 활동이라고 할 수 있다.

여기에서 가장 중요한 것은 낙찰자의 역할이다. 각 분야 최고 전문가들로 구성된 낙찰자들은 경매에 나온 창의적인 제안들이 최고 등급으로 낙찰 받아 해결이 될 수 있도록 끝까지 추진하여야 한다. 해결이 된 제안의 결과를 확인하고 최고 등급으로 포상 받을 수 있도록 관리해 주어야 현장에서 자발적으로 창의적인 제안이 쏟아져 나올 수 있기 때문이다.

제안은 혁신 활동에 있어서 매우 중요한 활동이다. 조직원들의 제안 활동이 시들해지면 반드시 혁신에 대한 피로도가 밀려오고 혁신 활동 이전의 모습으로 돌아가는 습성 때문에 조직의 경쟁력을 약화시키기 때문이다.

TPM은 업무로 완벽하게 소화되어야 하며, 업무는 제안으로 연계되어 가장 바람직한 모습으로 개선해 나아가야 한다. 'TPM=업무=제안' 삼위일체가 되는 활동을 하고 있다면 그 기업은 진정으로 TPM이 활성화되어 있다고 말할 수 있다. 조직원들의 창의적인 제안을 수용하고 활용하지 못하는 기업은 더 이상 창조적인 생각을 하지 못하고 창조적인 제품을 만들어 내지 못할 것이다.

21세기는 새로운 창조적 혁신의 물결을 맞이 하고 있다. 변화에 맞추어 창조적인 혁신 활동을 추진하지 않으면 도태되고 말 것이다. 영원한 1등은 없다. 시대의 변화에 맞추어 창조적인 혁신을 지속적으로 추진하는 기업만이 1등 기업으로 존재할 뿐이다.

무에서 유를 만들어 내는 것도 창조이지만 기존 것에서 새로운 것을 발견하는 것도 창조적 혁신 활동이라고 말할 수 있다. 특히 하이닉스 반도체 제조 공정은 후자가 더욱 중요한 활동이며, 혁신을 통해 지속적으로 새로운 것을 발견하고 발전시켜 나아가는 기업만이 21세기를 주도하는 창조적인 기업이 될 것이라고 필자는 확신하고 있다.

하이닉스에도 많은 변화가 밀려오고 있다. 새로운 기술의 창조적인 기업으로 우뚝 설 수 있도록 변화에 적응하기 위한 끝없는 진화를 위해 최고 경영자들과 임직원들이 최선을 다하여 창조적인 혁신에 매진하고 있다.

4 아름다운 동행, 상생 협력이 희망이다

생존, 그 치열한 아름다움

21세기 기업 문화를 대표하는 말은 단연 '지속 가능 경영'일 것이다. 한 기업의 생애를 보면 대부분 급격한 상승 곡선 뒤에 정체기가 따라오고 그 다음에는 급격히 하락하다 결국 파산하고 세상에서 사라지고 만다. 왜 그럴까? 기업의 시작점에서 절정에 이르렀을 때 그 기분에 흠뻑 취한 경영진이 미처 미래의 성장 동력을 준비하지 못했던 것일까? 아니면 기업 구성원들의 위기의식이 사라지고 대기업병에 걸려 버린 탓일까? 두 가지 모두가 기업의 흥망성쇠를 가름하는 핵심적인 요소일 것이다. 롱런(Long-run)하는 기업, 사람(배우, 가수, 체육인 등), 문학 작품 등에는 공통점이 있다. 그것은 바로 성공과 실패를 거듭하며 포기 대신 도전을 선택하며 단단하고 윤기 있게 만들어진 굳은살이 있다는 것과 뚜렷하고 변치 않는 가치관을 가지고 있다는 점이다. 생존이라는 치열하고도 아름다움에 저절로 고개가 숙여지는 위대함이 그 속에는 존재하고 있다. 그 정신이 바로 문화이며 기업을 지속 가능하게 만들어 줄 수 있는 원동력이 되는 것이다. 이제 기업들은 그 치열한 생존의 경쟁 속에서 또 하나의 문화코드를 만들어 가고 있다. 그것이 바로 '상생(相生)'이다. 하이닉스에는 수백 개의 협력 업체가 있으며 자체적인 협회를 운영할 정도로 규모가 상당히 크다. 패키지 그룹 역시 6개의 외주 제작 업체와 4개의 원재료 업체, 다수의 장비, 부품 업체들이 연결되어 움직이고 있다. 모기업과 협력 업체 사이에는 갑과 을의 보이지 않는 벽과 서로 견제하는 움직임이 많이 존재하는 것이 사실이다. 그렇기 때문에 상호 협력이라는 관계보다는 상호 견제, 관리, 점검 등의 관계가 성립되고 있는 것이다. 이러한 관계가 가져오는 가장 큰 폐단은 결국 '불신(不信)'이며, 양쪽 모두의 성장에 걸림돌이 되고 만다. 이제는 모기업과 협력 업체의 관계를 신뢰를 바탕으로 상호 협력의 구도로 전환해야만 치열한 기업 경쟁에서 양쪽 모두 살아남을 수 있으며 미래의 지속 가능성을 높일 수 있는 것이다. 그러면 어떻게 이러한 관계를 시작할 것인가? 필자는 우선 패키지 그룹의 협력 업체 중에서 가장 핵심적인 위치를 차지하고 있는 8개 업체를 선정하였고 각 업체별 혁신 활동의 수준을 파악해 보기로 했다. 생각했던 대로 업체 간 편차가 매우 컸으며 그 결과는 매월 실시하고 있는 각 업체의 평가지수와도 거의 비슷한 순위를 나타냈다. 그중에 가장 우수하게 평가된 H업체만 제대로 된 TPM을 도입하여 추진하고 있었으며 그 외 업체의 경우 경영자의 관심도, 혁신팀 조차도 구성되어 있지 않은 거의 전무한 상태가 대부분이었다. 물론 협력 업체의 대부분이 풍족한 경영 환경에서 운영되고 있는 것이 아니어서 이해는 하지만 이러한 상태로는 절대 협력 업체의 경쟁력과 지속성을 보장할 수 없다는 판단을 하게 되었다. 패키지 그룹의 핵심 추진자를 소집하여 앞으로 상생 협력 관계의 필요성을 전달하고 앞으로 가야 할 방향에 대해서 논의했다. 내부적인 역량을 더 견실하게 만든 후에 협력사에 지원을 해 주어야 한다는 의견도 있었지만 현재 협력사들의 상황이 너무 열악하고, 경영자의 관심도를 이끌어 내어 추진하지 않는다면 다음을 기약하기에는 미래가 불확실해 보였으며 앞으로 하이닉스의 제품 체계가 다품종 소량 체제로 급격히 변화하기 때문에 협력사들이 얼마큼 혁신적인 마인드로 무장하고 개선 활동을 해 주느냐가 자사의 경쟁력과 직결되어 협력사와의 혁신 협업을 추진하기로 최종 결정했다.

| 협력사와의 상생 협력 |

취지	하이닉스와 협력사 간 동반 성장을 위한 혁신 인프라를 구축하여 **'기술적, 문화적 교류를 통한 상생 경쟁력 확보'**
명칭	**'PKG두레'로 칭함** 사전적 의미는 논농사 지대에서 한 마을 성인남자들이 협력하여 농사를 짓거나 서로 협력하여 길쌈을 하며 일의 효율을 높이는 것으로 선인의 지혜를 더욱 발전시켜 하이닉스와 협력사 간 기술, 문화, 희로애락을 교류하여 지속 성장의 경쟁력을 확보하자는 의미
방향	• 예측 가능한 경영 체제 구축[完] 하이닉스와 협력사 간 전산 인프라 구축 • 기술적, 문화적 지원을 통한 **'상생 경쟁력 강화'**

동반 성장을 위한 아름다운 동행의 시작

본 상생 협력 활동의 추진 책임자를 팀장급으로 선정하고 몇 차례에 걸친 전략 수립을 통해 최종적으로 '동반 성장을 위한 아름다운 동행'이라는 슬로건을 내걸고 드디어 2008년 11월 3일 대표 협력사 8개 업체의 대표와 팀장, 혁신 추진자를 초청하여 아름다운 동행의 시작을 알리는 킥오프(Kick-Off) 행사를 실시하였다. 시작이 반이라고 뭔가 머릿속에 그림이 그려지고 있었지만 또 한편으로는 협력사 중에는 마지못해 따라온 업체도 있을 거라는 생각에 걱정도 되었다. 우선적으로 본 상생 활동의 취지와 목적이 왜곡되지 않고 모든 협력사들이 한마음으로 동참할 수 있는 분위기 조성과 실무 책임자들 간에 활동 조율이 필요하다고 생각하여 패키지 그룹 혁신 추진자와 협력사 추진자들이 한자리에 모여 워크숍을 추진토록 하였다. 앞으로 하이닉스 패키지 그룹과 협력사 간의 지속 성장을 위한 상생 협력 활동이 어떻게 추진될 것이며, 긍정적인 미래의 모습을 인지할 수 있는 시간을 갖고자 함이었다. 나는 협력사에게 몇 가지 사항을 명확히 해두었다. 절대 억지로 본 상생 협력 활동에 참가하지는 말 것과 한마음으로 동참할 것이며 각 회사의 중간관리자 중에서 가장 능력 있는 사람을 선정하여 본 상생 협력 추진 활동을 전담해서 맡아야 하며, 혁신팀이 없는 회사의 경우 혁신 추진 조직을 구성해 달라는 것이었다. 혹시나 보여주기식이거나 대충 흉내 정도만 내려고 했다가는 절대 성공하지 못한다는 것을 그동안 내 자신이 뼈저리게 경험했기 때문이다.

　필자의 이러한 강력한 의지 표명에 협력사들의 반응은 조금씩은 달랐다. 킥오프(Kick-off) 행사에 협력사의 대표 또는 중역이 직접 참가하여 이러한 혁신 활동의 필요성을 크게 느끼고 앞으로 모두가 이익을 얻을 수 있는 상생 협력 관계가 형성되는 데 큰 기대를 갖는 회사가 있고 또는 관리자 또는 실무자 한두 명만 참석하여 눈치 정도만 보고 가는 회사도 있었다.

필자 또한 그 자리에 참석한 모든 협력사가 아름다운 동행의 길에 오르리라고는 생각하지 않았다. 하지만 꼭 성공 모델을 만들어 지속 성장을 위한 아름다운 동행이 앞으로 기업 경쟁력을 높이고 나아가 국가 경쟁력을 높일 수 있는 해답을 제시해 준다는 것을 보여 줄 것이다.

협력사들의 혁신 활동이 지금까지 지속 실시되고 있다. 그동안 협력사들도 경영이 어려워 많이 힘들었지만 상생 협력의 아름다운 동행을 위해 정말 열심히 활동해 주었다. 매년 연말 패키지 그룹 혁신 결산 대회에서 협력사 2개 기업은 혁신 활동 우수 사례를 발표하였고, 그중 한 개의 협력사는 분임조 혁신 활동에 자신감을 가지고 2010년에는 제36회 전국 품질 분임조 경진 대회에 출전하여 치열한 경쟁을 뚫고 대통령상 금상을 수상하는 성과도 올렸다.

하이닉스는 수많은 협력사들과 운명을 같이하며 더불어 성공하는 성공 공동체로서 협력사와의 아름다운 동행을 지속적으로 실행해 나갈 것이다.

지금부터 시작이다. 언제나 그렇듯이 '새로움의 시작'은 창조적인 내 가슴을 뜨겁게 만들고 몰입이 가능하도록 하는 원동력이 된다.

5 중국 공장에 TPM을 전파하다

중국 우시 후공정 공장의 태동

2007년 하반기부터 메모리 반도체 업계에 아주 큰 불황이 닥쳤다. 하이닉스도 그 불황의 태풍을 피해 갈 수는 없었다. 눈덩이처럼 불어나는 적자로 하이닉스는 보유 현금이 고갈되고 회사의 운영비조차 만들어 내지 못하는 상황이었고, 2008년 초에는 또 다른 유동성 위기가 닥쳐 왔다. 미국에서 반도체 가격 담합 혐의로 벌금을 입금해야 하는 등의 재무적으로 매우 어려운 시점에서 자금의 확보가 매우 긴급하였다. 또한 하이닉스는 중국 시장에서 DRAM 점유율 40%를 차지하고 있어 중국 우시에 있는 C2 FAB 공장에서 나온 300mm 웨이퍼(Wafer)를 중국 시장과 세계 시장에 판매하기 위해서는 후공정 반도체 공장이 꼭 필요한 시기였다.

하이닉스에서는 반도체 일괄 생산 체제를 갖추기 위해 중국 정부의 투자를 유치하고자 중국 우시에 반도체 제조 공정의 후공정인 백엔드(Backend) 공장을 건설하고 국내 백엔드 장비의 40%를 이설하기로 협의하고 합작사를 설립하기 위해 2009년 5월에 계약을 체결하였다.

국내 최초로 반도체 300mm 후공정 장비 1,072대를 중국으로 이설하면서 제조를 할 수밖에 없는 어려운 작업의 막중한 책임을 부여 받았다. 장비를 이설하면서 제품을 제조해야만 했기에 그동안 우리가 해 왔던 혁신 활동의 우수성을 알릴 수 있는 좋은 기회이기도 했다. 장비 초기 관리를 완벽히 실행해야만 가능한 작업이기 때문이다. 물론 걱정도 앞섰지만 그 동안의 TPM 활동으로 체질이 변한 분임조원들의 실력을 믿었기에 세밀하고 철저하게 TPM 장비 초기 관리 실행 툴(Tool)에 의해서 장비 이설을 준비하고 진행하였다.

중국 우시 300mm 후공정 공장 설계에 셋업 표준과 MP(Maintenance Prevention) 정보를 반영해서 완벽한 장비 셋업(Set-up)이 될 수 있도록 레이아웃(Layout)을 만들었고, 장비 가동에 필요한 시설을 하나하나 점검해 가면서 공장을 건설해 나갔다. 또한 중국 공장이 완벽하게 건설될 수 있도록 요소 요소에 실력자들을 보내어서 적극적으로 지원하였다.

드디어 중국 공장 건물이 2010년 1월 말에 완공되어 2월부터 장비 이설이 시작되었고, 놀랍게도 7개월 만에 반도체 후공정 전용 건물을 세웠다. 장비 이설은 2월부터 시작해서 6월까지 단 5개월 만에 생산 로스(Loss) 없이 장비 이설을 끝낼 수 있도록 목표를 세워 진행하였다. 먼저 이설된 장비에서 제품을 생산하면서 추가 장비를 지속적으로 이설하는 어려운 작업이었다. 한 치의 오차도 발생되어서는 안 될 작업이다.

이제부터 중국이라는 또 다른 새로운 도전의 세계가 펼쳐진다는 생각에 가슴이 부풀었다.

중국 이설 장비 초기 관리의 성공 체험

반도체 장비 이동은 매우 어려운 작업이다. 장비 자체가 민감하여 조그만 충격에도 제품의 품질에 영향을 주어 불량품이 많이 발생되기 때문에 웬만해서는 이동을 하지 않는 것이 정설이기 때문이다. 1,072대의 반도체 장비를 이설하는 것은 매우 어려운 작업이었고, 고난이도의 장비 이설 초기 관리 활동이 필요하였다. 성공적인 장비 이설이 될 수 있도록 7월에 장비 이설 TFT(Task Force Team)를 구성하여 본격적으로 활동을 전개하였다. 8월에는 해외 공장이 있는 업체와 중국 하이닉스 해외 법인인 우시 공장을 대상으로 벤치마킹을 실시하여 성공 사례와 실패 사례를 면밀히 분석하여 해외 장비 이설 전략 및 계획을 치밀하게 세우도록 하였다. 더불어 장비 초기 관리 연구회를 구성하여 장비 초기 관리에 대한 실무를 완벽하게 익히고 배워 중국 공장에 장비를 이설하고 제품을 제조하는 인원을 대상으로 초기 관리 교육을 실시하여 장비 이설이 성공할 수 있도록 만반의 준비를 하였다. 또한 공정별 장비 모델별로 담당자를 선정하여 이설 플로 차트와(Flow chart)와 마스터 플랜(Master plan)을 작성하도록 하였다. 장비 이설과 셋업(Set-up) 시 반드시 확인해야 할 항목을 지정하고 체크 시트(Check sheet)를 만들도록 하여 두 번, 세 번의 확인을 통해 혹시라도 발생될 문제를 사전 점검하여 철저하고 완벽하게 준비했다. 파일럿 라인(Pilot line) 구성을 위해 첫 장비 반출이 2월에 이루어졌으며 중국 우시 공장에 성공적으로 셋업 되어 첫 제품이 생산되었을 때 필자는 성공적인 장비 이설을 확신할 수 있었으며, 또한 혁신 활동을 하면서 DBE 공장 장비·공정 엔지니어들과 제조 작업자 모두가 실력이 일취월장했음을 피부로 느낄 수 있었다. 물론 품질도 국내와 마찬가지로 아무런 문제 없이 고객들에게 인증을 받은 것은 당연한 일이었다.

중국인들을 교육하기 위해 장비 이설 전 3개월 동안 국내로 연수시켜 작업 방법에서부터 장비 이설 초기 관리와 장비 유지 보수 교육을 시킨 것도 성공적인 이설을 하는 데 큰 도움이 되었다. 이설이 시작된 후 중국 현지에서 채용한 작업자와 정비사의 교대 근무자 교육을 위해 교육 담당자들을 파견하여 처음부터 끝까지 교육을 진행하면서 이설을 진행한 것도 많은 도움이 되었다.

국내 최초로 중국으로 반도체 후공정 중고 장비의 성공적인 이설이라는 막중한 책임을 부여 받고 활동한 지 10개월 만에 이천 본사에 있던 1,072대의 장비를 옮겨 중국 우시에서 제품을 생산하면서 1개의 생산 로스(Loss) 없이 가능했던 것은 그동안 TPM 활동에서 보여 준 조직원들의 실력과 단합된 조직력이 있었기에 가능한 일이었다.

이러한 반도체 장비 이설 성공 체험을 바탕으로 중국 공장의 분임조 개선 활동을 활성화하기 위해 제36회 한국 품질 경진 대회의 해외 법인 분야에 출전하도록 추진하였다. '성공적인 장비 이설 초기 관리로 안전사고 감소'라는 주제로 안전 품질 부문으로 출전하여 최고상인 대통령상 금상을 수상하였다. 설립된 지 1년도 안 된 회사의 실력에 품질 경진 대회 심사위원인 교수들의 호평이 이어졌다. 이 모두가 혁신을 7년 동안 지속적으로 실행하고 실력을 키워 온 DBE 공장의 조직원이 있었기에 가능한 것이었다. 돌이켜 보면 아직도 혁신을 시작할 때의 설레임이 가슴에 남아 있어 새로운 도전을 두려워하지 않고 나아갈 수 있는 원동력이 되고 있다.

| 중국 초기 관리 7Step 장비 이설 계획 |

구분	8월	9, 10월	11월	12월	1월	2월	3월	4월	5월	6월	7월
B/E JV 장비 이설	B/M, 계약 및 전략 수립	초기 관리 교육 및 연구회	① Flow Chart ② Master Plan ③ Check Sheet			생산 Loss 없이 장비 순차적 이설 Master Plan & Check Sheet 점검					자주보전, 계획보전 업무로 전환

이설 장비 초기 관리	기획 1Step	계획 2Step	사전 준비 3Step	검수/해제 4Step	이동/설치 5Step	시운전 6Step	유동 관리 7Step	보전

항목	09년 12월	10년 1월	2월	3월	4월	5월	6월
사전 준비	인력/비품						
Lay out	100%						
JV 공사	1월 완공						
Pilot Line 장비 이동		2월 1일 Start 장비 Set-up					
제품 Qual			제품 Qual				
Mass 양산			3월 15일 Start	제품 Mass 양산			
PKG 장비 이동(596대)				PKG 장비 순차적으로 이동			
TEST 장비 이동(300대)				PKG TEST 장비 순차적으로 이동			

중국 공장에 TPM의 씨앗을 심다

중국 우시에 건설된 후공정 공장은 하이텍(Hitech) 반도체로 명명되었으며, 필자는 하이텍 반도체 등기 이사로 선임이 되어

2010년 3월 중국 하이텍 반도체 이사회가 처음 열려 참석하였고, 매 분기별 이사회에 참석하고 있으며 하이텍 반도체 성장을 위하여 올바른 의사 결정을 할 수 있도록 노력하고 있다. 필자가 3월에 중국 하이텍 반도체 제조 현장을 보고는 혁신의 불모지인 중국 공장에 처음으로 TPM 혁신 활동을 전파하면 지금보다 제조 현장을 안정화시키고 인재들을 육성할 수 있다는 생각을 하였다. 특히 중국 관리자들은 혁신 활동에 경험이 거의 없어 '하이닉스의 가장 중요한 전략적 제휴 제조 공장인 중국 공장에서 제대로 제품이 제조될 수 있을까?' 하는 의문이 들었고 안정적이고 품질이 높은 제품을 제조하기 위해서는 시급하게 혁신 활동 도입이 필요했다. 그래서 혁신 활동 도입을 위한 TPM 강의를 필자가 직접 하기로 결심하였다. 중국 관리자들에게 혁신에 대한 마인드를 심어 주기 위한 TPM 의식 교육이 필요했다. 본사로 복귀해서 어떻게 하면 중국 관리자들이 혁신에 대한 필요성을 공감할 수 있을지 고심했고, 그들이 쉽게 이해할 수 있도록 TPM 교육 자료를 직접 준비했다. 장비 이설 현황 확인차 4월에 중국 우시 공장으로 출장을 갈 일이 생겨 교육 자료를 가지고 그곳으로 향했다. 먼저 하이텍 관리자를 대상으로 하는 교육을 시작했다.

중국인 현지 관리자들에게 혁신이 왜 필요한지, 왜 혁신을 해야만 하는지 혁신 활동의 필요성을 부각시키는 데 있어서 가장 중요한 것은 TPM이라는 의식의 씨앗을 심는 것이었다. 통역을 통해 전달해야 했기 때문에 처음부터 어려운 TPM 용어는 사용하지 않고 쉽게 이해할 수 있도록 단감의 씨앗과 열매에 비유해서 내용을 구성하였다. 중국 관리자들은 혁신이라는 용어는 자주 들어 알고 있는 것 같았지만 무엇이 혁신인지 어떤 활동이 있는지에 대해서는 지식이 전무하였다. 필자가 그동안 TPM 성공의 경험과 생각을 정리하여 성공의 열매라는 주제로 TPM을 전파하기 시작하였다.

혁신이라는 성공의 열매를 맺으려면 씨앗이 자라기 위한 가장 기본이 되는 토양을 기름진 옥토로 만들어야 한다. 기름진 옥토를 만들려면 현장에서 3S(정리, 정돈, 청소) 활동을 공장 건설 초기인 지금부터 철저하게 실시해야 비용을 들이지 않고 깨끗하고 완벽한 현장을 만들 수 있다고 TPM 강의를 시작하였다. 또한 씨앗이 건강하게 자라기 위해 필요한 것은 일관된 햇빛과 양분인데 최고 경영자의 일관성 있는 경영(Management)이 중요하며, 공장 최고 경영자가 혁신의 본질을 알고 바람직한 공장을 만들 수 있도록 지속적으로 일관되게 TPM을 추진해야 혁신 활동이 정착될 수 있음을 강조하였다.

씨앗이 발아되어 첫 싹이 나오면 온갖 벌레와 병충해라는 장애물을 만나고 가뭄이라는 어려운 위기의 과정을 겪으면서 씨앗의 뿌리는 더욱 강해지는 것이다.

TPM도 본질을 알고 시작하면 일 잘하는 체질로 만들어 나갈 수가 있는 것이다.

새싹이 더 크게 자라서 튼튼한 열매를 맺으려면 대목, 지지대, 접수 등의 시기에 맞는 성장 촉진 방법이 필요하다. TPM으로 말하자면 자주보전, 계획보전, 품질보전 등의 업무 역할에 맞는 본주 활동을 해야지만 TPM이 활성화될 수 있다.

지나치게 많은 열매가 모두 결실이 될 수는 없고, 자라지 못한 열매나 빈약한 열매는 솎아 주어야만 건강하고 알찬 열매를 수확할 수 있듯이 TPM에서도 형식적인 활동이나 불필요한 이벤트를 많이 양산하는 것보다 본질에 맞는 한 가지의 혁신 활동을 지속적으로 실행해야지만 성공 체험을 할 수가 있는 것이다.

또한 중국인 현지 관리자들이 TPM의 본질을 모르는 상태에서 TPM을 도입해야 한다는 조급한 생각을 갖지 않도록 하기 위해 무작정 씨를 뿌리고, 서두른다 하여 씨앗이 움트고, 좋은 결실이 맺어지는 것은 아니며, 적절한 토양과 양분, 빛, 성장 조건이 맞을 때 감나무에 싹이 트듯이 지금부터 천천히 TPM의 본질을 연구하고 혁신을 할 수 있는 제도와 시스템을 만들어 가는 것의 중요함을 강조하였다. 중국 현지 관리자들의 표정을 보니 머리를 망치로 맞은 듯 멍한 표정들이었다. 처음으로 TPM이라는 용어를 듣는 사람도 있는 것 같았다.

이렇게 해서 중국 하이텍 반도체 공장에 처음으로 TPM이 무엇이고 왜 해야만 하는지에 대한 의식을 심어 주었다. 이제부터 시작될 중국 공장에 TPM을 전파하는 새로운 경험과 도전이 설레게 했다. 뿌듯한 마음으로 한국행 비행기에 몸을 실었다.

TPM 혁신의 기름진 옥토 만들기

　TPM이라는 성공의 열매를 맺기 위한 혁신의 씨앗을 뿌리고 한국에 복귀한 지 일주일이 지났다. 중국에 TPM의 씨앗을 뿌리고 왔지만 왠지 아쉬움이 들었다. 한 번 이야기한 것만으로 중국 공장에 TPM이라는 성공의 열매를 맺기는 어려울 것 같다. 필자는 중국 하이텍 반도체 등기 이사로 선정되었기 때문에 이사회 참석 및 중국 공장의 제조 현황을 확인하기 위해 자주 중국에 가야 했다. 중국 공장이 고품질의 하이닉스 제품을 제조할 수 있도록 필자가 경험한 TPM 성공 체험을 전파하여 안정적인 중국 현지 제조 공장이 되었으면 하는 바람으로 TPM의 씨앗을 뿌렸고, 지속적으로 혁신 활동을 할 수 있도록 TPM에 대한 의식 교육이 필요했다. 그래서 한국 공장 내 TPM 추진자 중에서 TPM을 처음부터 추진했던 경험이 많은 사람을 중국으로 파견을 보냈다. TPM을 도입하여 혁신 활동 기본 체제를 갖추도록 하기 위해서이다. 또한 필자도 TPM 혁신 활동이 완전히 정착될 수 있도록 지속적으로 관심과 노력을 기울이리라 마음먹었다.

　중국 하이텍 반도체에 근무하는 현지 관리자들이 TPM의 방향을 잡는 데 가장 필요한 핵심 내용을 알기 쉽도록 준비했다. 5월에는 중국 하이텍 반도체 부장 이상급의 관리자들에게 '기름진 옥토(TPM 제로 스텝) 만들기'에 대한 필자의 생각을 전파했다.

　씨앗이 자라서 성공적으로 열매를 맺기 위해서는 가장 중요한 것이 토양이라 할 수 있다. 기름진 옥토가 되어야만 씨앗이 건강하고 튼튼하게 잘 자랄 수 있다. TPM으로 말하자면 TPM 활동을 성공시키기 위한 첫걸음으로, 제도와 체제를 잘 갖추는 제로 스텝 활동이라고 할 수 있다. 제로 스텝은 한국에 처음으로 TPM이 도입되었을 때는 없었던 활동이었으나 TPM 전문가들이 TPM 활동이 거듭 실패하는 원인을 찾아 분석하다 보니 제로 스텝 활동이 필요함을 느끼게 되어 한국에서 TPM을 성공시키기 위해 자체적으로 만들어 낸 창조적인 스텝이라 할 수 있다.

기름진 토양 없이 씨앗이 싹을 틔울 수 없듯이 TPM도 제로 스텝 활동으로 기본기를 갖추지 못하면 성공할 수 없다. 필자는 이러한 점을 알고 있었기에 처음부터 제로 스텝 활동이 확고하게 뿌리 내릴 수 있도록 하기 위한 다음과 같은 강의 자료를 정리했다.

기름진 옥토는 물빠짐이 좋고, 돌멩이가 없어야 하며, 공기 순환이 좋아야 하며, 적정 습도를 유지해야 하고, 영양분을 저장할 수 있는 이 5가지의 조건을 반드시 갖추어야 한다.

첫째, 물빠짐이 좋게 하려면 현장에서는 물류의 흐름이 원활하도록 작업 동선에 맞는 레이아웃(Layout)과 장비 초기 관리를 실시해야 하며, 사무실에서는 혁신추진위를 실시하여 경영자의 생각이 일직선상으로 현장까지 올바르게 전달되어야 한다. 그리하면 현장의 과잉 제공을 막고 업무 지연을 예방할 수 있다.

둘째, 돌멩이(장애물)를 없애려면 현장에서는 불필요한 물품을 없애고 필요한 물품만 적재적소에 보유하는 3정 활동과 간판 방식을 적용하여 눈에 보이는 관리 방식을 구축해야 하며, 사무실에서는 미션(Mission), 골(Goal), KPI(Key Performance Indicator; 핵심성
과 지표) 항목을 명확하게 설정하여 목표의식을 갖추고, 개인 컴
퓨터 모니터, 책상, 서랍 등에 3정 기준서를 작성 후 부착하여 관
리하여야 한다.

셋째, 땅의 공기 순환을 좋게 하기 위해서는, 이설된 장비가
중고 장비이기 때문에 현장에서는 장비 초기 청소를 철저하게
실시해야 고장을 막을 수 있으며, 사무실에서는 초기 혁신 활동
의 성공을 위해서 즐거운 일터를 만들어야 한다고 강조했다. 필자
는 이 점을 혁신 활동이 성공하기 위한 가장 중요한 항목이라고
생각한다. 오랜 기간 직장 생활을 해 오면서 몸소 터득한 것은,
일을 시켜서 하는 사람은 자신의 능력의 50% 정도 역량을 발휘
하며, 일을 스스로 하는 사람은 자신의 능력의 90% 정도 역량을
발휘하고, 일이 즐거워서 하는 사람은 자신의 역량의 120%를 발
휘하는 모습을 많이 보아 왔기 때문이다. 혁신 활동은 즐겁게 일
하는 사람이 20%만 되어도 성공할 수 있다.

넷째, 적정 습도(목표)를 유지하기 위해서는 현장에서는 신바
람 나게 일할 수 있는 분위기를 만들어 주어야 하며, 사무실에서
는 개인 최고주의 항목을 선정하고 달성할 수 있도록 고취하여
야 한다.

다섯째, 영양분을 저장하기 위한 TPM 활동은 현장에서 기술
의 암묵지를 형식지화할 수 있도록 OPLS(One Point Lesson Sheet; 한
개의 주제를 한 장에 요약한 교육 자료)를 작성하도록 하여야 하며, 사
무실에서는 리더들이 솔선수범하여 리더 세미나를 통해 지식을

전달해 주어야 한다.

이와 같은 내용을 중국 현지 관리자들에게 전파해 주었다. 혁신 활동에 필요한 강한 체질은 저절로 만들어지는 것이 아니라 체계적 운동, 균형적 영양 섭취, 끈질긴 노력에 의해 만들어지는 것이다. 특히 기름진 옥토를 만드는 일은 강한 체질을 만드는 데 있어서 가장 중요한 과정이라고 할 수 있고, 끊임없는 교육만이 강한 체질을 만드는 데 커다란 도움을 줄 것이다. 중국 하이텍으로 출장 보낸 추진자에게 이러한 것이 말로만 끝나지 않고 실행되도록 하나하나 진행하도록 하였다.

먼저 부서별 미션(Mission)을 만들도록 하였으며, 부서의 핵심 KPI 항목을 선정하고 골(Goal)을 선정하여 관리하도록 진행하였고 중국 하이텍 공장 법인장과 협의하여 월별 정기적인 포상 체계로 구축될 수 있도록 시스템을 만들어 나갔다. 이 포상 체계는 현재까지도 꾸준히 진행되고 있고 중국 하이텍 직원들에게 강력한 동기 부여가 되고 있다. 또한 매월 하이텍 법인장이 주도하는 경영설명회를 통해서 TPM 혁신 활동을 지속적으로 발전시켜 오고 있다.

아버지의 마음으로 혁신을 주도하라

중국 하이텍 공장이 혁신 활동을 도입한 지 벌써 1개월이 되어 갈 무렵 각 부서별로 분임조를 구성하는 등 여러 가지 활동들이 진행되고 있다는 소식이 들려왔다. 하지만 한국에서 파견 나간 관리자들과 중국 현지 관리자들 간의 불협화음이 간간히 들려오기도 하였다. 한국 직원들과 중국 직원들 간의 불협화음을 없애고 화합할 수 있는 방법을 찾아보기로 하였다. 또한 6월에 하이텍 이사회가 예정되었기에 중국 공장에 갈 기회가 생겨 다시 한 번 중국 현지 관리자들과 한국인 관리자들에게 내가 알고 있는 진정한 리더십을 전파하여 TPM이 성공적으로 안착될 수 있게 하고 싶었다.

'맛있는 감'이라는 성공의 열매를 얻기 위해서는 기름진 옥토를 만들어야 한다는 것은 지난 교육을 통해 이미 잘 설명해 주었기 때문에 관리자들은 다들 제대로 이해할 것이며, 최종 목적을 이루기 위해서 가장 중요한 것이 리더의 역할이다. 리더가 어떻게 생각하고 지시하느냐에 따라 TPM에서는 조직의 성과가 결정된다는 아주 단순하고 심오한 진리를 어떻게 하면 심어줄 수 있을지 생각에 생각을 거듭한 결과 '아버지의 마음'으로 정리하여 특강을 실시하기로 하였다.

"리더십 = 아버지의 心"

아버지는 자녀가 탄생하고 성장하기까지 성심 성의껏 보살펴 주어야 하는 책임이 있으며, 자녀가 잘한 것은 칭찬해 주고, 잘못한 것은 꾸짖는 등의 선생님 역할도 해야지만 자녀가 올바르고 훌륭하게 성장할 수 있다. TPM도 마찬가지이다. 아버지의 마음을 가진 리더가 TPM을 성공적으로 이끌 수 있다.

TPM이 성공할 것이라는 확실한 신념을 가지고 선행 학습을 지

속적으로 전개하여 부하직원들에게 TPM에 대한 일관성을 보여
주어야 한다. 자녀가 자전거를 혼자 한 번에 탈 수는 없다. 자녀
가 자전거를 탈 수 있는 방법을 습득할 때까지 아버지는 확고한
신념을 가지고 자전거를 잡아 주고 가르쳐 주어야 하는 것처럼
리더도 생각하고 행동해야 한다. TPM이라는 자전거를 올바른 방
향으로 이끌어 갈 수 있도록 안내를 해야 한다.

아버지는 어린 자녀를 올바른 길로 이끌어야 하는 책임이 있
듯이 리더가 일상으로부터 먼저 변화에 앞서 생각하고 행동해야
한다. 리더가 말, 행동, 표현을 솔선수범하여 앞에서 이끌어 가
면 직원들도 믿음을 가지고 리더를 적극적으로 따라올 것임을
필자는 익히 경험하여 알고 있었다.

자녀가 잘못하여 혼낼 때는 사실을 정확히 알아보고 회초리를
들어야 한다. 잘못된 판단이 자녀를 오히려 나쁜 길로 빠지게 할
수 있기 때문에, 리더는 삼현주의에 입각하여 현장에서 현물을
보고 현상을 자세히 파악하여 올바른 결정을 내려야 한다. 필자
는 지금도 시간이 없으면 시간을 만들어서라도 현장을 자주 찾
아 현장에 닥친 문제점들을 세밀하게 파악하곤 한다. 리더가 문
제점을 정확히 파악해야만 원리원칙에 준하여 원인을 분석하고
올바른 의사 결정을 할 수 있다는 신념을 가지고 있기 때문이다.
또한 중국 하이텍 공장을 방문할 때도 제일 먼저 제조 현장을 눈
으로 직접 확인하며 현장의 문제점을 찾아내는 것이 이제는 습
관이 되어 버렸다.

아버지가 꾸준히 가르쳐 주고 보살피면서 실력을 키워야 자녀

가 좋은 성적표를 받아 들듯이 리더도 단기적인 성과보다는 과정을 중요시해야 한다. 좋은 과정 없이 좋은 결과가 나올 수 없다고 필자는 이미 수많은 혁신 활동을 통해 깨닫고 있었기 때문이다.

좋은 과정을 만들어 주기 위한 실패를 두려워해서는 안 된다. 혁신 활동에서 가장 나쁜 것은 시도조차 해보지 않는 것이다. 좋은 과정을 만들어 주기 위한 실패는 실패가 아니라 시행착오이며 끊임없이 시도하여 좋은 과정을 통해 성공을 이끌어 내는 것이 혁신 리더가 해야 할 일이기 때문이다.

현대경영의 창시자이자 세계 3대 경영학자 중 한 명으로 불리는 톰피터스는 "시도 끝에 실수를 저지른 사람은 진급되어야 하지만 시도조차 하지 않고 실패한 사람은 해고되어야 한다. 결과적으로 대담한 사람들은 무엇인가를 끊임없이 배운다. 또한 그들은 회사를 탁월한 차원으로 이끌고 있는 사람들이다."라고 하였다. 실패를 두려워하지 않고 지속적으로 도전하고 시도하는 것이 혁신인 것이다.

체질 개선의 중심축 TPM 4대 사상을 실천하라

이제 중국 하이텍 공장도 어느덧 TPM이 전파되어 혁신 활동을 하기 위한 기본 체제를 갖추어 가고 있었다. 이제부터는 중국 관리자들에게 선행 학습을 통한 노하우를 알려 줄 필요성이 커졌고 점차 TPM의 참맛을 알도록 현장의 혁신을 가속화시켜 주어야 하는 중요한 시점이 되었다.

이 글을 읽는 독자들께서는 TPM에서 가장 중요한 것이 무엇이라고 생각하는가? 필자는 TPM 4대 사상 실천이라고 생각해 왔고, 이제 그 계획을 중국 하이텍 공장에 실행으로 옮길 생각을 가지고 있었다.

6월에는 모든 장비 이설이 종료되었으며, 7월부터는 본격적으로 중국 하이텍 공장에서 월 최대의 생산량을 뽑아내고 있는 실정이었다. 빨리 TPM 4대 사상을 전달해 주고 싶었다. 8월에 중국 하이텍 공장의 혁신 활동을 살펴보고 고객 인증 사항을 점검하기로 하고 출장을 기획하였으며, 이 기회를 통해 TPM 4대 사상 실천이라는 특강을 준비하여 중국행 비행기에 몸을 실었다.

다음에서 TPM 4대 사상 특강의 내용을 간단히 소개하고자 한다.

혁신 활동이 성공하기 위해서는 앞에서도 수없이 강조한 진정한 체질 개선이 밑받침이 되어야 한다.

진정한 체질 개선은 어떻게 하는 것일까? 바로 문제를 인식하는 의식을 키우고, 그 문제를 논리적으로 분석하고 해결하는 능력을 키우는 것 그리고 그것을 조직의 문화로 내재화하는 것이 진정한 체질 개선이라고 필자는 함축하여 말하고 싶다.

그럼 진정한 체질 개선을 위해 우리가 실천해야 할 것은 무엇인가? 그 해답은 TPM의 4대 사상인 전원 참여, 중복 소집단, 스텝 활동, 예방 철학 활동에서 찾을 수 있다.

첫째는 전원 참여의 사상이다.

조정 경기에서는 배에 탄 모든 사람이 한방향, 한목표, 한마음으로 서로 힘을 합쳐 노를 저어야만 앞으로 힘차게 전진하여 우승할 수 있다. TPM에서도 마찬가지로 최고 경영자와 현장의 작업자들 전원이 본인의 주어진 위치에서 한방향, 한목표, 한마음으로 뭉쳐서 혁신을 해야지만 성공할 수가 있다. 중국 고대의 성인 공자는 이기기 위한 전쟁 조건 3가지를 아래와 같이 제시하고 있다.

첫째, 기상조건 "天時(천시)"

둘째, 지형조건 "地利(지리)"

셋째, 민심의 화합 "人和(인화)"

특히 가장 중요한 것은 人和(인화)라고 강조하고 있다. 모든 활동이 사람에서 시작되며 모든 성과도 사람에게서 나온다고 이야기하고 있다. 혁신에서도 사람이 매우 중요하다. 또한 고사성어를 보면 "吳越同舟(오월동주)"라는 글귀가 있다. 원수 사이인 오나라 사람과 월나라 사람이 같은 배를 타고 가다가 큰 바람이 불어 배가 뒤집히려 할 때, 같은 배를 탄 같은 운명 공동체이기 때문에 서로 힘을 합하여 배가 뒤집히지 않도록 했다는 데서 유래한다. TPM 혁신도 조직 전체가 운명 공동체로 묶여 있기 때문에 조직의 전원 참여를 매우 중요한 사상으로 여기고 있다.

둘째는 중복소집단의 사상이다.

TPM 혁신에서는 정보의 흐름이 중요하기 때문에 위에서 아래로, 아래에서 위로 올라가는 정보의 연속성과 일관성이 유지되도록 체계를 갖추고 있다. 분임조 회합 · 팀 실행위 · 그룹 추진위 · 본부 추진위의 실행 체계를 갖추어야 하며, 하위 실행위의 리더는 상위 추진위의 일원이 되도록 체계화되어 있다. 이러한 체제가 갖추어지면 최고 경영자와 현장 작업자 간의 강력한 정보 흐름 체계를 가지고 혁신을 주도하고 실행할 수 있기 때문에 중복소집단 체계를 중요한 사상으로 보고 있는 것이다.

중국의 고사성어를 보면 "南橘北枳(남귤북지)"라는 말이 있다. 제나라의 유명한 정치가 안영이 초나라에 사신으로 갔을 때 한 말로 초나라의 대신들이 제나라 출신 죄인을 비난하는 것을 보고 "귤이 회수 이남에서 자라나면 원래 귤이 되지만 회수 이북으로 건너가 자라면 탱자가 된다."고 하여 초나라의 지역을 비판하고 초나라 대신들의 입을 막은 유명한 일화가 있다고 한다.

TPM에서 중복소집단 체계가 갖추어지면 신입사원이든 전배사원이든 해당 공장 TPM 추진 체계에 융화되어 TPM을 충실하게 실행할 것임을 필자는 믿고 있다. TPM을 잘해 성공하는 조직이 되려면 중복소집단 체계를 먼저 만들어 가야 한다.

셋째는 TPM 스텝 활동이다.

사람이 아기로 태어나서 성장하여 성인이 되어 가듯이 TPM 혁신도 체질 개선을 하면서 실력을 키워 나가는 것이 바로 스텝 활동이라고 이야기할 수 있다. 초등학교를 졸업하고 중학교에 입학하고, 중학교를 졸업하고 고등학교에 입학하는 체계에 따르듯이 TPM도 스텝이라는 체계를 설정하여야 하며, 처음부터 너무 무리한 목표를 가지고 추진해서는 혁신이 성공할 수 없다. 차

근차근히 단계를 밟아 올라가는 것이 스텝 활동인 것이다. 세계 최초로 히말라야 8,000m급 이상 16좌를 완등한 자랑스러운 한국의 산악인 엄홍길 대장은 "지금까지 쉽게 오른 산은 단 한 개도 없었다. 체력을 비축하는 것부터 정상에 오르기까지 모든 것은 단, 한 걸음의 발에서 시작되고 한 걸음의 발에서 끝났다. 이것이 산을 좋아하고, 오르는 이유이자 희망이다."라고 말했다. 혁신도 단기간에 성공할 수는 없다. 자전거의 페달을 계속 밟아야 넘어지지 않듯이 지속적으로 혁신 활동을 해 가면서 실력을 키워 나가는 것이 스텝 활동인 것이다. 리더들은 혁신의 기초 활동을 탄탄하게 해 주고, 혁신의 방향을 제시해 주어야 하며, 조직원들에게 스텝 활동의 성취감을 느끼게 해 주어야 혁신 성공의 열매라는 달콤한 열매를 체험하게 될 것이다.

넷째는 예방 철학이다.

현장에서 가장 어려운 문제는 사람에게는 재해일 것이고, 설비로서는 고장이며, 제품에서는 품질 불량일 것이다. TPM에서는 앞에 열거한 문제를 해결하기 위해 3대 제로를 목표로 삼았다. 목표 달성을 위해 위의 세 가지 문제가 발생되지 않도록 사전에 예방하고 미리 조치하는 것을 예방 철학의 사상이라고 한다. TPM에서의 실행 관점은 이미 발생되고 난 후 조치에 들어가는 Q.C(Quality Control)적 접근이 아니라, 발생되기 전에 예방하는 P.M(Prevention Maintenance)적 접근으로 문제가 발생되기 전에 발생원을 해결하거나 발생원을 제거하지 못하는 경우 표준을 만들어서 사전에 예방하는 조치를 취하는 것이 바람직한 TPM 활동이다. 또한 리더들은 이미 발생된 문제는 왜-왜 분석(5 Why 분석으로 문제 발생원을 찾기 위해 계속해서 '왜'를 통해 원인을 찾아 가는 방법)을 통한 철저한 원류 관리를 통해 표준을 만들고 발전시켜야 한다. 이것이 우리 모두가 TPM 혁신 활동을 해나가는 궁극적인 목적인 것이다. 재해, 고장, 불량이 없는 제조 현장은 모두가 꿈꾸는 가장 이상적인 현장이라고 할 수 있다. 그런 현장은 TPM 활동 없이 만들어 갈 수 없다고 필자는 다시 한 번 강조를 하고 특강을 마쳤다.

중국 현지인들에게 정신적으로 상당한 충격이었을 것이라고 생각한다. 기존의 경영 방법으로는 절대로 반도체 공장을 성공적으로 운영할 수 없다는 것을 알고, TPM 혁신 사상과 방법을 중국에 꼭 심어야지만 중국 시장을 장악할 수 있는 생산 기지 역할이 가능하리라 믿으며 필자는 어렵고 힘들지만 중국 하이텍 공장에 혁신 교육을 지속적으로 진행하고 있다.

문득 "혁신이라는 것은 연구개발비를 많이 투자한다고 되는 것이 아니다. 애플이 매킨토시를 처음 만들었을 때, IBM은 애플이 쓰는 돈보다 100배나 많은 돈을 연구개발비에 붓고 있었다. 돈은 문제가 아니다. 문제는 당신이 이끄는 사람들이고, 그들에게서 무엇을 이끌어 낼 것인가 하는 것이다."라는 애플의 CEO 스티브 잡스가 한 말이 필자의 머릿속에 남아 계속 맴돌고 있었다.

TPM 성공의 필수 요소 – 진정한 목표의 선정

이제 중국 하이텍 공장이 건설되어 본격적으로 제조 공장으로 가동된 지 6개월이 되었다. 필자의 TPM 혁신 교육이 시발점이 되어 본격적으로 분임조가 구성되고 회합을 실시하고 개선 활동을 하고 있다고 했다. 또한 현장에서는 3S 활동을 활발하게 진행한다는 소식도 들려 왔다. 그런데 필자는 이대로 중국 하이텍 TPM 교육을 끝내기에는 뭔가 아쉬운 점이 있었다. 바로 TPM 활동의 성공을 위한 5대 요소 중에서 가장 중요하다고 느낀 진정한 목표의 선정이 빠진 것이다. 진정한 목표를 선정해야지만 혁신 활동이 바람직하게 추진된다는 것을 필자는 아픈 과거의 경험을 통해서 알고 있었다. 형식적으로 목표를 세우면 혁신의 본질을 왜곡하여 형식적인 활동으로 진행되기 때문에 바람직하고 진정한 목표의 선정이 매우 중요하다. 필자는 9월 하이텍 이사회에 참석하기 위해 중국행 비행기에 몸을 싣고, 진정한 목표의 선정에 대해 깊은 생각을 하였고, 마지막으로 중국 관리자들에게 특강을 실시하기로 결심하였다.

'신 TPM 성공 철학(김영인 著)'에서는 TPM 활동의 성공을 위한 5대 요소가 첫째 진정한 목표의 선정이고, 둘째 탁월한 리더십이며, 셋째 용의주도한 스태프(Staff), 넷째 따로 놀지 않는 인프라이며, 다섯째 활기찬 버텀업(Bottom up) 활동이라고 말한다.

그중에서도 필자는 진정한 목표의 선정이 가장 중요하다고 생각한다. 진정한 목표가 혁신 활동의 방향을 결정하며 혁신이 성공할 수 있도록 방법론을 만들어 간다고 생각하기 때문이다. 특히 처음으로 혁신 활동을 도입하는 공장에서는 매우 중요한 가치 판단이 되기 때문이다. 가령 감나무 재배에서 진정한 목표의 선정이 무엇이냐고 누군가 물어 본다면 필자는 좋은 품질의 감을 얼마나 많이 딸 수 있는지가 목표라고 말하고 싶다. 좋은 품질의 감을 많이 수확해야지만 팔아서 많은 이익을 볼 수 있기 때문이다.

기업의 비전은 영속적인 이익을 올려 지속적인 성장을 계속하면서 존재하는 것이라고 할 수 있다. 하이닉스가 새로운 사장님과 새 출발을 하면서 비전을 '세계 최고 메모리 반도체 회사, 오래가고 좋은 회사'로 정한 것도 기업의 비전을 정확히 이해하고 모든 구성원이 함께 더불어 성공하는 성공 공동체가 되기 위해 설정한 것이라고 할 수 있다. 기업은 이익이 발생해야 사회 공헌 활동도 할 수 있는 것이고, 주주와 직원들에게 더 좋은 대우를 해 줄 수 있는 것이다. 더불어 윤리, 환경, 상생 등의 모든 경영 활동을 진행할 수 있다고 필자는 생각한다. 계속 적자인 기업은 글로벌 시대에서 살아남지 못한다. 하이닉스도 그 위기의 순간을 넘겼기 때문에 모두가 절감하는 사실이라고 말할 수 있다. 회사가 이익을 올리기 위해서 진정한 목표의 선정이 필요한 것이다. 필자는 체계적으로 생각을 정리하여 중국 하이텍 공장에서의 혁신 강의를 시작하였다.

진정한 목표의 선정에서 가장 중요한 것은 첫째, 본질을 추구하는 목표를 선정해야 하는 것이라고 말할 수 있다. 좋은 품질 감의 본질이 크기, 색, 당도, 모양이듯이 TPM 혁신에서는, 각 구성원 모두에게는 각자의 일에 맞는 미션을 정하고 그 미션에 맞는 목표를 세우는 것이 본질 추구인 것이다. 예를 들면, 장비 엔지니어는 장비의 고장이 발생하지 않도록 제로로 관리해야 하며, 품질 좋은 제품이 원활하게 생산되도록 하고 장비의 가동률을 극대화하는 미션이 있는 것이며, 제품을 제조하는 작업자는 품질 불량이 발생하지 않도록 제조하고, 제조 로스(Loss)를 제로로 만드는 미션이 있는 것이다. 공정 기술 엔지니어는 제조 원가를 낮추기 위해 재료비 절감을 위한 혁신 공법을 연구하여 공정의 수를 줄여야 하며, 품질 불량 제품이 발생되지 않도록 품질방어선을 시스템으로 구축해야 하는 것이 각각의 업에 맞는 미션이라고 할 수 있다. 미션이라는 본질에 입각하여 제대로 된 목표를 세웠다면 반은 성공한 것이라 말할 수 있다.

둘째, 목표는 중점적인 항목으로 선정해야 한다. 여러 가지 목표를 세울 경우 힘이 분산되어 목표를 달성할 수 없다. 파레토(Pareto) 법칙을 적용하여 문제의 80%를 차지하고 그중에 20% 항목을 중점적으로 선정하여 개선을 함으로써 목표 달성의 효과를 볼 수 있을 것이라고 필자는 확신한다. 중점적이란 본질을 추구하는 목표 중 가장 영향력이 있는 인자를 찾는 것으로 그것이 바로 TPM의 3대 제로 목표인 재해, 고장, 불량을 유발하는 중점적인 항목과 원인을 찾아 개선하는 것이라 할 수 있다.

셋째, 목표는 과감하게 선정해야 한다. 시간이 지나면 달성할 수 있는 타성적 목표를 설정하면 조직원들은 도덕적 해이에 빠질 우려가 많다. 조직원들의 실력과 역량을 키우려면 목표를 과감하게 높게 선정하여 혁신 활동에 몰입시켜야지만 더 많은 성과와 이익을 올릴 수 있다. 예를 들면 전년도에 10골을 넣었던 축구 선수는 11골을 목표로 선정하고, 5골을 넣었던 축구 선수가 20골을 목표로 선정한다면 누가 더 많은 골을 넣을 수 있는지 보지 않아도 알 수 있을 것이다. 과감한 목표 선정은 의식의 변화, 행동의 변화, 습관의 변화를 이루게 한다. 이러한 변화가 현장에서 이루어지기 시작했다면 TPM은 성공하고 있다고 이야기할 수 있다.

넷째, 목표는 명확하게 선정해야 한다. 목표를 매출액 세계 일등으로 세웠다면 일등이 얼마만큼의 금액인지 명확하게 정량적 수치로 작성해야지만 비로소 명확한 목표라고 말할 수 있다. 매출액 10조 달성과 매출액 국내 최고 달성, 어느 것이 더 명확한 목표인지는 한눈에 보아도 누구나 알 수 있을 것이다. 필자의 개인적인 경험으로 볼 때 목표를 명확하게 측정할 수 있는 정량화된 수치로 선정하는 사람일수록 실력이 뛰어나며 목표를 잘 선정하고 달성하는 사람에게 중요한 역할을 맡기고 있다.

위에 한 말들을 한 문장으로 정리하면 진정한 목표는 "미션의 본질을 파악하여, 가장 핵심이 되는 중점적인 항목을 선정하고, 정량화된 수치로 명확하게 표현하고, 목표를 과감하게 잡는 것이다."라고 정의할 수 있다.

TPM 성공의 필수 요소 – 따로 놀지 않는 인프라

2010년 12월 6일 중국에서 하이텍 이사회가 열렸다. 필자는 등기 이사로서 다시 한 번 하이텍을 방문하여 이사회에 참석해 중요한 의사 결정을 해야 했다. 중국 하이텍 공장이 하이닉스의 전략적 제조 공장으로 지속적으로 발전하고 성장하려면 TPM이 활성화되어 제조 현장이 안정화되어야 한다고 생각한다. 그러면 지금 시점에 가장 중요한 것이 무엇일지 생각해 보았다. TPM에 필요한 제도를 갖추어 현장사원들이 동요하지 않고 회사 생활을 충실히 하는 것이 가장 중요하다고 생각했다. 중국사람들은 한 회사에 오래 근무하는 것을 선호하지 않는다. 본인 몸값을 올려 타 회사로 이직하는 것이 소위 능력자로 인식이 되어 관행이 되었고, 급여를 많이 주는 회사를 찾아 쉽게 이직을 결정한다. 그래서 이직 경험이 많은 사람들을 회사에 충실하게 다니게 할 수 있는 방법을 고민하던 중에, 하이텍 중국 공장의 각종 제도를 TPM 혁신 방향과 일치시켜 TPM 활동을 배우기 위해서라도 오래 회사를 다닐 수 있도록 혁신 인프라(Infra)를 강화시킬 수 있는 교육을 진행했다.

항상 해왔듯이 이전에 교육했던 TPM 성공의 5대 요소 중 하나인 진정한 목표에 대해 인식하도록 중국 관리자 대상으로 복습 강의를 진행했다. 이번에는 중국 하이텍의 중국 최고 경영자인 동 사장도 참여하여 강의를 경청하였다.

TPM에서 인프라라 함은 크게 시스템과 제도를 지칭할 수 있다. 기업이나 조직 내의 시스템과 제도 등이 TPM 활성화에 미치는 영향력은 이루 말할 수 없이 크다. 시스템이나 제도가 잘 구비되어 있다는 것은 잘 포장된 아스팔트 길을 고급 세단 자동차로 달리는 것에 비유할 수 있을 것이고, 이러한 것이 없다는 것은 비포장도로를 고물 트럭으로 달리는 것에 비유할 수 있다.

시스템과 제도는 TPM 방향과 일치시켜야 한다. 혁신 활동을 잘하는 사람은 시스템을 잘 만들고 제대로 사용하며, 제도로 인한 혜택을 누리게 되면서 혁신이 성공할 수 있다고 필자는 굳게 믿고 있다. 기업을 운영하기 위해서는 각종 시스템과 제도를 만들어야 하고 운영해야 한다. 이러한 시스템과 제도를 일(=혁신)하는 방향과 일치시킨다면 더욱더 신바람 나는 혁신 활동이 될 것이다. 우리는 흔히 시스템 하면 전산시스템만을 떠올린다. 그러나 단지 전산시스템만이 아니라 무엇이든지 사람이나 물건을 움직이게 하는 틀(표준)은 전부 시스템이라 할 수 있다.

TPM이 발전하면 할수록 그것은 곧 업무의 발전을 의미하며 더욱 깊이 있고, 정교하고 다양한 정보가 요구된다. 힘을 들여야 할 곳을 신속하고 정확하게 분석할 수 있도록 해 주는 전산시스템의 뒷받침은 TPM 활성화에 큰 기여를 한다는 것을 경험을 통하여 필자는 알고 있었다.

전산시스템 못지않게 중요한 것이 일하는 틀(표준)을 발전시켜 가는 것이라고 할 수 있다. 이는 사람이나 물건이 있는 곳이면 반드시 존재하는 것인데, 틀의 품질이 일의 품질을 좌우한다. 가령 어떤 일을 하는 데 품질 문제가 발생하였다고 가정해 보면,

일의 틀이 잘 갖추어진 곳에서는 일정한 형식과 절차에 준한 정확한 현상 파악과 왜-왜 분석을 통해 참 원인을 규명하고, 그 발생 메커니즘을 지식화하며, 재발 방지 대책을 수립하여 완전하게 문제의 해결을 마무리 지을 수 있을 것이다. 이를 통해 지식의 수준이 향상되고, 문제를 통해서 배우고, 일하는 보람을 느낄 것이며, 생산성은 향상될 것이다.

또한 시스템이라는 것은 직접적으로 돈을 버는 것이 아니기 때문에 이에 대해 노력을 기울이는 것에 소홀하기가 쉽다. 그래서 대부분 시스템 투자를 소홀히 한다. 이것은 우리가 확인할 수 없는 기회 손실로 이어지게 되므로 시스템은 필요한 곳에 반드시 투자를 하여야 한다.

시스템에는 반드시 갖추어야 할 3가지 조건이 있다.

첫째로 신뢰성이 있어야 한다. 신뢰하지 않는 시스템은 사용자들이 외면하고 사용하지 않으므로 퇴출되어 사라지고 만다. 육상 경기에서는 기록의 신뢰성을 위하여 바람 세기를 측정하고, 1000분의 1초까지도 구분할 수 있는 레이저 센서를 이용한 사진 판독 방식을 도입하여 측정하고 있다. 그래서 육상 기록이 신뢰성이 있는 것이다.

둘째로 신속해야 한다. 21세기 정보화 시대에는 신속, 정확한 신뢰성 있는 정보의 출력이 더욱 중요하다. 지난 2010 중국 광저우 아시안 게임이 역대 아시안 게임 중 판정 시간이 16초로 가장 빨랐다고 하니 정보 시스템이 발전할수록 판정 시간이 점점 단축되고 있는 것을 알 수 있다.

셋째로 유연성이다. 유연성이 중요한 이유는 많은 노력, 비용, 시간을 함께 요구하기 때문이다. 모든 경우의 수를 섬세히 망라해서 다 소화해 낼 수 있는 설계를 해야지만 사용자들의 요구에 맞추어 지속적으로 시스템이 발전할 수 있다. 시스템의 뒷받침이 확실하기만 하면 정확하고 빠른, 이익을 올리는 의사결정이 곳곳에서 일어나게 되어 경영성과 획득에 크게 이바지하게 될 것이라고 필자는 확신한다.

기업의 제반 제도들이 TPM 활성화에 초점을 맞추기만 하면 더 바랄 것이 없다. 이러한 제도는 최고 경영자의 리더십 이상 가는 효과를 발휘하게 된다. 이러한 제반 제도들이 어떠하냐에 따라 TPM 활동하는 직원들이 분산하느냐 응집되느냐가 결정된다.

광저우 아시안 게임의 영웅인 남자 110m 허들의 류시앙 선수는 2년 전에 북경 올림픽에서 아킬레스 부상으로 기권하여 선수 생명이 끝나는 듯 보였다. 하지만 본인의 피나는 훈련과 국가와 중국 육상 협회의 체계적인 지원, 국민들의 열렬한 응원으로 광저우 아시안 게임 3연패의 위대한 성과를 올리고 대회 최우수 선수로 뽑혔다.

현장 구성원은 정해진 제반 제도에 일관성을 갖고 기업이 지원할 때 비로소 진심을 다해 일을 하게 된다.

중국 하이텍 공장도 중국 직원과 한국 직원이 서로 신뢰하고, 구성원이 관리자를 믿고 관리자가 구성원을 믿고, 경영진의 일관된 모습을 보인다면 혁신의 절반은 성공한 것이라고 필자는 중국 하이텍 강의를 끝마쳤다.

6차 강의를 끝으로 TPM 성공의 요소에 대해 중국 관리자들에게 필자가 경험으로 터득한 노하우를 전해 주었다. 중국 하이텍 공장의 성공적인 TPM 활동은 이제 저들이 짊어지고 나갈 몫인 것 같다.

21세기에는 창조적 혁신을 하는 기업만이 지속적으로 살아남을 수 있다고 한다. 창조적인 정보기기의 등장이 우리의 생활을 바꾸어 나갈 것이다. 스마트폰, 아이패드, 갤럭시 탭 등의 기기는 우리가 과거에 상상하지 못했던 정보와 편의를 실시간으로 전해 주고 있다. 이미 밖에서 집안의 모든 전자기기들을 제어할 수 있는 유비쿼터스 시대에 도립하였다. 하지만 우리는 간과하지 말아야 한다. 새로운 정보나 기기의 창조적인 성과물은 혁신의 성공 체험을 바탕으로 탄생한다는 것을 말이다. 21세기 모든 기업이 혁신을 전개하는 이유가 여기에 있다고 말해도 과언이 아닐 것이다.

지금도 중국 하이텍 공장에 TPM을 전파하고 하이텍의 성장을 옆에서 계속 지켜보고 있다. TPM 혁신 도입이 중국 하이텍 공장 셋업(Set-up) 및 성장에 큰 도움이 되었다고 생각한다. 중국인 관리자들도 TPM을 성공적으로 추진하기 위해 노력하는 모습들이 보인다. 중국 하이텍 공장은 하이닉스의 TPM 혁신이 처음 전파된 곳으로서 하이닉스반도체의 중국 반도체 시장 점유율을 끌어올리고 중국 시장에 하이닉스 메모리가 철옹성을 구축할 수 있는 전략적인 전초 기지 역할을 훌륭하게 해내며 성공적으로 안착하리라는 신념을 필자는 가지고 있다. 세계 G2 기업으로 우뚝 선 나라, 이제는 G1인 미국을 위협할 수 있는 나라가 중국이며 반도체 소비의 세계 최대의 시장으로 떠오르고 있어 중국 하이텍 공장의 역할이 더욱 커지고 있다.

| 중국 하이텍 반도체 특강 주제 |

차수	특강 주제	Key Word	연상
1차	'성공의 열매'를 맺으려면	• 기름진 옥토[3S] 만들기 • 일관성의 Management • 체질 개선 • 삼본주[자주보전, 계획보전, 품질보전] • 사전 예방/점검 & PDCA • 성공의 열매	씨앗
2차	'기름진 옥토[3S]' 만들기	• 물빠짐 • 뿌리의 성장[돌멩이 제거] • 공기 순환[통기성] • 적정 습도[보습성] • 영양분[보비력] • 컨설턴트[교육]	땅
3차	리더십	• 일관성 • 솔선 수범 • 삼현 주의 • 과정 유도	자전거
4차	체질 개선	• TPM 4대 사상 • 전원 참여 • 한방향화 • 중복소집단 • 스텝 활동	오월동주
5차	진정한 목표의 설정	• 본질 추구, 중점적, 과감성, 선명성	박지성
6차	따로 놀지 않는 인프라	• TPM 추구하는 것=시스템, 제도 방향 일치	류시앙

"창조성은 새로운 것을 생각해 내는 능력이며, 혁신은 새로운 것을 하는 능력이다(미국의 경영학자 theodore levitt)."라는 말이 내 가슴 속 깊이 와 닿는다. 혁신은 시대에 맞게 새로운 것을 생각하고 그 생각을 실행하고 지속적으로 유지해 나가는 것이다. 성공 체험을 바탕으로 한 창조적인 혁신 활동만이 21세기를 지금보다 더 발전시키고 풍요롭게 할 수 있다. 도전적이고 창조적인 혁신을 하는 기업만이 21세기를 주도하고 세계 최고의 기업으로 도약할 것이다. 하이닉스반도체는 세계 최고의 기업이 될 때까지 지속적으로 새로운 것에 도전하고 TPM 혁신을 추진하고 실행해 나갈 것이다.

용어설명

300mm 웨이퍼 …… (p.249)

반도체의 재료가 되는 얇은 원판. 실리콘이나 갈륨비소 등 단결정 막대기를 얇게 썬 둥근 판 (원판의 지름이 300mm)

3정 …… (p.44)

정품, 정량, 정위치. 정확한 물품을 정확한 수량만큼 정확한 위치에 보관하는 것을 말한다.

3현주의 (현장, 현물, 현상) …… (p.116)

현장에서 현물을 보고 현상을 파악한다.

3S …… (p.40, 55, 135)

5S(정리, 정돈, 청소, 청결, 습관화)에서 정리, 정돈, 청소가 잘 실행되면 자동적으로 해결되는 청결과 습관화는 제외한 활동을 3S 활동이라 한다.

5Habit …… (p.103)

최고주의를 달성하기 위한 하이닉스의 업무 룰(Rule)

간판 …… (p.133~134)

간판 방식을 적용하기 위해 만든 것으로 안전재고카드, 발주카드로 구성되어 있다.

간판 방식 …… (p.43~47, p.134~139)

필요한 것을 필요한 만큼만 보관, 관리하여 물품의 과잉재고를 방지하여 비용을 절감할 수 있고, 발주 시기 및 수량을 정확히 알 수 있는 방식. 안전재고에 도달 시 발주카드를 발주 담당자에게 전달한다.

개발생산본부 …… (p.31, 41)
반도체를 만드는 개발에서부터 생산 작업을 하는 공장을 통틀어 말한다.

계획보전 …… (p.31, 59)
설비의 예방보전이나 개량보전과 같이 미리 계획을 세워 행하는 보전

계획보전 고장 제로 1호 …… (p.53, 197)
계획보전 활동을 하는 하이닉스 전체 분임조 중에서 가장 먼저 고장 제로를 달성한 사람에게 주어진 인증서

계획보전 스타 1호 …… (p.53, 197)
계획보전 활동을 하는 하이닉스 전체 분임조 중에서 가장 뛰어난 사람에게 주어진 최초의 인증서

고장분석보고서 …… (p.153~155)
고장이 발생되었을 때 고장의 현상을 정확히 분석하여 참 원인을 찾아내서 해결하기 위해 작성되는 문서

곤란 개소 …… (p.147)
TPM 활동을 하면서 활동에 문제가 되는 즉, 활동을 곤란하게 만드는 위치나 부품

과정지표 …… (p.41)
TPM 활동 과정에서 나타나는 지표

교육 훈련 7스텝 …… (p.185~193)
본인 스스로 학습할 수 있도록 체계화한 교육방법으로 본인이 업무 진행을 하면서 느낀 필요한 항목을 나열하고 필요능력 리스트를 작성한 후 각 항목에 대해 지식과 기능을 분류하여 체계적으로 습득해 나가는 시스템(필요능력 리스트→현상 파악→차이 분석→목표 설정→육성계획 수립→교육 실시→효과 파악)

그룹장 …… (p.59)
패키지 그룹을 총괄하는 임원

단순 조치 …… (p.68)

간단하게 처리하는 업무

라인닥터 분임조 …… (p.49, 55)

계획보전 활동을 하는 여러 개의 분임조 중 한 분임조 명칭. 2007년 제33회 전국 품질
분임조 경진대회 TPM 부문 은상 수상

린 방식 …… (p.233)

작업 공정 혁신을 통해 비용은 줄이고 생산성은 높이는 것. 즉, 숙련된 기술자들의 편성
과 자동화 기계의 사용으로 적정량의 제품을 생산하는 방식

멀티 인증 제도 …… (p.210)

특정 작업자가 다른 공정의 장비를 배워서 운영할 수 있도록 하고 이를 인증하는 제도

발주카드 …… (p.136~137)

안전재고카드 앞에 두고 소모품의 사용이 안전재고 선에 도달하게 되면 이 발주카드가
나타나게 하여 즉시 발주 절차에 의한 소모품 수급을 원활하게 한다.

→ 사용재고는 1회 발주량에서 안전재고를 채우고 나머지를 놓아두면 된다.

벌떼군단 …… (p.31~37, 49~55)

패키지 그룹 제조팀의 애칭으로 자주보전과 계획보전으로 구성되어 있다.

부품 마스터 …… (p.169~170, 199)

마이파라(My Para)를 장악한 사람에게 주어지는 인증으로 하나의 부품에 대한 전문가
를 칭한다(예: 선풍기 모터).

부품 박사 …… (p.169~170)

마이파라(My Para)를 포함한 동일 부품 전체를 장악한 사람에게 주어지는 최고의 전문
가를 칭한다(예 : 모든 모터류).

분임조 …… (p.26, 119)

같은 직장 내에서 TPM 활동을 직제에 의해서 일체화로 행하는 작은 그룹(품질 분임조,
동아리와 같은 뜻)

불합리 적출 …… (p.143~152)

바람직하지 못한 상태의 문제점들을 해결하기 위해 찾아내는 활동

불합리 해결 …… (p.143, 148)

바람직하지 못한 상태의 문제점들을 제거하는 활동

블랙벨트 …… (p.213, 215)

제조 교육 훈련 평가 중 만점을 획득한 자에게 주어지는 인증

생산성 향상 기네스 …… (p.123)

매일의 생산량 기준으로 전일 생산량보다 더 많이 생산했을 때를 말한다.

세몰이식 …… (p.26)

유리한 쪽으로 세를 몰아 가는 방식

소집단 …… (p.126)

같은 직장 내에서 TPM 활동을 직제에 의해서 일체화로 행하는 작은 그룹(품질 분임조,
동아리와 같은 뜻)

순간 정지 …… (p.57)

장비 가동 중 발생되는 잠깐 멈춘 상태의 고장

스텝 …… (p.31)

TPM 활동을 제대로 하기 위해 단계별로 목표에 가장 쉽게, 가장 효과적으로 도달하도록
만들어진 과정으로 좋은 과정을 만들어 가도록 하는 것과 재미와 보람을 느끼도록 설계
된 것이 있다.

스텝 활동 …… (p.115)

TPM 활동의 12대 철학 중 하나로 TPM 활동을 제대로 하기 위해 단계별로 목표에 가
장 쉽게, 가장 효과적으로 도달하도록 만들어진 과정으로 좋은 과정을 만들어 가도록 하
는 것과 재미와 보람을 느끼도록 설계된 것이 있다.

스트레치 골 …… (p.121)

도전적 목표(Stretch Goal). 스스로 가능하다고 생각하는 그 이상의 최대한 힘을 발휘했을 때 달성 가능한 최대의 목표

스페어 파트(Spare Part) …… (p.44~45)

해당 부품의 고장 발생 시 즉시 교체할 수 있도록 하기 위해 미리 준비해 둔 부품

신바람몰이 …… (p.196~197, 199)

조직을 바람직한 방향으로 빠르게 이끌어 가기 위한 활동 (P.240)

실행위 …… (p.52, 65)

추진위의 하위 조직 회의체 명칭. TPM 활동에서 전원 참여와 목표의 한 방향화를 위해 최상위 조직부터 최하위 조직까지 중복소집단 형태로 이루어진 회의체의 명칭이며, 추진위별 구성원과 역할이 구별되어 있다.

안전재고카드 …… (p.136~137)

안전재고 앞에 고정시켜 놓고 항상 안전재고 수량을 알 수 있도록 하기 위한 카드로 수량과 실제의 안전재고량을 비교해서 판단할 수 있게 한다.
→ 안전재고는 소모품 납기 기간 동안 사용할 정도의 양으로 정한다.

예방 정비(Preventive Maintenance) …… (p.155, 178)

장비의 고장이 발생하는 것을 주기를 파악하여 미리 정비를 실시하는 것

와이어본드 …… (p.67~68)

반도체 칩과 기판을 금선을 사용하여 연결시키는 공정

왜-왜 분석 …… (p.156)

문제의 근본 원인을 찾아 해결하기 위한 방법. 문제를 발생시키고 있는 요인을 즉흥적으로 생각하지 않고 규칙적이고, 순서에 의해, 빠짐없이 찾아내기 위한 분석 방법 중 하나이다.

인터러뱅 하우머치 …… (p.240~243)

개선 제안 활동 활성화를 위한 현장사원의 창의적인 아이디어를 경매 방식을 통해서 관련된 관리자들이 아이디어를 사고 해결해 주는 오프라인 형태의 개선 제안 이벤트

자주보전 …… (p.59, 127)
TPM 활동 중에서 제조 부문에서 하는 활동

작업 미스 보고서 …… (p.37~39)
작업 중 사람의 실수로 인한 품질 문제 발생시 작성하는 보고서

장비 초기 관리 7스텝 …… (p.173)
신규 장비 도입 및 이설 시 투자 기획에서부터 가동 시점까지 구분하여 관리하는 스텝 활동

전국 품질 분임조 경진 대회 …… (p.225)
한국표준협회 주관으로 매년 개최되는 대회로서 전국 각 기업에서 최고의 분임조들이 출전
하여 우수한 사례를 발표하는 대회로서 품질 분임조 활동을 통하여 전 산업계에 확산, 보급
시킴으로써 기업의 품질 능력을 제고하는 한편 수출 경쟁력을 향상시키기 위한 대회이다.

전원 참여 …… (p.117)
TPM 활동의 12대 철학 중 하나로 최상위 경영자에서부터 최하위 업의 접점에 있는 사
원까지 전원이 참여해야 한다는 철학

전임직 …… (p.84)
하이닉스 사원들의 직군 구분 체계 중 하나

제로 스텝 …… (p.31)
TPM 활동 중 가장 초기 단계의 활동으로 체제 정비 및 3S 활동의 기본 다지기 활동
(분임조 조직 구성, 역할담당자 선정, 미션과 골 선정, 3정, 3S 활동, 불합리 적출/해결)

제안서 …… (p.23)
개선 제안을 제출하기 위한 일정한 포맷을 갖춘 양식지

제조 박사 제도 …… (p.213~215)
제조사원에게 주어지는 최고 명예로서 작업 지식과 스킬뿐 아니라 업무 태도와 인성까지
검증을 통해 인증하는 제도

제조본부 ······ (p.51, 103)
반도체를 만드는 생산 작업을 하는 공장을 통틀어 말한다.

제조본부 최초 명소 ······ (p.53)
제조본부 전체에서 다른 그룹의 벤치마킹(Bench Marking) 대상이 될 수 있는 활동을
하는 조직을 선정하여 최초로 지정하고 인증한 것

제조작업자 ······ (p.43)
현장작업자와 동일

중복소집단 ······ (p.23, 118)
위에서 아래로, 아래에서 위로 올라가는 정보의 연속성과 일관성이 유지되기 위한 체계를 갖
추기 위한 것으로 하위 실행위의 리더는 상위 추진위의 일원이 되도록 체계화한 것

직 · 반장 보임 프로세스 ······ (p.211)
현재의 직 · 반장 공백 시 업무를 대신할 수 있는 인재 육성을 위해 사전에 미리 교육을
진행하는 프로세스

직장, 반장 ······ (p.212)
공정별 교대 근무자의 최고 선임으로서 해당 근무 조에서 발생된 모든 업무를 관리하며,
보임 프로세스를 모두 수료한 사람에게 주어지는 직책

직제 ······ (p.125)
모든 분임조의 모범이 되고 솔선수범과 감독자 스스로가 체험을 통해 TPM을 이해하고
부하를 지도, 육성할 수 있는 능력을 갖춰 하부 분임조를 이끌어가는 리더(Leader)로
구성된 조직

최고주의 ······ (p.102~104)
세계 최고의 기업으로 발전하기 위한 하이닉스의 문화로서 임직원들에게 동기를 부여하
고 세계 최고의 기업으로 나아가는 역할을 한다.

추진위 ······ (p.122~125)
TPM 활동에서 전원 참여와 목표의 한 방향화를 위해 최상위 조직부터 최하위 조직까지

중복 소집단 형태로 이루어진 회의체의 명칭. 추진위별 구성원과 역할이 구별되어 있다.

치킨게임 …… (p.83, 90)
어느 한쪽이 양보하지 않을 경우 양쪽이 모두 파국으로 치닫게 되는 극단적인 게임 이론. 도로의 양쪽에서 두 명의 경쟁자가 자신의 차를 몰고 정면으로 돌진하다가 충돌 직전에 핸들을 꺾는 사람이 지는 경기이다. 핸들을 꺾은 사람은 겁쟁이, 즉 치킨으로 몰려 명예롭지 못한 사람으로 취급받는다. 그러나 어느 한 쪽도 핸들을 꺾지 않을 경우 게임에서는 둘 다 승자가 되지만, 결국 충돌함으로써 양쪽 모두 자멸하게 된다.

팀 실행위 …… (p.51~53)
팀장과 공정별 직·반장 이상 중간 관리자로 구성되어 실시하는 TPM 회의체

팀 학습 체계 …… (p.78)
팀원들의 개인 역량 향상을 위해 팀 단위로 갖춘 학습 시스템

파레토 법칙 …… (p.101)
이태리 경제학자 파레토(Alfred Pareto)가 창안한 여러 가지의 요인 중 핵심적인 20%의 요인이 전체의 80%를 점유하고 있다는 법칙

파레토도 …… (p.100, 163, 168)
이태리 경제학자 파레토(Alfred Pareto)가 창안한 여러 가지의 요인 중 핵심적인 20%의 요인이 전체의 80%를 점유하고 있다는 것으로 문제가 적은 많은 항목보다 문제가 큰 소수의 중점 항목을 파악하여 우선적으로 해결하려고 할 때 활용한다.

파일럿 라인 …… (p.251)
규모가 큰 생산 라인을 구축하기 전에 행하는 예비 실험 라인

패키지 그룹 …… (p.59, 63~64)
반도체 공정 중 웨이퍼 상태에서 하나의 패키지로 만드는 작업을 하는 공장

패키지 그룹 백엔드 공정 …… (p.32)
패키지 그룹에 속해 있는 공정 중 마지막 공정 전체

표준화 ······ (p.177~179)
표준을 설정하여 이것을 활용하는 조직적 행위

푸시풀 방식 ······ (p.233)
전공정에서 완성한 것을 즉시 후공정으로 이동하여 생산하는 방식을 밀어내기(PUSH)
방식이라고 하고, 인수(PULL)방식은 후공정이 필요한 것을 필요할 때, 필요한 만큼 전
공정으로 가지러 가는 방식을 말한다.

풀 프루프 ······ (p.148)
설비를 사용하는 단계에서, 오조작을 피하도록 또는 오조작이 있더라도 설비가 고장 나
지 않도록 하는 설계

품질보전 ······ (p.59, 76)
공정과 설비에서 품질 불량을 예방하기 위한 활동

하이텍 반도체 ······ (p.253~254)
중국 우시에 있는 FAB 공장에서 생산한 웨이퍼를 중국 시장과 세계시장에 판매하기 위
해 설립한 반도체 제조 공정의 후공정 합작회사 명칭

하인리히의 법칙 ······ (p.145)
대형 사고가 발생하기 전에 그와 관련된 수많은 경미한 사고와 징후들이 반드시 존재한
다는 것을 밝힌 법칙으로서, 노동현장에서의 재해뿐만 아니라 각종 사고나 재난, 또는
사회적, 경제적, 개인적 위기나 실패와 관련된 법칙으로 확장되어 해석되고 있다.

혁신실행위 ······ (p.59)
그룹장 주관으로 혁신 추진자를 대상으로 매주 진행되는 혁신 활동의 활성화를 위한 회의체

현장작업자 ······ (p.42)
현장에서 반도체 장비 조작 및 생산을 위한 작업을 행하는 사람

회합 ······ (p.51)
분임조원 전원이 참여하여 Plan-Do-Check-Action의 순으로 진행하는 회의

횡전개 ······ (p.160, 163)

개선된 우수한 사례를 동일 모델의 다른 장비들로 확산 적용하는 활동(수평전개라고 함)

후공정 공장 ······ (p.249)

반도체 공정 중 probe Test, PKG, PKG Test 공장을 통틀어 부르는 명칭

CBM ······ (p.180~184)

상태 기준 보전(Condition Based Maintenance). 점검 주기에 도달했을 때 장비가 가동되고 있는 상태에서 장비의 조건을 점검하여 기준에 부적합할 경우 정비를 실시한다.

EBM ······ (p.180~184)

경제 기준 보전(Economy Based Maintenance). 경제성을 고려하여 장비가 고장난 후에 정비를 실시한다.

FCBM ······ (p.180~184)

FDC 상태 기준 보전(FDC Condition Based Maintenance). FDC Interlock으로 인한 정비, Warning으로 인하여 제품이 Hold 되었을 경우 장비를 정지시키고 정비를 실시한다.

H-PPS(Hynix Package Production System) ······ (p.76~78)

4대 혁신 지주(시스템, 인재, 체질, 인프라)를 하나로 융화시킨 패키지 그룹만의 혁신 문화

IDP ······ (p.81)

자기개발계획

JV(Joint Venture) ······ (p.253)

둘 이상의 당사자가 공동 지배의 대상이 되는 경제 활동을 수행하기 위해 만든 계약 구성체. 하이텍 반도체의 명칭이 정해지기 이전에 사용되던 용어

Mass ······ (p.253)

적합 인증을 받은 제품을 정상적으로 생산한다는 뜻

MP ······ (p.67, 171)

MP 정보(Maintenance Prevention)로 장비의 불합리를 개선하여 차기 장비 설계~제

작 시 적용될 수 있도록 작성된 문서

My Error 제도 …… (p.161~163)

장비별로 나눈 마이머신(My Machine)과 비슷한 것으로 장비에서 발생되는 고장에 대해 담당자를 지정하여 개선, 관리하는 제도

My Machine 제도 …… (p.34~37, 158~160)

장비별로 담당자를 지정하여 장비의 모든 문제를 책임지고 관리하게 하는 제도

My Para …… (p.167~169)

마이머신(My Machine), 마이에러(My Error)처럼 장비의 고장을 유발시키는 주요 부품에 대해 담당자를 지정하여 개선, 관리하는 제도. 부품을 세부적으로 나눈 작은 단위 요소

OPLS(One Point Lesson Sheet) …… (p.194~195)

한 장의 시트에 한 개의 항목으로 자신들이 정리하여 5분 분량으로 자주적으로 학습할 수 있도록 정리한 시트

PKG(Package) …… (p.25)

조립이 완료된 반도체 제품에 대한 외관적 명칭

PM …… (p.106, 182)

예방 정비(Preventive Maintenance)의 약어

QDP(Quad Die Package) 제품 …… (p.102)

반도체 칩을 4단으로 적층하여 완제품을 만드는 패키지 기술

Qual(Qualify) …… (p.253)

제품에 대한 적합, 부적합의 평가를 하여 인증을 받는 것. 적합 인증을 받아야 생산이 가능하다.

TAT(Turn Around Time) …… (p.37, 102)

제품의 투입부터 완료까지의 소요 시간

TBM …… (p.180~184)

시간 기준 보전(Time Based Maintenance). 장비의 가동 시간에 따라 수리 주기를

정하여 주기에 도달하면 조건 없이 정비를 실시한다.

TCBM ······ (p.180~184)

시간 상태 기준 보전(Time Condition Based Maintenance). 장비의 가동 시간을 기준으로 점검 주기에 도달함에 따라 장비를 잠시 정지시키고 점검하여 기준에 부적합할 경우 정비를 실시한다.

TFT(Task Force Team) ······ (p.138)

새로운 일을 추진할 때 각 부서 및 해당 부서에서 선발된 인재들이 임시로 팀을 만들어 활동하는 것

TPM 명소 ······ (p.55~56)

TPM 활동을 하면서 다른 그룹의 벤치마킹(Bench Marking)의 대상이 될 수 있는 활동을 하는 조직을 지정하여 인증하는 것

TPM 제로 스텝 ······ (p.31)

TPM 활동 중 가장 초기 단계의 활동으로 체제 정비 및 3S 활동의 기본 다지기 활동(분임조 조직 구성, 역할 담당자 선정, 미션과 골 선정, 3정 활동, 3S 활동, 불합리 적출/해결)

UBM ······ (p.180~184)

사용량/생산량 기준 보전(Usage Based Maintenance). 생산량 및 사용량을 기준으로 주기를 정해 기준에 도달하면 조건 없이 정비를 실시한다.

UCBM ······ (p.180~184)

사용량/생산량 상태 기준 보전(Usage Condition Based Maintenance). 생산량 및 사용량을 기준으로 점검 주기에 도달함에 따라 장비를 잠시 정지시키고 점검하여 기준에 부적합할 경우 정비를 실시한다.

X-매트릭스 ······ (p.167)

아이디어나 활용, 책임, 기능 등에 존재하는 논리적 연관성을 그래프로 표시함으로써 문제의 소재나 문제 해결의 착상을 얻기 위해 사용되는 도구. 기본이 되는 L형, T형, Y형, X형, C형, P형 등이 있다. 원인과 결과 사이의 관계, 목표와 방법 사이의 관계를 밝히고 나아가 이들 관계의 상대적 중요도를 나타내기 위해 사용된다.

Epilogue

TPM 성공을 위한
Key는 무엇인가?

"미래로부터 역산해서 현재의 행동을 결정하라."
99%의 인간은 현재를 보면서
미래가 어떻게 될지를 예측하고,
1%의 인간은 미래를 내다보면서
지금 현재 어떻게 행동해야 할지를 생각합니다.
물론 후자에 속하는 1%의 인간만이 성공합니다.
그리고 대부분의 인간은 1%의 인간을
이해하기 어렵다고 합니다.

_간다 마사노리

TPM 성공의 Key는 무엇일까?

혁신 활동에 관한 책을 읽다 보면 거의 빠지지 않고 언급되는 것이 바로 개선, 성과, 프로세스 등의 말들이다. 또한 조직의 성과를 극대화시키는 방법론적인 접근에 대해서 많이 거론하고 있다. 대부분의 독자들이 단기적 성과주의에 목말라 있다는 것을 알고 있기 때문이다.

이 책에서 말하고 싶은 제조 분야의 혁신 성공의 키워드는 바로 '체질화'이다. 체질이란 의식이 몸으로 배어나는 것이며, 마음에서 우러나오는 행동의 표현이라고 할 수 있다. 특히 반도체 현장은 다른 분야와는 달리 현장사원의 마음가짐에 따라 생산성, 품질 등 중요한 생산지표의 요동이 큰 업종이라고 할 수 있다. 그만큼 생산 현장의 마인드가 그대로 제품에 묻어난다는 말이다.

우리나라에서 어느 정도의 규모를 갖춘 회사라면 '혁신(革新)'이라는 캐치프레이즈를 내걸고 생산성 향상 활동을 한 번쯤은 부르짖어 보았을 것이다. 그러나 대부분의 기업이 얼마 가지 못해 포기하고, 예전의 형태로 다시 돌아가거나 그보다 못해지곤 한다.

왜 그렇게 되는 것일까? 혁신 활동에 실패한 회사들은 대부분 보여 주기식 또는 강압식 성과주의로 밀어붙이기 때문이라고 생각한다. 그럼 어떻게 하는 것이 혁신 활동의 성공의 길로 가는 방법일까? 이 책에서는 그동안 하이닉스 패키지 그룹의 TPM 활동에서 얻은 노하우와 시행착오를 거쳐 만들어진 현장 중심의 전략과 본주별 추진 방법에서 그 해답을 제시하고 있다. TPM을 흔히 자전거 타기에 비유한다. 유년시절로 돌아가 기억을 되살려보자. 자전거를 처음 접하고 몸을 자전거에 실었을 때의 낯설고 어색함, 오히려 걷는 것보다 더 느리고 답답하기도 하였다. 한번 제대로 배워서 멋지게 달려 보리라는 마음을 먹고 도전하지만 수없이 넘어지고 다치면서 포기하고 싶은 마음도 든다. 하지만 뒤에서 자전거를 다시 잡아 주고 코치해 주는 아버지의 응원과 격려에 페달을 힘껏 밟았고 드디어 나 혼자 운동장을 달리면서 느끼는 쾌감이 잊혀지지 않는다. 자전거가 이제 나와 한몸처럼 움직이는 것을 느꼈을 때 그동안 어렵게만 느꼈던 자전거가 이제는 무엇과도 바꿀 수 없는 나의 보물 1호이자 친구처럼 느껴졌을 것이다. 그 즈음에 운동장을 벗어나 더 넓은 곳으로 가고 싶은 생각도 들 것이다. 험하고 더 힘들 거라는 것을 알지만 더 큰 세상이 나를 기다리고 있다는 것을 알기에 도전하고 싶은 것이다. 모두들 TPM이라는 자전거를 한 대씩 받게 된다. 그런데 아직도 자전거를 어깨에 짊어지고 힘겹게 움직이는 조직으로 남을 것인가.

어느 춥고 어스름한 저녁,

긴 여정에 오른 한 노인이

거친 물줄기가 흐르는 넓고 깊은 계곡 앞에 섰네.

노인은 어둑한 땅거미 속에서 계곡을 건너갔네.

계곡은 물이 불어 있었지만 그는 두렵지 않았다네.

그러나 반대편에 안전하게 도착했을 때

그는 다시 돌아서서 물길을 가로지를 다리를 만들기 시작했네.

옆에 있던 한 나그네가 말하기를,

"노인이여, 당신은 다리를 놓기 위해 힘을 낭비하고 있고,

날이 저물면 당신의 여행도 끝이 날 것이오.

이미 당신은 이 깊고 넓은 계곡을 건넜으니

이곳을 다시 지나칠 일은 없을 것이오.

그런데 어찌 이 황혼에 다리를 만든단 말이오?"

노인은 하얗게 샌 머리를 들었다네.

"친구여, 내가 지나온 이 길을 오늘 내 뒤를 따르던

한 젊은이 또한 지날 것이오.

나에게는 대수롭지 않았던 이 계곡이 그 금발의 젊은이에겐

위험이 될지도 모를 일이오.

그 또한 이 어두운 땅거미를 헤쳐 나가야 할 터이니,

친구여, 나는 그를 위해 다리를 만드는 것이라오."

_W. A. Dromgoole, "다리를 만드는 사람"

불씨를 발견했습니다.

처음에는 느끼지도 못할 작은 불씨였습니다.

불씨에다가 커다란 바람을 주니 불씨는 견디지 못하고

그냥 꺼져 버렸습니다.

이번에는 입김으로 살짝 불어 보니 미약하나마 불꽃이

생기기 시작했습니다.

솔잎도 올려놓고, 마른 나뭇가지도 올려 보니 불씨는

점점 커져 갔습니다.

이번에는 많은 사람들이 입김을 불어넣었더니 불씨는

활활 타오르기 시작했습니다.

장작을 올려놓고 풀무질을 하였더니 거대한 활화산처럼

점점 타올랐습니다.

TPM은 처음에 너무나도 미약한 불씨였습니다.

그러나 반드시 거쳐야 할 단계를 충실히 거치고 나니

이젠 거대한 활화산이 되었습니다.

SK하이닉스 전무 고광덕